【职业教育教材·新形态教材 财经商贸类】

广告学

——基础、案例与实训

主 编 秦 勇 李东进 麻菁菁

副主编 于 洁 张亮亮 刘 硕

清 华 大 学 出 版 社

北 京 交 通 大 学 出 版 社

·北京·

内 容 简 介

本书采用项目式编写体例，以任务驱动为主线，注重学以致用。本书系统介绍广告学的基础理论与实务，共 5 篇 11 个学习项目 36 个学习任务。本书主要内容包括广告媒体与媒体策略、广告调查、广告创意、广告文案、广告设计与制作、广告效果评估、广告模特与广告音乐、网络广告、广告监管、国际广告等。本书应用型特色鲜明，编写体例丰富，书中设置了学习目标、项目情境导入、项目分析、任务引入、相关知识、任务实训、微课堂、思政园地、案例分析、课堂讨论、知识链接、延伸阅读、思考题、案例讨论等模块。本书突出案例与实训教学，强化提升学生解决广告实践问题的能力。

本书既可作为应用型本科及各类职业院校广告学课程的教材，也可作为相关从业人员自学和参考用书。

图书在版编目（CIP）数据

广告学：基础、案例与实训／秦勇，李东进，麻菁菁主编．—北京：北京交通大学出版社：清华大学出版社，2023.10

ISBN 978-7-5121-5067-6

Ⅰ．①广…　Ⅱ．①秦…②李…③麻…　Ⅲ．①广告学–高等学校–教材　Ⅳ．① F713.80

中国国家版本馆 CIP 数据核字（2023）第 162192 号

广告学——基础、案例与实训

GUANGGAOXUE——JICHU、ANLI YU SHIXUN

责任编辑：郭东青

出版发行：清华大学出版社　　邮编：100084　　电话：010-62776969　　http://www.tup.com.cn

　　　　　北京交通大学出版社　　邮编：100044　　电话：010-51686414　　http://www.bjtup.com.cn

印 刷 者：北京鑫海金澳胶印有限公司

经　　销：全国新华书店

开　　本：185 mm×260 mm　　印张：16.75　　字数：429 千字

版 印 次：2023 年 10 月第 1 版　　2023 年 10 月第 1 次印刷

印　　数：1~2000 册　定价：49.90 元

本书如有质量问题，请向北京交通大学出版社质监组反映。对您的意见和批评，我们表示欢迎和感谢。

投诉电话：010-51686043，51686008；传真：010-62225406；E-mail：press@bjtu.edu.cn。

广告被誉为国民经济的晴雨表，在现代经济活动过程中扮演着极为重要的角色。在当前的市场经济时代，商品日渐丰富，同类商品间的竞争日趋激烈，企业更需要借助广告的力量来开展有效的营销活动。因此，广告学在高等院校经管专业的课程体系中占有重要的地位。为全面贯彻党的教育方针，落实立德树人根本任务，编者团队在深入学习党的二十大报告的基础上，编写了本书。

本书采用项目式编写体例，以任务驱动为主线，以学以致用为导向，注重案例教学和实训教学。本书将内容划分为五大模块，分别为基础篇、媒体篇、实务篇、延伸篇和专题篇。其中基础篇主要介绍了广告的概念、分类、广告环境、广告组织系统及我国广告的起源与发展等；媒体篇主要内容包括广告媒体的概念、分类，广告媒体的选择策略、广告媒体的组合与发布策略等。实务篇是本书的重点，包括广告调查、广告创意、广告文案、广告设计与制作和广告效果评估5个具体的学习项目。延伸篇包括广告模特与广告音乐、网络广告、广告监管3个学习项目。最后一篇为专题篇，主要是对国际广告进行了专门的阐述。

本书应用型特色鲜明，编写体例丰富，书中设置了学习目标、项目情境导入、项目分析、任务引入、相关知识、任务实训、微课堂、思政园地、案例分析、课堂讨论、知识链接、延伸阅读、思考题、案例讨论等模块。本书为用书教师提供了丰富的配套教学资源，包含PPT授课课件、补充教学案例、教学大纲、电子教案、题库、课后习题答案、辅助教学视频、补充阅读资料等，并将持续更新。

本书在编写过程中将课程思政建设贯穿全书，通过案例分析、课堂讨论等形式，帮助学生树立正确的广告价值观。本书既可作为应用型本科及各类职业院校广告学课程的授课教材，也可作为行业培训教材和从业人员自学的参考用书。

本书由秦勇、李东进、麻菁菁任主编，于洁、张亮亮、刘硕任副主编，在编写过程中，我们参考和借鉴了众多学者的研究成果，在此深表感谢。

鉴于编者学识有限，书中定会有疏漏和不足之处，敬请各位专家和广大读者批评指正。

编　者
2023 年 7 月

▶ 第1篇 基础篇 ◀

▶ 第2篇 媒体篇 ◀

▶ 第3篇　实务篇 ◀

▶ 第 4 篇　延伸篇 ◀

▶ 第5篇 专题篇 ◀

基础篇　第1篇

导语： 广告是企业促进销售、塑造品牌形象的重要手段之一。企业开展市场营销活动，离不开广告的支持。本篇为全书的基础篇，包括一个学习项目，下含5个学习任务，具体内容包括广告的含义与构成要素、广告的分类与作用、广告环境、广告组织系统、我国广告的起源与发展历程等。通过对本篇的学习，能够帮助我们理解广告的含义与特征，正确认识广告的作用，熟悉广告的分类与广告组织系统，并对我国广告的起源与发展历程有一个清晰的认识。

广告导论

◆ **学习目标** ◆

【知识目标】

(1) 理解广告的含义与构成要素。

(2) 熟悉广告的分类与作用。

(3) 了解广告环境及其对广告活动的影响。

(4) 熟悉广告的组织系统。

(5) 了解我国广告的起源与发展历程。

【技能目标】

(1) 能够掌握不同类型广告的特点。

(2) 能够掌握广告环境的分析方法。

(3) 能够对广告的作用进行全面评价。

【素质目标】

(1) 培养学习广告学课程的兴趣。

(2) 树立正确的广告观念。

(3) 客观评价广告的价值。

项目情境导入

2022年5月中旬，一支沙县小吃的首条文旅创意广告片上线，迅速在网络中刷屏。"沙县小吃终于有广告啦！福建文旅带着沙县小吃支棱起来了。"有人这样评价道。

该片为福建文旅厅委托，东南卫视主导，真传有道制作的特别文旅宣传片。能够引发刷屏热议，除了沙县小吃本身的热度外，更多的是因为这支广告片采用创新的电影拍摄手法制作，大胆地启用搞笑、偶像剧、王家卫等风格，向网友们呈现了福建各地的美味佳肴。

福建省文化和旅游厅作为这支广告的出品方，将最为全国人民熟知的沙县小吃作为主角，融入地方文化旅游特色，直观展现福建美食的多样性和丰富性，唤醒福建的"福味"文化，用更有创意的方式传播家乡之美，在创意策划和内容输出上都是一次品牌年轻化的尝试。

问题：结合本案例，请谈谈你对广告的初步认识。

项目分析

广告被誉为经济发展的晴雨表。事实上，广告不仅能反映经济的发展，还能促进经济的繁荣、企业的兴盛和社会的进步。在当前的市场经济时代，商品日渐丰富，同类间的竞争日趋激烈，"酒香不怕巷子深"的传统经营观念已不再适用。为了迎得有利的市场地位，企业需要借助广告的力量开展有效的促销活动。

那么，什么是广告？它由哪些要素构成？广告该如何分类？广告的具体作用体现在哪些方面？广告组织系统是什么？我国广告的发展历程如何？本项目将对以上问题进行解答。

任务 1.1　理解广告的含义与构成要素

任务引入

广告学课程下学期就要开课了，立志今后从事广告职业的营销专业大二学生小王对此非常期待。为学好这门课程，小王提前买好了教材，打算在开课前先自学一下。可当小王翻开教材第一页时就感到了困惑。教材列举了众多广告的定义，且各不相同。小王看完之后掩卷长思：广告学到底是一门什么样的学科啊？为何时至今日广告仍未有统一的定义？小王盼望着广告学尽快开课，他要带着疑惑向老师当面请教。

问题：如果你是小王的广告学老师，你将如何为小王答疑解惑？

相关知识

1. 广告的含义

广告一词来源于拉丁文"Adverture"（诱导），其原意是吸引人注意、诱导和披露。在英文中人们常用"Advertising"来指代广告，与之类似的词语还有德语的"Reklame"、法语的"Relame"和拉丁语的"Clame"等。

广告的定义有多种，并随着时代的发展而不断变化，例如，1932 年，美国《广告时代周刊》征求广告定义，最后确定为："广告是个人、商品、劳务、运动，以印刷、书写、口述或图画为表现方法，由广告主出费用做公开宣传，以促成销售、使用、投票或赞成为目的。"1948 年，美国市场营销协会（AMA）对广告做了如下定义："广告是可确认的广告主以有偿的方式进行的有关构思、产品、服务的非个人接触的提示或促销。"这一定义强调了广告的促销功能。博韦（Bovee）和阿伦斯（Arens）从综合的角度对广告做了以下定义："广告是可确认的广告主通过不同的媒体传递有关产品、服务或思想信息的事实上劝说性的传播，而这一传播一般是付费的，是非个人接触的。"

学术界对广告的定义有狭义和广义之分。广义的广告是指一切面向目标受众的告知行为，即所谓的"广而告之"，它不仅包含了商业性质的广告也包含了非商业性质的广告。而狭义的广告即商业广告，是指商品经营者或服务提供者为促进商品销售，支出一定的费用，通过各种媒体向目标受众传递产品或服务等有关经济信息的大众传播活动。

综上，从市场营销的角度来讲，所谓广告，是指可确认的广告主为了促进商品交换或树立企业及品牌形象，主要以付费的方式，通过各种媒体所进行的单向或双向的营销传播活动。

此定义主要强调以下5点。

（1）广告的目的具有多重性，除了促进商品的交换，还包含树立形象等其他目的。

（2）广告是可确认的广告主的活动。在广告中，广告主不能用歪曲的方式表示自己的身份，广告主的身份必须是确定的。

（3）广告一般是以付费的方式进行的，但并不是所有的广告都需要支付费用。例如，企业可以通过自己的网站免费发布广告。

（4）广告是通过各种媒体以单向或双向的方式进行的。广告主可以借助传统媒体进行单向的信息传递，也可以利用网络等新兴媒体实现信息的双向传播。

（5）广告是营销传播活动。广告是市场营销的重要组成部分，是实现营销目标的有效手段。广告活动要在营销计划的框架下进行。

2. 广告的构成要素

广告的构成要素即广告活动的基本组成单位，主要包括广告主、广告信息、广告费用、广告媒体、广告公司和广告受众等。

（1）广告主。广告主是广告行为活动的行为主体，包括各类组织和个人。为了促进商品的交换，广告主需要设计、制作并在各种媒体上发布广告。在通常的情况下，广告主会将广告业务外包，委托广告公司代为完成。广告主支付广告费用，对广告发布具有一定的支配权，在整个广告活动中居于主导地位。同时，广告主也是广告的责任主体，需要对所做广告承担相应的法律责任。

（2）广告信息。广告信息是指广告主所传递的广告内容，包括商品（产品或服务）信息以及广告主的某种主张或理念。广告主对广告信息的发布具有决定权，经由广告公司创作的广告作品必须得到广告主的认可后方能在广告媒体上发布。

（3）广告费用。广告费用是广告主开展广告活动所需的各种开支，包括广告调研费、广告设计费、广告制作费、媒体发布费等。广告费用的多少取决于多种因素，如广告发布媒体的地位和影响力、广告发布时间段及时间的长短、版面的位置和大小、发布的频率、制作的复杂程度等。如今，一些广告主为了吸引受众的关注，热衷于聘请名人代言，由此所产生的代言费也是一笔巨大的开支。

（4）广告媒体。广告媒体既是广告信息的载体，又是联结广告主和广告受众的纽带。没有广告媒体，广告内容就无从展示，因此，广告媒体在广告运作系统中具有极为重要的作用。

广告媒体种类很多，传统的广告媒体主要有电视、广播、报纸、杂志等。如今，以互联网为代表的新媒体异军突起，对传统广告媒体产生巨大冲击，网络媒体已经成为当今毫无争议的第一大广告媒体。

（5）广告公司。广告公司，俗称为广告代理商，是指专门从事广告业务活动的企业。广告公司为广告主提供广告调查、策划、设计、制作、发布等多项服务，并从中获取收益。在经济高度发达的城市，往往也是广告公司云集的地方，如美国的纽约、日本的东京和英国的伦敦等。

我国广告公司在 20 世纪 80 年代初期获得了良好的发展契机，借助改革开放的春风，一部分公司快速成长，取得了良好的业绩。

（6）广告受众。广告受众是广告信息的传递对象，可以是组织和群体，也可以是个人。广告信息只有有效传递给受众并为受众所接受，广告活动的目标才有可能实现。正如广告大师李奥·贝纳所言："一个广告在没有印刷出来、没有播放出来、没有张贴出来，或是在一切应该刊播的方式应用之前，以及已经刊播出来但没有发挥传播作用之前，都不能称为真正的广告。"因此，在广告活动中，应该重视对广告受众的研究，策划和创作出目标受众乐于接受的广告作品，同时要选择目标受众能够方便接收的媒体。

任务实训

1. 实训的目的

掌握广告与类似用语的区别。

2. 实训内容及步骤

（1）以小组为单位成立任务实训团队。

（2）各实训团队搜集与广告类似的用语，如企业采访、新闻宣传、公共关系和企业软文等的相关文献资料。

（3）分析各种与广告类似用语的特点，并从传递的主体、目的、费用和目标受众的接触方式等方面区分其与广告的不同。

（4）根据分析的结果，撰写实训作业《广告与类似用语的区别》。

（5）提交实训作业到班级学习群，由课代表组织同学们在线讨论。

3. 实训成果

实训小作业——广告与类似用语的区别。

任务 1.2　熟悉广告的分类与作用

任务引入

小王在自学广告的分类时产生了新的困惑。他觉得教材中有关广告类别的划分过于杂乱，一是划分标准过多，按照不同标准划分的广告类别存在交叉，如按照媒体划分的某一广告类型既可能是按照广告目的划分的营利性别广告也可能是非营利性广告；二是按照每一种标准划分的广告类别都不足以反映该类别广告的特征。如按照媒体划分，广告可分为电波广告、印刷品广告、户外广告、网络与新媒体广告等，这只能区分广告刊播载体的不同，并不能体现广告在目的、受众对象等方面的区别。而按照广告的目的进行划分，广告可分为营利性广告和非营利性广告，这种划分方法虽然区分了广告的目的，但又无法区分广告的传播媒体和广告的受众对象。同样，按照广告的受众对象来划分，也存在类似的不足。因此，小王设想能找到一种更好的广告分类方法，以解决上述划分方法的不足。

问题：你觉得小王的设想可行吗？请说明你的理由。

相关知识

1. 广告的分类

在电波媒体出现之前，报纸和杂志是最主要的广告媒体。被誉为"现代广告之父"的阿尔伯特·莱斯克（Albert Lasker）把广告称为"印刷品上的推销人"（salesman in print），正是基于这一原因。如今，新的广告媒体不断涌现，广告信息的传播方式呈现出新的特征，广告的形式和种类也日趋多样化。

广告的分类方法很多，常见的主要有以下几种。

1）根据广告媒体进行分类

根据媒体对广告进行分类是最常见的分类方法，此种分类方法可以将广告分为以下7类。

（1）电波广告。电波广告是指主要通过电波手段来表现广告信息的广告形式。主要包括电视广告和广播广告，它们均属于传统的四大广告媒体。此外，电影和幻灯播放的广告亦属于电波广告。

（2）印刷品广告。印刷品广告是指主要通过印刷品传递广告信息的广告形式，包括报纸、杂志、招贴、函件、册子、日历、产品目录、传单等。其中，报纸和杂志也都属于传统的四大广告媒体。

（3）户外广告。户外广告是指通过存放于开放空间的媒体而发布的广告。户外媒体主要有交通类和建筑类两种。其发布媒体具体包括户外的电子显示屏、悬挂在建筑物上的大型广告牌、霓虹灯、专门设置在公路旁及重要交通路口的路牌、流动广告车，以及车体、船体内外等。

（4）网络与新媒体广告。网络与新媒体是指在各种数字技术和网络技术的支持下，通过计算机、智能手机、数字电视等各种网络终端，向用户提供信息和服务的传播形态。网络与新媒体广告是继报纸、广播、电视等传统媒体广告之后兴起的一种全新的广告形式，近年来获得了飞速的发展。2015年我国网络广告的收入就已超过传统四大广告媒体的收入总和。另据QuestMobile发布的数据，2022年我国整体广告市场出现9.4%的下滑，但互联网广告市场依旧增长了1.4%，突破6 600亿元人民币，视频、社交媒介广告容量均明显提升。

（5）直接邮递广告（direct mail advertising, DM）。直接邮递广告是指直接将印刷品广告、录像带、影碟甚至实物等寄送给广告对象的广告形式。在国外，直接邮寄广告是一种非常常见的广告形式，美国1998年直接邮递广告费用达到392亿美元，成为与无线电视广告并列的第二大广告媒体。但近年来随着网络媒体的兴起，直接邮递广告逐渐被电子邮件（E-mail）等新兴的广告形式所代替，影响力已经大不如前。

（6）售点广告（point of purchase advertising, POP）。售点广告是指在销售现场所做的广告（见图1-1），它是购物场所内外一切悬挂、设置的广告的总称。从建筑物外悬挂的巨幅旗帜，到商店内外的橱窗广告、商品陈列、商品的价目表以及展销会等，都属于售点广告的范畴。

（7）其他广告。此外，还有许多利用其他媒体发布广告信息的广告形式。例如利用飞艇等飞行物悬浮标语（见图1-2），甚至喷洒烟雾组成特定图案的空中广告；利用包装物和手提袋传播广告信息的包装广告等。这些媒体丰富了广告媒体的形式，也发挥出了较好的广告效果。

图1-1　超市里的加多宝售点广告　　　　图1-2　固特异轮胎所做的飞艇广告

2）根据广告主进行分类

根据传递广告信息的主体即广告主进行分类，广告可以分为以下3种。

（1）制造商广告（manufacturer's advertising）。制造商广告是指直接生产或制作产品的广告主所做的广告。

（2）中间商广告（retailer's advertising）。中间商广告是指商业批发企业或零售商所做的广告。

（3）合作广告（cooperative advertising）。合作广告是指广告由经销商来做，但制造商共同承担部分广告费用的广告。

3）根据广告受众对象进行分类

根据受众对象的不同，广告可以分为消费者广告和商务广告。

（1）消费者广告（consumer advertising）。消费者广告是指以最终消费者为目标受众的广告，一般使用大众媒体。在全部广告活动中，这类广告占有较大的比例。我们平常接触的广告，大都属于此类。

（2）商务广告（business advertising）。商务广告以企业为受众对象，主要是通过专业媒体进行发布。商务广告又可分为主要针对工业企业，以原材料、生产设备为主要广告内容的产业广告和以批发商、零售商等商业流通企业为诉求对象，以商品交易为主要广告内容的商业广告。

4）根据广告内容分类

按照广告传递信息内容的不同，可以将其分为产品广告和非产品广告。

（1）产品广告（product advertising）。产品广告是指企业为吸引消费者直接购买产品，而突出产品本身的性能、特点、功能以及价格等方面优势的广告。

（2）非产品广告（nonproduct advertising）。非产品是指企业为提升知名度和美誉度以及树立良好的社会形象而做的广告。非产品广告不直接宣传产品，而是通过广告传递企业的精神、理念及象征等，以在消费者心目中建立良好的形象，所以这类广告也被称为企业形象广告。

5) 根据广告目的分类

从经济效益的角度可以将广告分为营利性广告和非营利性广告。

(1) 营利性广告 (commercial advertising)。营利性广告也叫经济广告,是指以谋求利润为目的的广告。企业所做的大部分广告都是营利性广告。

(2) 非营利性广告 (noncommercial advertising)。非营利性广告是指做广告的目的不是谋求利润,而是表明立场、态度以及对社会问题的关切。公益广告 (public interest advertising,或 public service advertising) 是其中最主要的一种。

公益广告一般是非商业性的,其内容为传播公益观念,其目的为以倡导或警示等方式把有关社会公共利益或社会公众关心的信息传递给社会公众。因此,其更容易引起受众的共鸣,能够起到营利性广告所无法替代的作用。

与一般的商业性广告相比,公益广告有以下特征。

(1) 公益性。公益广告的最显著特征是公益性而非商业性,公益广告应是纯粹的"公益服务广告",其中不应含有任何商业目的。公益广告虽然也是在从事一种诱导性传播,但是其广告信息均围绕公众利益,而不是广告主利益。

思政园地

央视公益广告《筷子篇》

《筷子篇》是央视春节回家系列公益广告中的一支,紧扣"春节"和"回家"的主题,从中国人的餐桌入手,放眼于一双普通的筷子,以其为线索,贯穿起几个家庭、几组故事,使其将含义层次分明地由画面传达给观众,传承、感恩、礼仪、思念、守望、友善等中国人传统理念中所看重的情感,都通过筷子展现了出来。

让大众从广告片中关注日常饮食中用到的筷子,感受这一双筷子中所蕴含的传统文化和家庭情感,深切契合了春节团圆的主题,并弘扬了筷子中代表的分享和感恩的含义。

(2) 义务性。从事公益活动,履行社会责任是每一个社会组织应尽的义务。公益广告内容与广告主商业利益虽无直接关系,但能够体现出广告主对社会公益事业的责任和义务感。

(3) 社会性。公益广告的主题及公益广告所产生的效益带有显著的社会性。公益广告的主题内容存在深厚的社会基础,取材于老百姓的日常生活,再通过广告以鲜明的立场、健康的方式实现正确导向,解决的是与百姓生活息息相关的社会问题。请看下面一则"光盘行动"的公益广告(见图1-3)。

(4) 大众性。公益广告的诉求对象是最广泛的社会公众,是面向全体社会公众的信息传播。公益广告从性质上讲是公众服务类广告;从内容上讲是社会性题材广告;从目标上讲是宣传教育类广告,这一切都决定了公益广告具有最大的受众面。

下面一则公益广告"常回家看看",表现了一家三口在瑞雪纷飞的寒冬即将踏进父母家门的那种喜悦的心情,提醒现在忙碌的年轻人即使工作再忙也不能忘记亲情,要多回家看看父母(见图1-4)。

图1-3 "光盘行动"公益广告

图1-4 "常回家看看"公益广告

（5）教育性。公益广告以广告的表现手法和独特的艺术魅力，对社会公众产生教育目的，负有教育使命。

公益广告寓宣传教育于情理之中，以倡导、鼓励、规劝、警醒，甚至批评等方式引起受众的共鸣，从而达到一般教育所不及的社会效应。图1-5为一张令人震撼的公益广告图片，警示我们"驾驶时拨打电话是一件多么可怕的事情"。虽然没有血腥的画面，但足以触目惊心（见图1-5）。

（a）

（b）

图1-5 交通安全公益广告

案例分析

江西消防的公益广告

黑色老爷车、有轨电车、大公报和旗袍美女……这些元素组合在一起，往往能营造出往昔大上海的街头生活氛围，不由得让人想起《上海滩》之类大片里的场景。2020年江西消防推出的公益广告中融入这些元素，在让人好奇的同时，再次刷新了人们对消防宣传的认知。

在人们传统的印象中，消防宣传往往注重反复讲道理，说的都是正确的话但很难让人记住。而江西消防发布的一支防火公益宣传片《我的店铺，为啥不能住？》（见图1-6），却通过一则小故事，向人们揭示了"店铺住人"导致的安全隐患问题，让人印象深刻。

图1-6　《我的店铺，为啥不能住?》公益广告画面截图

短片讲述了民国时期一位店老板因长期住在自己的店铺中而被邻里轰赶的故事。视频中，一家店老板遛鸟回店，看到别人正将他的东西往外扔，原来是邻居认为其"店铺住人，害人害己"，要求店老板赶紧"搬走"。

这位店老板不想搬，请正好路过的女房东为他做主，女房东顺势拿他手里的鸟笼做了个比喻，"店铺住人，如笼中之鸟"，言外之意一旦遇到火灾，全家都跑不了，吓得老板赶紧跑路。

案例评析：

比起注重知识输出的传统消防宣传公益片，江西消防这个故事短片在信息密度上肯定有所不及，但在用户注意力被网络内容极度分散的当下，通过娱乐化的民国影视故事情节吸引观众的注意力，进而让观众对主题内容留下深刻印象，依然不失为一种成功的宣传策略。

6）根据产品的生命周期分类

根据产品生命周期各阶段的不同，企业常采用不同的广告策略。例如，在产品引入期，企业广告的主要目的是通过向消费者介绍产品让消费者尽快了解和认识产品，所以一般采取认知性的广告策略。具体而言，根据产品的生命周期分类，广告可以划分为认知性广告、竞争性广告和提醒性广告3种。

（1）认知性广告（awareness advertising）。认知性广告通过向消费者介绍产品的性质、性能、用途、价格等，促进消费者对产品的认知，并产生初步的需求。

（2）竞争性广告（competitive advertising）。竞争性广告是一种以说服为目的的广告，通过有效的说服手段促使消费者加深对某品牌产品的印象，进而刺激其选择性需求。

（3）提醒性广告（remind advertising）。提醒性广告也叫备忘性广告，是指针对消费者已有使用习惯和购买习惯的产品，通过广告提醒他们不要忘记这个产品，刺激其重复购买。

7）根据广告诉求分类

广告诉求是指通过广告传播来促使消费者认知和行动，也就是广告诉说有关内容，要求消费者按广告内容指示去购买。

（1）感性广告（emotional advertising）。感性广告也叫情感广告，是指广告内容的选择主要是从感性的角度出发，寻求产品特色与目标受众情感之间的一种和谐或共鸣。感性诉求可划分为以下两种：① 愉悦感性广告。这类广告着重运用富有人情味的诉求，吸引消费者为获得美满感去购买广告的商品。多数消费品均用这种方式，如温馨广告、幽默广告等。② 恐

惧感性广告。这类广告强调不幸情景，为预防或阻止其出现而购买。药品、保险等广告会用这种方式，如严重性广告、恐惧广告等。

"100年润发"经典广告

"如果说人生的离合是一场戏，那么百年的缘分更是早有安排。青丝秀发，缘系百年。"多年过去，我们依然会被"100年润发"广告所感动。

"100年润发"电视广告堪称中国广告史上"文化"与"商业"完美结合的典范。在京剧的背景音乐声中，该广告为观众讲述了一段温婉感人的爱情故事。借助于周润发与女模特精彩的表演，将广告中男女主人公从相知相恋到离别重逢再到牵手一生，将爱慕、微笑、焦灼与欣喜等丰富的面部表情淋漓尽致地展现出来（见图1-7）。尤其是男主人公周润发一往情深地给"发妻"洗头浇水的一幕，更是让人久久不能忘怀。

图1-7　"100年润发"电视广告截图

"100年润发"是当时名不见经传的重庆奥妮公司的洗发产品。但借助这则电视广告，产品迅速走红。据当时的一项调查，众多观众被广告中的故事情节和周润发的表演深深打动，广告刊播后为企业创造了近8亿元的销售收入。这不能不说是中国广告史上的一个奇迹。

分析：

"100年润发"电视广告道尽了人们对美好事物的向往，是意境与情感、商业与文化、品牌与明星完美融合的典范。广告将中国夫妻从青丝到白发、相好百年的山盟海誓都融入产品之中，品牌定位独特，传统文化气息浓郁。大明星周润发与女模特的真情演绎，使得这则广告给人以心灵的震撼，堪称是具有中国特色的经典广告之作。

（2）理性广告。理性广告是指广告内容的选择主要从理性的角度出发，直接陈述商品的好处或能给消费者带来的物质利益，从而促使消费者产生理智性购买。理性广告主要有产品提示性广告、比较广告等。

8）根据广告传播范围分类

按照广告传播的范围，广告可分为以下3类。

（1）全国性广告。选择全国性的媒体，如全国性的报纸、杂志、电视、电台等所进行的广告活动形式。这类广告是以全国市场为目标市场的，所以根据全国性市场的特点进行设计与制作。对于同质性较强的产品以及在全国范围内销售的品牌产品而言，可能会更多地采用这类广告形式。

（2）区域性广告。选择区域性的媒体所进行的广告活动形式。由于我国幅员辽阔，各地区之间经济发展不平衡，消费水平也有较大的差距，因而许多商品并不是以全国市场为目标市场，而是在区域市场内销售。这样，大量的此类广告是针对此类市场的特点进行设计与制作的。区域性广告与全国性广告相辅相成、各具特色，从而提高总体广告效果。

（3）国际广告。选择国外的广告媒体所进行的广告活动形式。国际广告又可分为标准化（standardization）国际广告和本土化（localization）国际广告。标准化国际广告是把同样的广告信息和宣传主体传递给各国市场的广告形式，这种广告要求忽视各国的市场个性，而强调各国市场需求的一致性。本土化国际广告是指通过向不同的国家和地区传递不同的信息，强调各国市场的差异性。采取哪种国际广告形式，实际上是国际广告策略的选择问题。

2. 广告的作用

1）广告在对市场经济发展的作用

在理想的市场环境下，有限的社会资源是按照市场需求进行合理配置的。但要实现这一目标，必须要有完全的信息传播，而广告在实现信息传播的过程中起到非常重要的作用。广告活动使得社会资源能够在更大的市场范围内优化组合，在更有效率的条件下进行配置，有力地促进了市场经济向更高的阶段迈进。

2）广告对企业生存和发展的作用

（1）广告是企业获取竞争对手信息的重要途径。在竞争日趋激烈的市场环境下，企业要想在竞争中求得生存和发展，就必须充分掌握大量的市场信息，做到"知彼知己，百战不殆"。在广告传播过程中，任何一家企业都会在一定程度上将自己的经营理念、市场定位、产品特色、渠道、价格策略等重要信息通过广告传播给目标受众，以此来吸引受众关注，进而购买企业的产品。因此，企业可以根据竞争对手的广告传播活动，获取大量有价值的信息，从而有效地制定本企业的经营策略。

（2）广告有助于提高企业的知名度和美誉度。企业知名度和美誉度的提高是一个较为漫长的过程，需要企业长期不懈地投入和努力。一旦美誉度建立，企业就拥有了一项重要的无形资产，这是企业发展的巨大财富。在此过程中，广告往往发挥着关键性的作用。例如，我国的海尔公司一贯重视对企业形象的广告宣传，因而在市场中拥有良好的口碑，其"真诚到永远"的服务理念也因此深入人心。

（3）广告支持业务人员进行销售活动。业务人员是直接与客户（消费者）打交道的企业员工。业务人员业绩的好坏，与企业的广告宣传活动密切相关。良好的广告活动能够帮助业务人员顺利实现销售目标。

（4）广告能够帮助企业降低成本，增加收益。广告活动能够促进企业产品销量，实现规模经营，从而有效降低成本。成本的降低，可以使企业在同样的价格水平下获得更多的利润。

（5）广告有助于增强企业的竞争意识。市场经济是竞争经济，企业的一切策略都归因于竞争。竞争推动着企业关注市场信息，加强技术开发，注重营销策略以及内部经营管理。自1978年我国实施改革开放以来，国内企业的竞争意识得到了不断加强。在这一过程中，广告起到了巨大的作用。我们无数次见证了这样的案例：一家默默无闻的小企业通过广告提高了知名度，产品供不应求，企业迅速发展、壮大，最终成为一家大企业。相反，有一些原本具有较强实力的企业，盲目迷恋产品质量，坚信"酒香不怕巷子深"，从不注重广告宣传，因而最终被市场无情地淘汰。

不过值得注意的是，广告并非企业的万能良药，获得了央视的"标王"也不能保证企业的经营一帆风顺。1995年至2017年的23年时间，央视总共诞生了17位广告标王（注：有企业多次上榜，所以标王企业数不到23个），但现在已经销声匿迹或是出现经营危机的超过了三分之一。曾经无限风光的秦池、爱多、步步高等，早已成为明日黄花。更有以3.7亿元拿下2016年的央视广告标王的翼龙贷因涉嫌非法集资，广告仅做了不到一个月就被央视叫停。剩下现在还在正常运营的标王企业中，到底从当年央视标王的身份中获取了多少广告收益、投入与产出是否对等，实在是难以统计。但是多家"标王"企业走向衰落的确是不争的事实。

3）广告对消费者的作用

（1）广告是消费者获取商品信息的重要渠道。随着广告媒体的飞速发展和广告创意制作水平的不断提高，广告信息的渗透力和影响力都在进一步加强，广告很自然地被消费者作为获取商品信息及知识的重要途径。

（2）广告影响着消费者的消费观念、消费行为和消费结构。广告信息往往是具有时代感和流行性的，而崇尚流行和求美尝新是消费者共有的心理偏好。因此，广告的示范作用自然影响到人们的消费观念，从而导致消费行为以至于整个消费结构发生变化。

例如，中国人婚姻观中的"四大件"是非常贵重的物品，定情信物随时代的变迁也有所不同，但从未将"石头"用作结婚之物。戴比尔斯公司"钻石恒久远，一颗永流传"的经典之作将钻石与婚姻相结合。这句广告语用钻石的永恒品质象征爱情的美好、婚姻的永恒，诱发了无数俊男靓女的幸福联想，并使钻石作为定情信物或爱情见证而永存，进而形成"无钻不结婚"的全新消费理念，从此之后，钻戒成了婚礼的必备，备受消费者的青睐，从而掀起一股经久不衰的"钻石流行风"。[①]

（3）广告影响消费者社会阶层的归属。广告的创意表现必须围绕着广告商品的市场定位展开，通过广告对目标受众展现商品利益，引起他们的注意，使其产生好感，进而促进消费者的购买行为。市场细分将整个消费群体划分为多个不同的社会阶层，每一阶层的消费者有着相似的消费习惯和特征。广告以此为创意的基础，使得受众的社会阶层归属得以强化。

（4）广告影响目标受众的生活态度。广告所传递的内容丰富多彩，有些广告能够从商品的特征与企业的理念间找到共通之处。通过这些理念的阐释，会对大众产生一定程度的影响，甚至会起到警示作用。如海尔的广告语："真诚到永远！"其实就是一种对生活态度的写照。它的作用也许超越了广告信息的传递，而上升为对受众生活态度的影响。

---

① 王敬超. 广告口号对消费心理的影响. 新闻世界，2016（6）：84-88.

广告可以帮助目标受众树立积极、健康的生活态度，但也可能会对目标受众的生活态度造成负面的影响。这是需要广告策划者必须正视的问题。例如，在很多广告中，女性被刻画为贤妻良母的形象，以此向消费者传递这样一种观念：已婚的女性就是做家务的家庭主妇。又如，在某洗衣机的电视广告中，丈夫为妻子买了一台洗衣机，妻子收到后，竟然因为丈夫对自己的关心而感激流泪。这显然是在强化在家庭中以男性为主导的落后观念。再如，在某食用油的电视广告中有这样一组画面，一边是厨房中妻子在烧饭做菜忙得不亦乐乎，另一边是客厅中，丈夫在悠闲地看报，儿子则在起劲地打电子游戏机。笑容满面的妻子从厨房中走出来，摆放好菜饭，招呼丈夫和儿子"开饭喽"。丈夫与儿子边吃边夸："老婆，你真行"，"妈妈，你做的菜真好吃。"镜头拉近，妻子脸上浮出幸福而得意的笑容："全靠有了某某色拉油。"这则广告很有代表性，它向我们描述了某些人心中的幸福家庭观。女性的角色被定义为伺候丈夫和儿子的贤妻良母，女性的幸福来自丈夫与儿子对她的厨艺的赞美，厨艺是衡量一个家庭主妇好坏的重要标准，男人主外，女人主内，男人的世界是工作与事业，而女人的世界则是家庭，女人是一个为了老公和孩子幸福而甘愿付出的家庭保姆。这显然与当今社会我国女性独立、自信、追求成功的生活态度不符。

4）广告对媒体发展的作用

广告信息必须通过媒体传播，没有媒体的存在，广告就失去了传播的载体。媒体的存在和发展需要大量的资金支持，其来源主要是广告收入。电视、报纸、杂志、网络等媒体能够越办越好，节目能够日益丰富多彩，主要原因在于媒体获得了不菲的广告收入。例如，中国互联网三巨头之一的腾讯公司，受惠于平台整合及算法升级，以及来自教育、互联网服务及电子商务平台等行业的广告主的需求增加，2020年广告收入同比增长20%，达到823亿元。社交及其他广告收入增长29%，达到680亿元。广告收入的增加进一步推动了媒体的发展。因此，广告与媒体同生存、共繁荣，相互促进、相得益彰。

5）广告对文学、艺术发展的作用

为更好地引起受众的注意、激发其购买欲望，广告需充分利用各种艺术表现形式来创作和传递广告信息。这些艺术表现形式包罗万象，可以是文字、诗歌、歌曲、舞蹈以及音乐等。而为使广告更具感染力，广告创作又往往将几种艺术形式进行综合加工处理。虽然广告时间很短、篇幅很小，但却蕴含着深厚的文学艺术功底，可以说是文学艺术水平的一种集中体现。

例如，五粮液集团企业形象推广MTV《爱到春潮滚滚来》，不仅曲调委婉悠扬，画面唯美感人，而且歌词也颇具浪漫唯美气息，让人过目难忘。

6）广告对生活环境及文化的作用

广告尤其是户外广告对城市环境的美化起着重要的作用。好的户外广告的制作和设置，装扮着城市的街道，营造了良好的人文环境。当夜幕降临，华灯初上，都市中无数的霓虹灯广告光芒四射，变化万千，展示着城市的美丽和繁华（见图1-8），丰富了人们的文化生活，同时也带动了城市第三产业的兴起和发展。

（a） （b）

图1-8 霓虹灯广告图片

课堂讨论

除了上文提及的6方面作用，你认为广告的作用还应包括哪些？

任务实训

1. 实训的目的

通过实地调查，了解广告对城市环境的美化作用。

2. 实训内容及步骤

（1）确定广告调查的主题与目标。

（2）确定本次调查的方式、调查的对象、调查的区域，制定本次调查的方案。

（3）将班级成员划分为若干调查小组开展实地调查。

（4）将收集到的调查资料进行整理、分析，并参考相关文献，由课代表牵头完成调查报告的撰写。

（5）提交调查报告，由授课老师进行评阅。

3. 实训成果

调研报告——《广告对我市城市环境美化作用的调研报告》。

任务1.3 了解广告环境

任务引入

自网络媒体兴起以来，广告业便迎来了前所未有的剧变。迅猛发展的互联网在为网络广告媒体发展带来巨大红利的同时，也使传统广告媒体经营陷入困境。总体来说，我国广告业正在随着媒介和技术的进步向前推进，对整个行业来说是挑战与机遇并存。

问题：影响和制约广告活动的因素有哪些？在当前的环境下，传统广告媒体该如何突围？

相关知识

1. 广告的宏观环境

广告环境是指影响和制约广告活动的诸多因素，包括宏观和微观两个层面。宏观层面主要有人口环境、经济环境、社会文化环境、政治法律环境、自然地理环境和科学技术环境等，下面分别予以介绍。

1）人口环境

人口环境因素主要包括人口的规模及增长、人口的结构和人口的地理分布等。

（1）人口的规模及增长。人口规模即某一国家或地区总人口的多少。虽然人口数量多并不意味着市场购买力水平就高（还要受到支付能力、购买意愿等的影响），但其对食品、服装、医药、民用建筑、生活日用品、基础教育等消费市场具有决定性的影响。人口越多，这部分基本消费需求及其派生出来的产业用品需求的绝对量就会越大。此外，人口的增长情况也会对市场产生重要的影响。人口增长率越高，意味着未来市场潜在的需求增长也越快，同时人口的增长速度也会影响一个国家或地区的消费结构和人力资源供应情况。

（2）人口的结构。人口结构是指将人口以不同的标准划分而得到的一种结果。构成这些标准的因素主要包括年龄、性别、人种、民族、宗教、教育程度、职业、收入、家庭人数等。人口的结构是重要的广告环境，不同结构的人口具有不同的需求和购买力。

以年龄结构为例，年轻人需要学习用品和娱乐用品，而中老年人需要保健品和医药用品，年龄结构不同的国家有不同的市场需求和进口需求。人口结构中的高龄化和低龄化，都会使国民负担率提高，市场购买力下降。因此，人口结构对企业的广告等方面有着较大的影响。

（3）人口的分布。人口分布是指一个国家或地区人口的地理分布，一般用人口密度来表示。在人口密度较大、居住比较集中和城市化程度较高的国家和地区，开展经营活动会有更高的效率和更低的成本。

2）经济环境

经济环境是影响组织活动，尤其是从事营利性组织活动的最为重要的因素之一。经济环境可以进一步分为宏观经济环境和微观经济环境两个层面。

（1）宏观经济环境。宏观经济环境主要指一国或地区经济发展的阶段和发展水平、经济制度与市场体系、收入水平、财政预算、贸易与国际收支状况等。宏观经济的发展和繁荣显然能够为企业的发展提供有利条件，而经济萧条和衰退也无疑会给所有经济组织带来生存的困难。

（2）微观经济环境。微观经济环境主要是指组织所在地区或所需服务地区消费者的收入水平、消费偏好、储蓄情况、就业程度等因素。这些因素直接决定着市场规模的大小。

3）社会文化环境

社会文化环境包括一个国家或地区的居民特定的受教育程度、价值观念、行为方式、伦理道德规范、审美观念、宗教信仰及风俗习惯等内容。社会文化影响和制约着人们的消费观念、购买行为和生活方式。表现在：宗教信仰和风俗习惯会禁止或抵制某些活动的进行；价值观念会影响居民对组织目标、组织活动以及组织存在的态度；审美观念则会影响人们对组织活动内容、活动方式以及活动成果的态度等。

任何人都在一定的社会文化环境中生活，存在于特定社会文化环境中的个体，其认识事物的方式、行为准则和价值观等都会异于生活在其他社会文化环境中的人们。例如，由于价值观念不同，使得人们对周围事物的是非、善恶和重要性的评价不同。同一种款式的商品，甲国人民认为是美的，乙国人民也许认为是丑的；同一种色彩的商品，农村居民十分喜爱，城市居民却可能很少问津；同一种消费行为，在这方土地上是习以为常的，在另一方土地上则可能认为是不可思议的。再如，由于民风习俗、礼仪交往等方面的差异，往往影响到销售促进的内容与形式（如广告内容的设计），致使商务谈判的风格与技巧呈现出不同的特点等。因此，无论在国内还是在国际上开展市场营销活动，企业都必须全面了解、认真分析所处的社会文化环境，以利于准确把握消费者的需要、欲望和购买行为，正确决策目标市场，制定切实可行的广告策略。对于进入国际市场的企业来说，这样做尤为重要。

4）政治法律环境

政治法律环境指的是组织所在地区的政治制度，政治形势，政府的方针、政策及国家制定和颁布的各种法律、法规等，上述因素都会对组织产生重大的影响。企业通过对政治和法律环境进行研究，判断所在地国家（或地区）政权的稳定性、政策的联系性，明确当地政府鼓励组织做什么、允许组织做什么、限制组织做什么以及禁止组织做什么等，以便提高相应的环境预见能力，促进组织发展。

5）自然地理环境

自然地理环境主要指地理位置、气候条件以及资源状况等因素，它是人类赖以生存和发展的物质基础。自然地理环境主要包括：

（1）地理位置。地理位置是制约组织活动、特别是企业经营的一个重要的因素。企业的地理位置直接影响人才及原材料获得的难易程度和产品的生产、物流和营销成本。

（2）气候状况。气候状况不仅影响人们的生活，而且还影响一些行业的生产。2011年冬天，一股百年不遇的寒流席卷整个欧洲，使得原来滞销的棉服瞬间变为抢手货。正在一筹莫展的我国服装代加工企业仿佛一夜之间得到命运女神的眷顾，可谓昨夜门可罗雀，今朝车水马龙。

（3）资源状况。资源状况是国家或地区经济发展的基础，资源分布通常影响着一国的产业布局，从而决定了不同地区不同产业和企业的命运。

6）科学技术环境

在当今所有宏观环境因素中，科学技术环境的变化是最为剧烈也是最难把控的。随着信息技术与互联网技术的不断发展，网络媒体已取代传统的大众媒体，成为人们获取信息最重要的渠道。早在2015年，我国广告媒体行业就发生了根本性的变化，互联网媒体广告收入首次超过电视、报纸、广告和杂志这四大传统媒体广告收入的总和。

2. 广告的微观环境

广告的微观环境又称广告的行业内环境，它对广告活动的影响更加直接和具体。从广告主的角度而言，主要包括广告的人力资源环境、广告的传播环境、广告的意识环境以及广告批评与监督环境等内容。

1) 广告的人力资源环境

人力资源是推动广告行业优质、高速发展的重要因素，是广告发展的战略性资源。广告的人力资源环境主要包括以下几个方面。

(1) 广告人才的需求条件。广告人才的需求条件主要是指对广告从业人员的基本素质和人员结构的总体要求，包括从业人员的数量、学历层次、专业技能、文化知识素养以及人员的构成等。

2017年，根据国家工商总局发布的最新数据，我国广告行业从业人员总数为438.18万人，同比增长12.3%，我国已经成为全球广告从业人员最多的国家。但是我们也应清楚地认识到，我国虽然是广告大国，但还称不上广告强国。因为决定一个国家广告业发展能力和潜力的关键不仅看从业人员的规模，更重要的还要看广告从业人员的总体素质和业务能力。我国现有400多万广告从业人员中经过专业训练、学历层次较高的人员比例还较低。从我国广告从业人员的总体构成来看，业务人员偏多但专业人才不足。尤其是在广告设计、广告策划和广告文案等方面的高端人才还非常稀缺。这在一定程度上制约了我国广告业的进一步向上发展。

(2) 广告人才的选择机制。广告人才的选择机制指对广告人才的评估与选择的标准、方法及手段。合理的选择机制有助于科学、客观地评价广告人才，也有助于激励更多的有志从事广告事业的人才投身广告领域。但由于广告并非一门精确的科学，广告的实践性和艺术性决定了要制定一套行之有效的广告人才选择机制标准并不容易。尽管我国人力资源和社会保障部联合国家工商行政管理总局于2014年3月27日颁发了《广告专业技术人员职业资格制度规定》，对各级广告专业技术人员的职业能力进行了明确的界定，并规定广告从业人员可以通过考试获得相应的广告专业资格证书，但就企业而言还不能单凭证书来作为选择广告人才的唯一标准。

(3) 广告人才的流动状况。广告人才流动是指广告专业人才的服务单位或服务对象按照本人意愿发生变化的社会现象。合理的人才流动，有助于打破组织界限的壁垒，促进广告人才的交流交融，从而做到人尽其才，使广告人才能够在最适合的工作岗位上充分发挥个人的聪明才智。虽然人才流动有助于广告行业的健康发展，但也不能过于频繁。因为过度的人才流动，会造成企业的人才流失，还会加剧企业间互挖墙脚的不正当竞争行为，并因此扰乱广告行业的现有秩序。

(4) 广告人才的培养。广告人才的培养包括广告人才培养的观念和广告人才培养的方式这两个方面。广告人才培养的观念是指对广告人才培养的指导思想与重视程度。而广告人才培养的方式主要是指广告人才培养的途径、方法和机构等。当前，从全球范围来看，各国广告人才的培养模式主要有3种。第一种是美国的培养模式，以学校教育为主，其特点是重视知识的系统性和实际业务技能的传授，同时以社会科学为依托，加强社会科学理论素质的培养。第二种是欧洲模式，以英国为代表，学校教育与职业培训相结合，侧重在职训练。国家设立广告学专业的大学数量不多，而由国家和业界主导的在职教育训练却很充实。第三种是日本模式，以在职培养为主，与日本企业的终身雇佣制相配合，入职后因材施教，通过

15~20 年不间断的、全面的业务及理论培训完成广告人才的培养。[①] 从总体上来说，我国广告人才培养的方式与美国模式更为接近，主要是以高等院校的专业教育为主，注重专业知识的系统性，同时，进行一定程度的业务技能传授。但由于广告行业的发展日新月异，学校现有的人才培养模式还无法做到与时俱进，使得我国高校培养的广告人才与企业的实际需求还有较大的差距。在当前全媒体时代的广告业大背景下，我国广告人才的培养模式还需不断创新。

2) 广告的传播环境

广告的传播环境是指影响广告传播的诸多因素的综合。广告传播环境的好坏，直接关系到广告与受众接触机会的大小，也关系到广告运作流程的通畅程度。评价广告传播的环境主要从质和量两个方面入手。在质的方面，主要看广告传播的效果，包括广告的经济效果、广告的沟通效果以及广告的社会效果等。在量的方面，主要涉及传播媒体的种类、数量、分布等。改革开放 40 多年来，我国广告的传播媒体无论是质的方面还是量的方面都发生了翻天覆地的变化，在一定程度上满足了企业广告活动的需求。

3) 广告的意识、批评与监督环境

（1）广告的意识环境。正确的广告意识是广告业健康发展的基础。由于长期的计划经济体制影响，我国现有的广告意识环境还不是很理想。改革开放之后，我国实行有计划的市场经济体制，广告有了用武之地，整个社会的广告意识也在不断增强。表现为整个社会对广告持有的态度越来越积极、正面，同时广告主、消费者也越来越依赖广告、接受广告。

（2）广告的批评与监督环境。广告的批评是伴随广告业发展而形成的一种评价和反馈机制。良好的广告批评环境，能够促进广告活动的良性运作，有利于广告业的健康成长，减少广告的负面影响，促使其更好地为社会进步、经济繁荣服务，更好地为广大消费者服务。

广告批评不是对广告活动的否定，而是对广告活动的一种客观评价，其目的是促使广告业更加健康地发展。因此，构建我国系统的、完备的广告批评体系具有重要的意义，广告界要对此高度重视。

任务实训

1. 实训的目的

通过文献调查，了解我国高校广告专业人才的培养现状。

2. 实训内容及步骤

（1）以班级为单位实施此次调查。根据任务需要，对班级成员进行分工。

（2）确定研究主题，设计和制订调研方案。

（3）通过文献收集，获取所需的研究资料。

（4）对调查所获资料进行整理、统计和分析。

（5）根据分析结果撰写调研报告，提交给授课老师批阅。

---

① 郭桂萍.中日广告人才培养目标的对比研究.教育教学论坛，2017（3）：241-242.

3. 实训成果

调查报告——《我国高校广告专业人才培养现状分析》。

任务 1.4 熟悉广告组织系统

任务引入

TH 公司是一家由 5 位应届大学毕业生共同创立的广告公司。最近，公司的 4 位创始人为是否加入当地的广告协会而展开了激烈的争论。有两位创始人坚持认为，加入当地的广告协会有助于了解行业动态，获取最新的广告资讯和广告监管政策，同时也能结识更多的业界同行和潜在客户，虽然需要缴纳一定的会费，但综合来看显然获益会更多。但另外两位创始人坚决反对，他们的理由是很多行业协会都是徒有其名，在业务上无法提供实质的帮助，而且公司刚刚成立，资金紧张，每分钱都要花在刀刃上。此外，我们要把所有的精力都放在开拓市场上，其他事宜不必考虑。双方争执不下，最后征询第 5 位创始人的意见。该创始人却说道，我对广告行业协会不了解，无法发表意见，你们来定。看来，TH 广告公司内部围绕着是否要加入广告协会的争论还要持续下去。

请问，你支持哪一方的观点？请阐述你支持的理由。

相关知识

1. 广告组织系统的构成

广告组织是广告经营活动的机构，广告组织系统由在广告传播过程中承担不同职能的专门机构所组成。我们将广告组织系统归纳如下（见图 1-9）。

微课堂
广告组织
系统

广告的主体是广告主，但大部分广告活动却是由专业的广告公司来完成的，广告信息也是发布在第三方的媒体平台。广告公司的工作包括为广告主制订广告计划、确定广告信息内容以及通过广告媒体向消费者传递广告主的信息，等等。因此，广告主、广告公司、广告媒体就构成了广告组织系统的基本机构。

图 1-9 综合的广告组织系统

广告组织系统的基本机构在执行广告职能时，一般需要得到诸如市场调查公司、广告设计公司、广告制作公司以及专门的广告创意公司等机构的支持，上述机构构成了广告组织系统的支持机构。

广告行政管理机构是广告组织系统中的一个很重要的组成部分。为防止虚假广告和违法广告损害消费者权益，必须要有广告行政管理机构实施监管职能。此外，广告组织系统还包括由与广告相关的企业和个人自愿组成的广告团体这一社会性组织。

2. 广告主

广告主（advertiser）是指直接或委托广告经营者（主要是指广告代理公司）实施广告宣传活动的主体，是广告信息的发出者。广告主可以是企业、事业单位，也可以是机关、社会团体和自然人。一般情况下广告主无法独立完成全部的广告活动，因为除了缺乏专业的广告创意、设计以及制作人才，也缺乏相应的广告制作设备，同时也不太可能拥有具有广泛营销力的广告发布媒体。因此，广告主需要通过付费的方式，与广告公司和广告媒体以及广告支持机构合作完成广告活动。不过也有例外情况，如广告主在一些自媒体或自己的网站及上发布自行设计的广告，则无须与其他广告机构合作，也无须付费。

3. 广告公司

广告公司是指专门从事广告代理与广告经营的商业性服务组织。广告公司按照服务功能与经营业务的不同，可以分为广告代理公司、广告制作公司和媒介购买公司3类。

◢**延伸阅读**

4A 广告公司

我们在媒体上常看到所谓的 4A 广告公司，很多人不太了解其真正的含义，误以为 4 个 A 是一种信用或实力评级，其实不然。

那么，4A 到底是什么呢？

4A 一词源于美国，为"美国广告协会"，即 The American Association of Advertising Agencies 的缩写。因名称里有 4 个单词是以 A 字母开头，故简称缩写为 4A。跟汽车的 4S 店差不多，4A 就是 AAAA。

美国广告协会是 20 世纪初由美国各大著名广告公司所协商成立的组织，成员包括Ogilvy&Mather（奥美），J. WalterThompson（智威汤逊，JWT），McCann（麦肯），Leo Burnett（李奥贝纳），DDBO（天联）等著名广告公司。该组织的最主要协议就是关于收取客户媒体费用的约定（17.65%），以避免恶意竞争，此后各广告公司都将精力集中在非凡的创意和高超的客户服务中，从而创造出一个接一个美妙的广告创意，从而 4A 也成为众多广告公司争相希望加入的组织。从 20 世纪 70 年代末到 90 年代初，4A 成员们渐渐地进入国内，但由于国内尚未允许外商独资广告公司存在，所以 4A 公司往往与国内公司合资成立合资广告公司，比如盛世长城（Saatchi & Saatchi 与长城）、智威汤逊中乔（J. WalterThompson 与中乔）等。

20 世纪 80 年代末 90 年代初，随着跨国公司纷纷进入中国，国际广告公司也纷至沓来。当时，国内的广告业尚未发展，4A 公司凭借着国际客户的声誉以及大胆而精妙的创意、精彩的导演和拍摄树立了其在国内广告界的名声，国内广告界渐渐了解了 4A 公司，4A 广告公司便成为代理国际品牌广告代理公司的代名词。

1）广告代理公司

广告代理公司是为广告主提供广告代理服务的机构，一般又可根据规模大小分为综合型广告代理公司和专项服务型广告代理公司两类。

综合型广告代理公司，为广告主提供全方位的广告代理服务，包括产品的市场调查和研究、广告战略的策划与执行、广告计划的具体设计与制作、广告媒介的选用与发布、广告效果的跟踪与反馈等一系列的活动。它还能为广告主提供信息咨询、企业形象设计、大型公关活动等战略层面的服务和建议。

专项服务型广告代理公司的广告经营范围较狭窄，服务项目较单一，一般不承担广告运作的整体策划和实施。但它能满足特定广告主的特殊需要，具有一定的专业优势，同时顺应了广告专业化分工的趋势，有利于广告专业水平的提高。一般来说，专项服务广告代理公司的业务又可分为3类：一类是提供某一特定产业的广告代理专项服务，如房地产广告代理；二是提供广告活动中某一环节的广告服务，如广告创意、广告调查等；三是提供特定媒介的广告服务，如户外广告服务、交通广告服务等。

2）广告制作公司

广告制作公司是指专门提供广告制作服务的企业。例如平面广告制作公司、影视广告制作公司及路牌、霓虹灯、喷绘等专营或兼营制作机构等都属于这一类。它可以直接为广告主提供制作服务，也可以接受广告代理公司的委托，通过提供广告制作服务收取广告制作费用。与广告代理公司相比，广告制作公司最大的优势在于其拥有专业的广告制作人才和精良的设备。所以一些大型的广告代理公司，也日益倾向将广告制作业务外包给广告制作公司，公司内部不再设置广告制作部门。

3）媒体购买公司

媒体购买公司的主要职能是专门从事媒体研究、媒体购买、媒体策划与实施等与媒体相关的业务服务。媒体购买公司一般设有媒体研究、媒体策划、媒体购买与媒体执行等几大业务部门。媒体购买公司对广告媒体有系统的研究，能够帮助广告主更合理地选择广告媒体，并有很强的媒体购买能力和价格优势。

4. 媒体广告组织

媒体广告组织是指媒体内部设立的专门从事广告经营的广告组织，如报社、杂志社、广播电台、电视台的广告部均是媒体广告组织。早期的媒体广告组织集招揽广告、设计制作广告以及发布广告等多种职能于一身，但随着广告行业的业务分工越来越专业化，媒体广告组织逐渐转变为专司广告发布之职。

5. 广告团体

广告团体组织是由从事广告业务、广告研究、广告教育或与广告业有密切关系的组织和人员自愿联合组成的社会团体。其宗旨是通过组织活动，交流广告学术和经验，互相参观学习，评选优秀广告作品，出版广告刊物，加强广告业组织之间、人员之间的联系，共同振兴广告事业。我国主要的广告团体组织有中国广告协会、中国商务广告协会（前身为中国对外经济贸易广告协会）以及中国广告学会等。

其中，中国广告协会是我国最大的全国性广告行业组织，会员为团体会员，由国内的广告经营单位联合组成，每两年举行一次会议。其最高权力机构是会员代表大会。它对我国的广告行业具有较强的指导力和监督力。

任务实训

1. 实训的目的

每个城市都有众多的广告制作公司，尤其是专门制作展架、灯箱、海报、铭牌等作坊式的小微广告制作公司最为常见。由于进入门槛低，业务同质化严重，这些广告制作公司间的竞争十分激烈。本实训的目的是通过实地调查了解学校所在城市有代表性的小微广告制作公司的生存与发展现状，从而加深对广告制作业务的了解。

2. 实训内容及步骤

（1）以班级为单位实施此次调查。根据任务需要，对班级成员进行分工。
（2）确定调查对象，设计和制订调研方案。
（3）设计调查问卷和访谈提纲，同学们按既定方案完成实地调查。
（4）对调查所获得的资料进行整理、统计和分析。
（5）根据分析结果撰写调研报告，提交给授课老师批阅。

3. 实训成果

调查报告——《我市小微广告公司的生存与发展现状调查报告》。

任务1.5 了解我国广告的起源与发展历程

任务引入

在古代，由于广告媒体不发达，口头广告是一种极为常见的广告形式。宋孟元老的《东京梦华录》有这样的记载："是月季春，万花烂漫，牡丹芍药，棣棠木香，种种上市，卖花者以马竹篮铺排，歌叫之声，清奇可听。"明冯梦龙《警世通言·玉堂春落难寻夫》中也有"却说庙外街上，有一小伙子叫云：'本京瓜子，一分一桶，高邮鸭蛋，半分一个'"的广告叫卖及叫卖词的记载。口头广告发展到后来，用工具来代替吆喝或两者配合使用，产生了声响广告，如卖布商人的拨浪鼓、货郎担子的小铜锣、卖油郎的油梆子等。

如今我们已进入网络社会，各种创新的网络与新媒体广告不断涌现，对传统的广告产生了极大的冲击。但在农贸市场、乡村集市甚至城市的临街小店，口头广告仍不绝于耳。

问题：为何口头广告有如此旺盛的生命力？它有哪些其他广告形式所不具备的优势？

相关知识

1. 我国广告的起源

我国广告的起源最早可追溯到原始社会。在原始社会初期，人们只能以渔猎和采集的方式，利用自然界现成的动植物维持生活。人们为了生存，需要相互交往，原始的信息传播即社会广告在社会发展中发挥了重要的作用。我国古代传说中的燧人氏教人钻木取火，以及伏羲氏教人结网捕鱼、狩猎的故事，反映了距今一万年前母系氏族时期繁荣兴盛的景象。

在原始社会后期，生产力的进一步发展和社会分工的产生，导致了剩余产品的出现，从而奠定了私有制的基础。随着社会分工的深化，剩余产品的数量和种类日趋增多。为了把用来交换的产品交换出去，就必须把产品陈列在市场上；同时，为吸引他人，势必需要叫卖。因此，实物陈列和叫卖形成了最早的广告形式。

奴隶社会时期，在我国出现了农业、手工业与商业的分工，行商阶层开始出现。随着商业的发展，商品交换日趋频繁和广泛，做买卖除了走街串巷以外，还有固定的交易场所，如"日中为市"（《易经·系辞下》）、"百工居肆，以成其是"（《论语·子张篇》）等的描述。封建社会以前的广告形式主要是叫卖广告和实物陈列广告，这些广告形式是我国最初的处于萌芽状态的广告。

在我国漫长的封建社会时期，自足自给的小农经济占主导地位，商品经济仅在一定程度上缓慢发展。因此，广告的发展也是十分缓慢的。在这一时期，主要的广告形式是口头广告、旗帜广告、招牌广告和印刷广告。

2. 我国近代广告的发展

近代广告主要指从鸦片战争到中华人民共和国成立这段时间的广告发展。1840年鸦片战争爆发后，我国进入半殖民地半封建社会。随着外国资本和商品的大量涌入，民族工商业与远洋资本之间互相争夺市场，刺激了广告的发展。从广告发展史来看，这一时期广告的发展突出表现在报纸和广播电台的利用上。

概括起来，我国近代广告主要有以下几个特点。

（1）政府对广告管理不力。虽然政府及有关行业对广告采取了广告监管措施，但显然没有起到应有的作用，许多人仍把广告与欺骗，甚至谋财害命画等号。

（2）产生了一批有一定水平的专业广告公司和广告人才。在经济发达地区，特别是有"不夜城"之称的上海，广告发展是令人瞩目的。中华人民共和国成立后最早的一批广告就是在这个基础上发展起来的。这时也出现了一些广告画师，如擅长水粉画广告的胡伯翔、专攻青工图案广告的张光宇等。

（3）广告对经济生活，特别是对发达地区产生过较大影响。这也证明了广告与经济发展的联系，经济是广告发展的根本原因。

3. 我国现代广告的发展

我国的现代广告是指中华人民共和国成立到目前为止这一时期的广告，大致可分为两个阶段。

1）改革开放以前的广告

1949年，中华人民共和国成立后就着手恢复经济，开始了为期三年的经济恢复时期。为了把广告业引上有益于经济建设的轨道，上海、北京、天津和重庆等地成立了广告管理机构，对广告进行管理，并在全国相继成立了广告业同业公会；针对当时广告业务中存在的一些问题，对广告业进行了整顿，解散了一批经营作风不正、业务混乱、濒临破产的广告社。各地区以人民政府的名义发布了一批地方性的广告管理办法，如天津市卫生局在 1949 年发布的《医药广告管理办法》、上海市人民政府公布的《广告管理规则》、重庆市在 1951 年成立广告管理所后公布的《重庆市广告管理办法》。

1953 年，我国开始执行第一个五年计划，从事大规模的经济建设，并在全国范围内开展了对农业、手工业和资本主义工商业的社会主义改造，在流通领域实行计划收购、计划供应和统购包销的政策，其指导思想是建立一个以社会主义全民所有制和集体所有制为基础的社会主义经济制度。1956 年，我国完成了社会主义改造，计划经济被作为社会主义的优越性越来越得到加强，商业广告的发展受到了一定的影响。这一时期，报纸广告版面减少；广播广告日益萎缩，一些城市取消了商业电台。

1957 年，在布拉格召开了国际广告大会，包括我国在内的 13 个社会主义国家的代表参加。此次会议做出了题为"从人民利益出发，发展社会主义商业广告"的决议。1958 年，商业部和铁道部联合发出通知，为使商业广告更好地为生产和消费服务，要求利用车站、候车室、车厢及列车内使用的用具等作为媒介开展广告业务，从而使广告业务有了一定的恢复。1978 年，中共中央召开十一届三中全会，广告业迎来了新的发展时期。

2）改革开放以后的广告

党的十一届三中全会以后，是我国广告业开始快速发展的时期。1979 年年初，广告恢复全面启动。1979 年被称为我国的"广告元年"，这一年中的广告大事件主要有：

1 月 4 日，《天津日报》率先恢复商业广告（天津牙膏厂产品，见图 1-10）；

1 月 23 日，《文汇报》刊登了第一条外商广告（瑞士雷达表）；

1 月 28 日，上海电视台播出了我国电视广告史上的第一条商业广告（参桂补酒，见图 1-11）；

图 1-10　天津牙膏厂产品广告

图 1-11　参桂补酒广告

3 月 5 日，上海人民广播电台在全国广播电台中第一个恢复广告业务；

3 月 15 日，上海电视台又播出第一条外商广告（瑞士雷达表）；

4 月 17 日，《人民日报》刊登了汽车、地质仪器等商品广告。

11 月，中共中央宣传部发出《关于报刊、广播、电视台刊登和播放外国商品广告的通知》，提出"广告宣传要着重介绍四化建设中可借鉴参考的生产资料，消费品除烟酒外，也可以刊登"；并要求"调动各方面的积极因素，更好地开展外商广告业务"，从而使广告业迅速扩大。

改革开放以后，我国的经济发展取得举世瞩目的成就。1979—1997 年，我国国内总产值的年平均增长率为 9.8%，其中，1990—1995 年我国国内总产值的年平均增长率为12.8%，远远高于全球同期 2.0% 的平均增长速度。高速发展的中国经济推动了广告业务的井喷式发展。1980—1997 年，我国广告营业额每年平均增长 43.93%，其中 1985 年的增速高达 65.7%。1981 年，我国广告营业总额为 11 800 万元，占国内生产总值的比重为0.024%；而到了 2008 年已达到 1 899.56 亿元，增长了 1 609 倍，增速远远超过同期 GDP 的增长速度。2009 年，我国广告营业额首次突破 2 000 亿元。2011 年，我国广告业发展又有了新的突破，年人均广告费首次超过 200 元，达到 234 元。

课堂讨论

改革开放以来，我国广告业得以迅猛发展的原因是什么？

近年来，随着国家宏观经济的稳步发展，以及移动通信、互联网、社交媒体等新兴媒介的飞速发展，广告业进入蓬勃发展时期。2010—2019 年我国互联网广告市场规模复合增速达 40% 以上。2019 年我国互联网广告总收入约 4367 亿元人民币，相较上年增长 18.22%，增幅较 2018 年略有放缓，但仍保持增长的态势。2010—2019 年，我国互联网广告市场规模如图 1-12 所示。

图 1-12　2010—2019 年我国互联网广告市场规模

资料来源：产业信息网。

近年来我国广告整体市场出现波动，2022 年首次出现负增长，但电商平台和直播电商广告的增长确保了互联网广告市场平稳发展。据 QuestMobile 2023 年 3 月发布的《2022 中国互联网广告市场洞察》，我国互联网广告流量基础继续扩大，用户黏性显著增加；视频媒体、社交媒体广告容量显著提升；当前广告市场变革正在进行，广告主广告投放向较新广告形式/产品倾斜，既有模式呈下降趋势。2020—2024 年我国互联网广告市场规模变化情况如图 1-13 所示。

注：参照公开财报广告收入数据，结构QuestMobile AD INSIGHT广告洞察数据库进行估算。互联网广告未包含：
1)联运等渠道合作费用(应用商店内广告)；2)游戏内广告、音频内广告；3)扣除广告收入中含佣金的部分。

图1-13　2020—2024年我国互联网广告市场规模变化情况

总之，改革开放之后，我国广告市场快速发展，取得了巨大成就。虽然近几年来广告整体市场增速变缓，但互联网广告仍处于发展上升期。

任务实训

1. 实训的目的

通过观看纪录片《中国广告四十年》，了解改革开放以来我国广告业的发展历程。

2. 实训内容及步骤

改革开放以来，中国广告业从零开始，经过四十年的奋斗，已经成为世界第二大广告市场。为纪念1979—2019年我国广告业的辉煌发展历程，中国商务广告协会联合中国传媒大学广告学院、中国广告博物馆，共同拍摄了行业纪录片《中国广告四十年》。该片以我国广告业波澜壮阔的奋斗史为背景，真实、全面、客观地记录与反映中国广告四十年来的产业发展历程。

该片于2018年开拍，历时两年多才拍摄完成，于2021年3月纪录片正式出品。从中国传媒大学官网获悉，该片第一季广告产业篇共十集，采取周播的方式通过哔哩哔哩陆续推出，与此同时，依托中国广告博物馆的宣传矩阵与《中国广告四十年》纪录片的优质内容，挖掘和创作适合短视频传播的创新内容，以达到多次传播的效果，目前已经在多个平台播出。

请同学们利用课余时间认真观看《中国广告四十年》这部反映我国改革开放以来广告业发展历程的行业纪录片，然后从经济与广告业发展的视角完成观后感的写作。

3. 实训成果

实训小作业——《中国广告四十年》纪录片观后感。

📖 练习题

一、单选题

1. （　　）既是广告信息的载体，又是联结广告主和广告受众的纽带。
　　A. 广告中介机构　　　B. 广告信息　　　C. 广告媒介　　　D. 广告公司

2. 广告行为活动的主体是（　　），包括各类组织和个人。
　　A. 广告公司　　　　　B. 广告主　　　　C. 广告媒介　　　D. 广告管制机构

3. （　　）是指企业为吸引消费者直接购买产品，而突出产品本身的性能、特点、功能以及价格等方面优势的广告。
　　A. 商务广告　　　　　B. 消费者广告　　C. 非产品广告　　D. 产品广告

4. 如今（　　）已取代传统的大众媒体，成为人们获取信息最重要的渠道。
　　A. 电视媒体　　　　　B. 广播媒体　　　C. 网络媒体　　　D. 报纸媒体

5. 我国广告的起源最早可以追溯到（　　）。
　　A. 原始社会　　　　　B. 奴隶社会　　　C. 封建社会　　　D. 半封建半殖民地社会

二、多选题

1. 下列属于印刷品广告媒体的是（　　）。
　　A. 报纸　　　　　　　B. 电视　　　　　C. 杂志　　　　　D. 网络
　　E. 海报

2. 根据广告主进行分类，广告可以分为（　　）。
　　A. 产品广告　　　　　B. 制造商广告　　C. 中间商广告　　D. 合作广告
　　E. 感性广告

3. 广告的特征主要有（　　）。
　　A. 具有明确的广告主
　　B. 主要目的是促进商品交换
　　C. 一般要付费
　　D. 是一种营销传播活动
　　E. 要受到法律的制约

4. 广告组织系统应该包括（　　）。
　　A. 广告协会　　　　　B. 广告主　　　　C. 广告公司　　　D. 广告制作公司
　　E. 广告媒体

5. 我国古代主要的广告形式是（　　）。
　　A. 口头广告　　　　　B. 旗帜广告　　　C. 招牌广告　　　D. 电波广告
　　E. 印刷广告

三、名词解释

1. 广告　　2. 广告信息　　3. 营利性广告　　4. 广告组织　　5. 媒介广告组织

四、简答及论述题

1. 广告的构成要素有哪些？
2. 公益广告的特征有哪些？
3. 专项服务型广告代理公司的业务有哪三类？

4. 试论述广告对消费者的作用。

5. 试论述我国近代广告的特点。

📖案例讨论

格力的广告语变迁

"通过广告，你可以发现一个国家的理想。"同样，通过广告，你也可以发现一个品牌的理想。

还记得改革开放初期，广告作为商品经济的产物，在大陆刚刚复苏。对这个新鲜事物，国人还很陌生。当时在各大媒体打广告的，多是"舶来品"，如卡西欧、桑塔纳、丰田、可口可乐……这些品牌，都是在当时进入中国，并依靠广告进入中国人的日常生活。本土品牌大规模的投放广告，是 20 世纪 90 年代的事。

1992 年，党的十四大确立经济体制改革目标，明确提出了建立社会主义市场经济体制，无疑为各类型经济实体开了绿灯。我们如今熟知的各大本土品牌，都是 20 世纪 90 年代发展起来的，其中就包括空调行业的翘楚——格力。

创立初期，格力打出的广告语是"格力电器创造良机"。要知道，当时在中国消费者的心里，还是倾向外国品牌。因此格力的主要目标，是让品牌为更多的人知晓。那么产品的诉求点是什么？虽然格力还在蹒跚起步的阶段，就已意识到质量的重要性，开始以抓质量为中心，提出"出精品、创名牌、上规模、创世界一流水平"的质量方针，实施"精品战略"，建立和完善质量管理体系，出台"总经理十二条禁令"，推行"零缺陷工程"。用格力董事长董明珠的话说，"那个时候意识到要创造一个好的产品"。几年的狠抓质量工作，使格力产品在质量上实现了质的飞跃，奠定了格力产品在质量上的竞争优势，创出了"格力"品牌，在消费者中树立起良好的口碑。1995 年，格力家用空调产销量在中国市场首次排名第一，奠定了格力空调的龙头地位。

到了 20 世纪 90 年代末，格力依靠过硬的质量，在消费者心中逐渐树立了口碑。1997 年，格力商标被国家工商行政管理局商标局认定为"中国驰名商标"。因此，品牌口号转变为"好空调，格力造"。这个口号，恰逢"洋品牌"节节败退，本土品牌发扬光大的难得机遇，口号虽然短，却铿锵有力，底气十足。

在"好空调，格力造"口号的鼓舞下，2001 年 11 月，在广西北海召开的中高层干部会议上，格力电器提出"整顿工作作风，打造百年企业"的目标，开始深化内部管理，健全完善各种制度，向管理的现代化、科学化、规范化迈进。2003 年年初，格力电器提出"争创世界第一、打造国际品牌"的目标，向世界冠军发起冲击。2005 年，格力家用空调销量突破 1 000 万台，顺利实现销售世界第一的目标。"好空调，格力造"也成为格力创立以来使用时间最长的品牌口号。

进入 21 世纪，科技日益转化为生产力，产品的革新越来越依赖科技创新。以此为背景，"掌握核心科技"取代沿用了十几年的"好空调，格力造"，宣告格力转型升级的信心和决心。董明珠表示，没有自己的技术，永远不可能做到"好空调，格力造"。据董明珠介绍，格力发展的前 10 年，是营销支撑了发展。当时格力在没有技术的条件下，只能依赖别的品牌的压缩机，把关键部件买回来组装。格力所能做的创新，仅仅是外观面板发生一些变化，所以严格说是没有核心技术。格力电器 2000 年之前的 10 年拥有的所谓的专利 298 项，90%甚至于更多只能说是修改型的。2000 年以后到现在，格力拥有的专利已经超过 5 000 项，现在每天从实验室诞生 2 项专利，已经今非昔比。

格力发展到 2011 年，意识到即使掌握了核心科技，改善了消费者的生活，也是远远不够的。所有人都在关注空气污染，格力也要肩负起环境改善责任，因此提出"让天空更蓝，大地更绿"。董明珠也不止一次在公开场合表示，要"用格力的行动、用格力的技术让天空永远是蓝的"。格力电器不仅在研发和生产线上为国家实现节能减排的大战略以及消费者的健康生活贡献企业力量，更先后在长沙、郑州、石家庄、芜湖、天津投资建设了 5 家绿色拆解基地，倾心打造循环经济，为创建资源节约型和环境友好型社会做出不懈的努力，力求达到"科技改变生活"的品牌愿景。

随着中国制造 2025 政策的出台，有识之士都认识到中国制造 2025 是夯实国内制造业基础、提升产业竞争力的必由之路，作为肩扛中国制造大旗的责任企业，格力电器广告语的更改无疑是其对中国制造许下的承诺。

从"格力电器创造良机"到"好空调，格力造"，再到"掌握核心科技"，"让天空更蓝，大地更绿"，再到如今的"格力，让世界爱上中国造"，品牌口号的每次革新都象征着格力的一次飞跃，五条品牌口号的变化，清晰地勾勒出格力的发展路径：从品牌初创，到奠定基础，到以技术为先导，再到拥抱企业社会责任，扛起中国造的大旗，格力的愿景越来越宏大，越来越包容，从一个公司、一个品牌的生存得失，拓展为为品牌、为全社会、为全人类谋福利的美好愿望。

问题讨论

1. 格力公司广告语不断变迁的内在逻辑是什么？
2. 结合案例，请谈谈环境对企业广告的影响。

项目 1　广告导论

任务	分析我国新媒体广告的发展现状与趋势				
班级		学号		姓名	

本任务要达到的目标要求：

1. 提升学生的自主学习能力。
2. 了解我国新媒体广告的发展现状。
3. 把握我国新媒体广告未来的发展趋势。

能力训练

1. 何谓新媒体及新媒体广告？

2. 新媒体广告在我国的发展现状如何？

3. 新媒体广告未来的发展趋势是什么？

4. 你觉得新媒体广告可以取代传统广告吗？为什么？

学生评述

完成任务的心得与体会：

教师评价

媒体篇

导语： 广告媒体是广告主将广告信息传递给目标受众的载体。广告媒体的选择事关广告活动的成败。因此，在开展广告活动时必须充分了解不同广告媒体的特点，并掌握广告媒体的选择与发布策略。本篇专门对广告媒体及广告媒体策略进行阐述，内容包括广告媒体的类别、广告媒体的选择策略、广告媒体的组合与发布策略。通过对本篇的学习，可以对广告媒体和广告媒体策略有一个全面的了解。

学习目标

【知识目标】

(1) 了解广告媒体的划分标准。

(2) 熟悉主要广告媒体的优缺点。

(3) 熟悉广告媒体的评价指标。

(4) 了解企业广告媒体的影响因素。

(5) 熟悉广告媒体组合的原则与方式。

【技能目标】

(1) 能够对企业的广告媒体选择进行客观评价。

(2) 能够熟练掌握广告媒体的组合策略。

(3) 能够熟练掌握广告媒体的发布策略。

【素质目标】

(1) 激发学生学习广告媒体及广告媒体策略的兴趣。

(2) 提升学生的自主学习能力和自主学习意识。

(3) 帮助学生树立正确的广告媒体价值观。

项目情境导入

在当今的网络时代，我们获取新闻资讯的渠道逐渐从传统媒介转移到智能移动终端。在移动端，消费者的阅读具有极强的选择性。大家关注的是内容，很少会留意广告。因此，尽管我们的手机上每天都会滑过几百条广告，但真正能让我们记住的却少之又少。此外，在观看娱乐节目时，很多人是从电视转向网络，通过购买会员的方式在网上能看到比在电视里更为丰富的娱乐节目，而且会员看到的还都是去掉广告的节目。

在当今注意力稀缺的时代，在传统媒体上刊播的广告已经越来越难以引起受众的关注，广告媒体的寒冬似乎已经到来。但是网络新媒体的兴起，给广告媒体带来新的活力，推动着我国广告媒体不断向前发展。

问题：

近年来我国广告媒体发生了哪些变化？传统广告媒体未来的发展方向在哪里？

项目分析

广告媒体是广告主将广告信息传递给目标受众的载体。凡是能刊载、播映、播放广告作品，在广告宣传中起传播广告信息作用的媒体都可称为广告媒体。除了常见的广播、电视、报纸、杂志和网络外，路牌、交通工具、霓虹灯、商品陈列、橱窗、包装物以及产品说明书、企业名录等也都是广告媒体的一种。广告媒体选择的正确与否关系广告传播活动的成败。因此，在开展广告活动时必须充分了解不同广告媒体的特点，并掌握广告媒体的选择与发布策略。

那么，不同类型的广告媒体有何特点？企业该如何对这些媒体进行选择？可供选择的广告媒体组合策略和发布策略又有哪些？本项目将对以上问题分别进行解答。

任务 2.1　了解主要的广告媒体类别

任务引入

广告媒体的分类方法有很多。根据受众规模的不同，广告媒体可以分为大众广告媒体和小众广告媒体两大类。其中，大众广告媒体主要包括电视、广播、报纸、杂志、网络、电影等。小众广告媒体种类众多，我们比较熟悉的有户外广告牌、交通车体等。这是一种最为常见的媒体划分方法，也是本书所要介绍的分类方法。

此外，根据广告媒体传播的内容划分，可以分为综合性广告媒体和专业性广告媒体；根据广告媒体传播范围的大小划分，可以分为全球性广告媒体、全国性广告媒体和地方性广告媒体；根据受众对广告信息的接收形式划分，广告媒体可以分为视觉广告媒体、听觉广告媒体、视听综合广告媒体及其他广告媒体等。

问题：你知道的广告媒体划分方法还有哪些？请举例说明。

相关知识

1. 大众广告媒体

大众传播媒体顾名思义就是传播范围大、受众广泛，影响力较大的媒体，这是一个相对的概念。报纸、杂志、广播、电视、网络、电影等媒体均属此类。其中报纸、杂志、广播、电视是传统广告传播活动中最为常见的媒体，通常被称为四大广告媒体。但近年来，网络媒体异军突起，已成为当今第一大媒体。

1）电视广告媒体

电视广告媒体是自 20 世纪 30 年代以来发展迅速，覆盖面广泛的一种广告媒体。如今电视早已深入千家万户，成为人们生活中获取信息、愉悦身心的重要伙伴。

（1）与其他媒体广告相比较，电视广告具有以下优点。

① 直观性强，具有视听效果的综合性。电视广告集声音、图像、色彩、活动 4 种功能于一身，可以直观地、真实地、生动地反映商品的特性，能够给广告受众留下深刻的印象。例如，富有故事情节而又充满温馨的南方黑芝麻糊电视广告（见图 2-1），一经播出，就激

起了观众强烈的共鸣。

图2-1 南方黑芝麻糊电视广告截图

② 传播范围广，信息传播迅速。电视具有极高的普及率，受众广泛。电视广告能在节目覆盖的地域范围内迅速传递，易于配合广告商家新产品上市、销售等促销活动。

③ 有较强的冲击力和感染力。电视广告借助声波和光波信号直接刺激人们的感官和心理，因而具有较强的冲击力和感染力。

④ 利于说服广告受众，增加消费者购买的信心和决心。由于电视广告形象逼真，就像一位上门的推销员一样，直观地把商品展示在每位观众眼前，容易使受众对广告的商品产生好感，进而引发购买兴趣和欲望。

（2）与其他媒体广告相比，电视广告具有以下缺点。

① 针对性不强、诉求不精准。电视属于典型的大众媒体，受众的收入水平、职业、社会阶层、年龄、性别以及受教育程度等千差万别，电视媒体受众的这个特点决定了电视广告具有针对性不强、诉求不精准的缺点。

② 受众被动接受，缺乏选择性。绝大多数观众看电视节目的目的是娱乐、接受教育和获取新闻资讯，而不是接受电视广告传播的信息。但受众观看电视时只能被动地接受电视台播放的节目，缺乏自主选择性。不过近年来传统电视广告也在努力寻求转型，力求跟上网络时代的步伐，使得电视广告也能实现个性化精准投放。

③ 费用较高，一般中小企业无力承受。电视广告的费用较高，除了媒体使用费外，还包括广告设计费、制作费、模特代言费（不是全部都有）、场地费等。因此，大多数中小型企业无力负担。

④ 受时间所限，不利于深入传递广告信息。单条电视广告播放时长多在30s以内，企业很难在这么短的时间里将广告商品的卖点完整地展现给目标受众。

⑤ 电视台播放广告过多，观众容易产生抗拒情绪。为了谋求较高的经济利益，大多数电视台竭尽所能来插播广告，正常的电视节目因此常常被广告所打断，容易引起观众的不满和抵触。

2）广播广告媒体

广播广告媒体运用语言、音像、音乐等元素来表达广告产品或企业的信息，特点是采用电声音频技术，专门诉诸广告目标受众的听觉。

（1）与其他媒体的广告相比，广播广告具有以下优点。

① 覆盖面广，收听方便。广播不受时间和空间的限制，无论城市还是乡村，无论在路上还是在家中，人们都可以方便地接受广播信号，随意地选择自己所喜爱的广播节目。

② 以声带响，亲切动听。广播媒体是声音的艺术。广播广告最突出的特点就是用语言解释来弥补无视觉性形象的不足。广播广告运用声音的艺术，能够惟妙惟肖地模拟各种场景，给人以身临其境的感受。

③ 制作容易，传播迅速。与电视广告相比，广播广告制作就要容易很多，一般不需要外景，整个制作过程在录音棚里就可以完成。同时，广播广告的制作周期短，因而能够快速地借助电波传播出去。

④ 经济实惠。广播广告的制作和刊播费用要远低于电视广告，因而一般的中小企业也能够承担。

（2）与其他媒体的广告相比，广播广告具有以下缺点。

① 缺乏视觉感受。与其他媒体相比，广播广告缺少视觉支撑。对于受众来说，广告是"只闻其声，不见其人"，因而难以留下深刻的印象。

② 时效短、无法保存。广播广告传递的声音信息转瞬即逝，无法保存，也无法查询。

③ 受新兴媒体的冲击巨大。受网络媒体等新兴媒体的巨大冲击，广播媒体的影响力在逐渐下降，广播广告的受众越来越少。

④ 听众被动接受，选择性不强。广播广告很少被听众主动接受，听众一听到广告往往很快换台，转而收听其他电台的节目。

3）报纸广告媒体

报纸是传统的四大传播媒体之一。报纸运用文字、图像等印刷符号，定期、连续地向公众传递新闻、时事评论等信息，同时传播知识、提供娱乐或生活服务。报纸一般以散页的形式发行，版数具有一定的伸缩性，刊载信息容量较大。报纸是较早面向公众（消费者）传播广告信息的载体，现在依然是重要的广告媒体之一。

（1）与其他媒体的广告相比，报纸广告具有以下优点。

① 覆盖面广，发行量大。除少数专业性强或是面向特定较小区域的报纸以外，一般公开发行的报纸都具有较大的覆盖面和发行量。

② 广告信息传播迅速。报纸以日报为主，出版周期短，读者通常可以阅读到当天的报纸，因此很适合那些对时效性要求较高的产品刊登广告。

③ 选择性强，读者阅读时比较主动。广告主可以根据各种报纸的覆盖范围、发行量、知名度、读者群等情况，灵活地选择某种或某几种报纸进行广告宣传。由于报纸的可读性强，读者阅读时可以自由地选择喜爱的栏目。

④ 读者广泛而稳定。报纸能满足各阶层媒体受众的共同需要。因此，它有极广泛的读者群。不同的读者群，其兴趣、偏好各不相同，在一定时期，兴趣、偏好是不易改变的。这就使得报纸的目标市场具有相对的稳定性。

⑤ 表现方式灵活多样。报纸传播信息的方式多种多样，或图文并茂，或单纯文字，或诉诸理性，或诉诸情感。

⑥ 信息易于保存，便于查找。报纸媒体不同于电视和广播媒体，读者不受时间限制，可随时阅读或重复阅读。时间长了，读者还可以查找所需要的信息资料。

⑦ 可以凭借报纸的信誉加深广告效果。由于报纸是以报道新闻为主的，故所传递的信息容易使读者产生信赖感，并影响到对报纸所刊载广告的感觉。

⑧ 广告费用相对较低。报纸广告的费用要远低于影视广告，而且广告主还可以根据预算情况灵活选择不同报价的版面刊登广告。

（2）与其他媒体的广告相比，报纸广告具有以下缺点。

① 有效时间短。报纸以日报为主，新闻性强，出版周期短，被读者留存的时间不长，因此在报纸上刊登的广告很难对广告受众产生长期的影响。对于广告策划者来说，要特别重视对报纸广告诉求点的准确把握，即精心思考"说什么"和"怎么说"，尽可能在有限的时间内传递给读者印象深刻的广告信息。

② 广告注目率低。通常报纸广告不会占据最优版面，而读者阅读报纸时又倾向阅读新闻报道和其他感兴趣的栏目，因此大多数报纸广告会被读者所忽视。

③ 印刷不够精美。由于纸张材料和技术的局限，以及发行者出于对报纸印刷成本的考虑，不少报纸广告的印刷常常显得粗制滥造，容易引起读者的不信任感。

④ 报纸广告表现形式单一。报纸广告仅有文字或图片，对于广告受众来说缺乏听觉与动态视觉刺激，因此广告的表现形式单一，吸引力不强。

⑤ 广告相互干扰，广告的关注度低。报纸的售价一般很低，大都是靠广告收入来维持。为了增加收入，报社往往是尽可能在报纸上多安排广告，大量的广告排列在有限的报纸版面上，广告之间产生干扰效应，进一步影响了读者对广告的关注。

4）杂志广告媒体

杂志是一种具有一定间隔周期、定期发行的出版物，与报纸一样同属印刷媒体。杂志一般分为周刊、半月刊、月刊、双月刊和季刊等。杂志比报纸具有更强的针对性，往往是针对特定的受众群体。

（1）与其他媒体的广告相比，杂志广告具有以下优点。

① 针对性强，目标受众明确。杂志是针对某一特定人群的出版物，读者较为明确，如《大学英语》杂志，主要读者就是对英语学习有需求的在读大学生。如果在该杂志上发布大学四六级考试和考研英语培训广告，往往能收到很好的效果。

② 信息的生命周期较长，传阅率高。杂志的出版周期长，专业性和知识性较强，读者阅读较为专注，反复阅读和传阅率较高。因此，在杂志上刊登的广告往往具有较长时期的传播效果。

③ 印刷质量较高，广告表现力较强。杂志中刊登的广告一般采用铜版纸彩色印刷，印制精美，广告的表现力较强。因而杂志广告能够对读者产生较强的视觉刺激，给其留下深刻的印象（见图2-2）。

图 2-2 杂志广告制作精良

④ 编排整洁、灵活性强。杂志媒体版面小，每页编排较为整洁，不像报纸那样内容繁杂。因此，每则广告都显得醒目；同时杂志广告可承载的信息较多，可以比较自由地运用文字、图片、色彩等手段表现广告内容。杂志还可以做多页或折页来延展版面空间，运用一些特殊形式来表现广告商品，形成画面的震撼效果。

⑤ 面向的人群比较固定，杂志广告的效果较一般媒体更容易测定。

（2）与其他媒体的广告相比，杂志广告具有以下缺点。

① 时效性差。杂志一般为月刊、双月刊或季刊，出版周期较长，因而刊播广告的时效性较差。

② 受众不够广泛。杂志的读者往往为特定的人群，受众面有限，不太适合做大众产品的广告。

5）网络广告媒体

被誉为"第四媒体"的互联网的兴起与迅猛发展，为广告业提供了一种全新的媒介和一次全新的机遇。它所创造的信息平台为广告市场提供了一个巨大的潜在传播渠道，它的发展带来了传媒生态的新变化。互联网通过一系列互相连接的终端设备，在全球范围内实现信息交换和传播，具有广播、电视、报纸、杂志等传统媒体所不具有的优势。当然，正在发展中的网络媒体也有不尽完善的地方，对网络广告的评价也是众说纷纭。有关网络广告媒体的内容，本书将在项目9中详细阐述。

案例分析

"环境即媒介"的思考

"有一天，当你起床后喝下第一杯饮料时，你在杯底发现了某饮料的广告；你探出头望了一眼楼底，发现公交车车顶贴着广告语 Don't jump（不要跳），这是某求职网站的广告，提醒你不要急着跳槽；你乘电梯下楼时，发现电梯上贴着某降压药品的广告；你去超市，发现手推车上贴着超市商品的广告；当你付钱时，发现收银员找给你的硬币的一面竟然也贴着某银行的广告；你搭出租车回家，出租车车身涂着某运输公司的广告；回到家，你悠闲地躺下，抬眼一看月亮，惊奇地发现月亮上出现了某知名计算机品牌的标志。"以上是新加坡李奥贝纳的创意总监在"金铅笔"广告年度峰会上播放的一段短片，描述的是未来生活中的一天。

随着经济的发展，广告在人们的生活中扮演了越来越重要的角色。广告的发展日新月异，广告发布的媒体已经不仅仅局限于传统的四大媒体：报纸、杂志、广播、电视。现代媒体广告挤破头也很难创造出新意。而美国的广告商转而盯向苹果、番茄等大众食品，效应可不一般。由美国著名影星金凯利主演的电影《骗子，骗子》，其广告就做在苹果上。金凯利那张令人喜爱的面孔被印成贴纸，贴到美国购物中心货架上 1 200 万个"史密斯奶奶"苹果和"富士"苹果上。由于消费者在挑选水果时一般都很仔细，而且苹果还需要削皮，所以苹果广告比电影、报刊广告取得了更好的效果，吃到苹果的人同时也记住了该影片。

环境即媒介的概念，让人类凭借着智慧和无限的想象力，将广告媒介无限延伸、扩张……一直渗透到我们生活的每个角落。广告媒体的更新、表现形式的多样充分显示了广告主、广告公司的聪明才智，也让消费者感到更多的惊喜、享受到更周到的服务。但同时我们更应深刻地认识到，广告主、广告公司做广告应把握好度。我们不能把丑恶媚俗的广告强加给受众。我们不能唯利是图，把任何东西都拿来做广告。例如冯小刚的电影《大腕》中，在大腕儿的葬礼上，一伙人把大腕儿的身体各部位都当广告媒体卖。葬礼的背景场地也都卖给了各广告商，可谓为了赚钱不择手段。影片的情节虽然夸张，但相信还是值得广告界认真思考的。

案例分析

广告是一种商业推销手段，也是一种文化。成功的广告常常并不赤裸裸地王婆卖瓜，相反，它要把自己的商业动机乃至商业性质巧妙地掩藏起来，让人感觉不到是在做广告。这个时候它就要借助创意，借助巧妙的媒介和叙述方法。我们衷心希望广告能越做越精彩，更希望消费者能自由自在地畅游在广告海洋中。

6) 电影广告媒体

电影广告是指以电影或其衍生媒体为载体的广告形式。电影广告一般在正片之前放映，观众接受广告信息时环境较舒适，心情较松弛，对广告排斥心理较少，注意力较集中，因而能收到比较好的广告效果。随着我国广告业的发展，电影广告逐渐受到重视，已被不断开发和利用。

但电影广告受放映时间和场地的限制，传播范围有限，且电影广告片拍摄费用也比较高，因而广告界对电影广告的重视程度不及其他媒体高。

不过自冯小刚导演在 1999 年将"中国银行"植入电影《没完没了》中之后，广告植入便成为国产电影中一道亮丽的风景线。好的广告植入不仅能让观众乐享其中，还能使商业利益最大化，让制片方和广告主实现双赢。下面是一组电影中的植入广告镜头（见图 2-3 至图 2-5）。

图 2-3 电影《父子雄兵》中的神州专车广告

图 2-4 电影《港囧》中的中国人寿广告

图 2-5 《天下无贼》电影中淘宝网的植入

除了电影外，在不少电视剧中同样存在大量的植入广告。例如，反映东北农村题材的系列电视剧《乡村爱情》，从第 2 部开始，就有了植入广告的尝试。剧中大脚超市的规模不断扩大，超市门口开始摆摊位，雪糕饮品应有尽有，村里的墙上也开始刷字打广告。在《乡村爱情》第 9 部中，更是结合剧情大量植入广告（见图 2-6 至图 2-8）。

图 2-6 《乡村爱情 9》中飞鹤奶粉的植入广告

图 2-7 《乡村爱情 9》中施可丰复合肥的植入广告

图 2-8 《乡村爱情 9》中 58 同城的植入广告

延伸阅读

我国广播电视广告行业收入构成呈现新变化

中国国家广播电视总局 2022 年 4 月 27 日发布《2022 年全国广播电视行业统计公报》（以下简称《公报》）。《公报》显示，2022 年中国全国广播电视行业总收入为 12 419.34 亿元（人民币，下同），同比增长 8.10%。

其中，广播电视和网络视听业务实际创收收入 10 668.52 亿元，同比增长 10.29%。按主体分，网络视听服务机构总收入达 6 687.24 亿元，同比增长 23.61%，占行业总收入的比例超过一半。

《公报》显示，2022 年传统广播电视广告收入下降，新媒体广告收入持续增长。2022 年全国广电行业广告收入 3 342.32 亿元，同比增长 8.54%。其中，广播广告收入 73.72 亿元，同比下降 28.09%；电视广告收入 553.23 亿元，同比下降 19.11%；广播电视和网络视听机构通过互联网取得的新媒体广告收入 2 407.39 亿元，同比增长 20.28%。

2. 小众广告媒体

相较于大众广告媒体而言，还有很多用来传播广告信息的媒体，因为其传播范围较小，受众群体有限，故被称为小众广告媒体。这些媒体往往可以直接影响消费者的购买行为，促进销售，是对大众广告媒体有益的补充。小众广告媒体有时也被称为促销媒体。

小众广告媒体主要有以下几种形式。

① 售点广告。售点广告围绕销售点现场内外的各种设施做广告，有明确的诱导动机，旨在吸引消费者，唤起消费者的购买欲，具有无声却又十分直观的推销效力。它可直接影响销售业绩，是完成购买阶段任务的主要推销工具。

② 直邮广告。直邮广告通过邮寄、赠送等形式，将宣传品送到消费者家里或公司所在地。美国广告函件协会对直邮广告下的定义是："对广告主所选择之对象，将印就的印刷品，用邮寄方法，传递广告主所要传达的信息的一种手段。"

直邮广告在西方国家被广泛应用，许多企业将此作为重要的促销手段。在我国，由于消费者对此种广告的信任度普遍较低，故直邮广告目前还不是主流的广告形式。

③ 户外广告。户外广告指设置在室外的广告，如霓虹灯广告、路牌广告（见图 2-9）、灯箱广告、LED 看板等。其种类繁多，特点各异。总体来看，户外广告一般传播主旨比较鲜明，形象突出，主题集中，引人注目。但它也具有受时空限制、传播范围小、广告信息量小、消费者接触时间短等缺点。

④ 交通广告。交通广告是指利用公交车、地铁、飞机、船舶等交通工具及其周围的场所等媒体做广告，其中，车体广告如图 2-10 所示。交通广告价格比较低廉，并且有着较好的传播效果，所以对企业有很大的吸引力。

图 2-9　路牌广告

图 2-10　车体广告

任务实训

1. 实训的目的

观看电影《变形金刚 3》，对其中的植入广告进行分析。

2. 实训内容及步骤

在好莱坞大片《变形金刚 3》（以下简称《变 3》）中，四大国产品牌——美特斯·邦威 T 恤、伊利舒化奶、TCL 3D 电视、联想计算机的植入成为焦点。有观众笑称："国产品牌植入广告成了《变 3》最大的亮点，男主角萨姆穿着美特斯·邦威的衣服，镜头出现了 1 分多钟，女主角也一样，但不仔细看看不出来；电影中所有的计算机上 Lenovo（联想）的 Logo 的特写出现了不下 5 次，尤其女主角最喜欢的那个小机器人，最后变形成联想最新款的笔记本电脑……"

其中伊利舒化奶的植入方式最让人称奇，甚至有观众表示"看完《变 3》，大黄蜂、霸天虎到底做了什么都不记得了，就记得国产牛奶了"。

请同学们在观看该电影之后，对电影中的植入广告进行分析。

3. 实训成果

实训作业——《变形金刚 3》中的植入广告分析。

任务 2.2　掌握广告媒体的选择策略

任务引入

根据国家广播电视总局发布的《2022 年全国广播电视行业统计公报》，2022 年我国传统广播电视节目销售收入和电视购物频道收入下滑明显。传统广播电视节目销售收入 330.68 亿元，同比下降 24.54%；电视购物频道收入 81.59 亿元，同比下降 29.43%；付费数字电视内容与播控收入 20.86 亿元，同比下降 10.85%；节目制作相关服务收入 252.81 亿元，同比下降 6.99%；技术服务、游戏、主题乐园及衍生产品等其他创收收入 1 243.99 亿元，同比增长 1.58%。

与此同时，网络视听相关业务收入带动行业收入增长，2022 年网络视听收入达到

4 419.80亿元，同比增长 22.95%。其中，用户付费、节目版权等服务收入大幅增长，达 1 209.38亿元，同比增长 24.16%；短视频、电商直播等其他收入增长迅速，达 3 210.42 亿元，同比增长 22.51%。

可见，尽管互联网的发展给广电媒体带来挑战，但同时也为媒体经营改革提供了机遇。如今的广电媒体，已经逐渐摆脱单纯对广告和电视售卖收入的依赖，营收结构变得更加多元化。

问题：面对移动端网络媒体的巨大压力，传统的广电媒体该如何突围？

相关知识

广告媒体选择是指根据广告目标的要求，通过选择最适合的传播媒体，以最低的广告投入把广告信息传达给预定的目标消费者，并保障接触者的数量和接触的次数。其中心任务就是比较不同媒体的优、缺点，并根据广告目标的要求选择恰当的广告媒体。

1. 广告媒体的评价指标

不管何种媒体，都有自身的特性。评价这些特性需要有客观公正的标准。在广告媒体选择的实践中，量化的评价指标是重要的选择依据。这些指标包括视听率、开机率、节目视听众占有率、总视听率等，下面分别进行介绍。

1）视听率

视听率（rating）是指在一定时间内收看（收听）某一节目的人数占电视观众（广播听众）总人数的百分比。其计算公式如下。

$$视听率 = \frac{收看或收听节目的人数}{媒介覆盖区域内的总人数} \times 100\%$$

视听率是广播电视媒体最重要的评价指标之一。广告主和广告公司根据该指标购买广播节目和电视节目的广告位，以判断他们的广告信息能触达多少人，计算这些人将会多少次暴露于广告信息之下。国外的广播电视经营者常用该指标来评价节目的普及情况；如果某一节目的视听率高，该节目就可继续播放；反之，就有可能被停播。视听率也是媒体经营者确定广告价格的重要依据，通常节目视听率越高，媒体的广告收费也越高。

2）开机率

开机率（homes using TV，HUT）是指在一天中的某一特定时间内，拥有电视机的家庭中收看节目的户数占总户数的百分比。例如，某一目标市场上有 1 000 户家庭拥有电视机，在 2020 年 12 月 3 日 14:00—18:00，有 125 户在看 A 节目，100 户在收看 B 节目，50 户在收看 C 节目，25 户在收看 D 节目，此时的开机率为 30%。

开机率的高低，因季节、一天中的时段、地理区域以及目标市场的不同而异。这些变化反映了目标市场消费者的生活习惯和学习、工作等形态。早晨，消费者外出学习、工作等而导致开机率低；傍晚，消费者回家，则开机率高；深夜人们逐渐入睡，开机率又降了下来。

3）节目视听众占有率

节目视听众占有率（program audience share）是指在一定时间内，收看或收听某一特定节目的户数占总开机户数的百分比。依照上例，节目 B 的视听众占有率约为 33.3%（总开机户数为 300 户，而收看 B 节目的户数为 100 户）。

节目视听众占有率主要由以下因素决定（以电视节目为例）。

① 何时播映。黄金时段播出的节目比在其他时间播出的节目通常具有更高的收视率。这也是电视台对不同时段收取不同广告费用的重要原因。

② 该节目播映时与其他电视台有关节目的竞争状况。

③ 该节目前后播出的节目。如果在该节目前播出的节目非常有吸引力，观众就不会立即转换频道。同样，如果在它之后播出的节目很精彩，观众就会非常留意该频道。

④ 节目内容，精彩的节目自然具有较高的视听众占有率。

⑤ 节目的发展情节等。

4）总视听率

总视听率（gross rating point，GRP）是指在一定时期内某一特定的广告媒体所刊播的某广告的视听率总和。例如，一个媒体或媒体节目的视听率为 30%，广告刊播 5 次，则总视听率为 30%×5＝150%。表 2-1 所示为 4 个插播 13 次广告的具体情况，其送达的总视听率为 200%。

表 2-1　总视听率计算表

节目名称	家庭平均视听率	插播次数	总视听率
节目 A	20	2	40
节目 B	15	4	60
节目 C	25	2	50
节目 D	10	5	50
合 计	70	13	200

5）视听众暴露度

视听众暴露度（impressions）是指特定时期内收看（收听）某一媒体或某一媒体特定节目的人次数总和。视听众暴露度以个人数（或户数）来表示，而不是用百分数来表示。计算方法是

$$视听众暴露度＝视听总数×视听率×发布次数$$

6）到达率

到达率（reach）是指媒体到达目标受众的人数占媒体目标市场总人数的比例，到达率为非重复性计算数值，即在特定期间内，不论一位观众暴露于特定广告信息多少次，都只能计算一次。到达率的计算公式如下。

$$到达率＝\frac{媒体到达目标受众的人数}{媒体目标市场的总人数}×100\%$$

到达率适用于一切广告媒体，唯一不同之处是表示到达率的时间周期长短各异。一般而言，电视、广播媒体到达率的周期是4周，这是因为收集、整理电视、广播媒体有关资料要花费大约4周的时间。

7）暴露频次

暴露频次（frequency）是指视听众在特定时期内暴露于某一媒体特定广告信息的平均次数。暴露频次与到达率指标一样，适用于所有广告媒体。需要强调的是，暴露频次是平均指标。暴露频次的计算公式如下。

$$暴露频次 = \frac{总视听频次}{到达率}$$

国外广告学家对最佳程度的广告暴露频次做了大量的研究，得出以下结论：
① 广告宣传暴露一次没有任何价值；
② 第二次暴露才会有一些效果；
③ 在一个月或一个购买周期中需要3次暴露，才能产生预期的广告效果；
④ 广告宣传在达到一定的暴露频次以后，广告效应递减；
⑤ 广告宣传在达到某一程度频次时，广告效果为零，甚至会产生负效果。

广告专家丹·E. 舒尔茨认为，广告频次少于3次没有效果，最佳的暴露频次是6次，当暴露频次超过6次后，媒体受众就会对广告信息感到厌倦，其后的广告暴露将没有任何效果，甚至会产生负效果。

8）每千人成本

千人成本（cost per thousand method，CPM，M源自罗马数字"千"）是指把广告信息送达1 000人（户）所需的广告费用。其计算公式如下。

$$千人成本 = \frac{广告费}{广告实际受众的人数或户数（以千为单位）}$$

千人成本适用于任何媒体，而且计算简单，因而是评价广告媒体最常见的指标之一。

9）有效到达率（effective reach）

有效到达率也称有效暴露频次，是指在一特定广告暴露频次范围内，有多少媒体受众知道该广告信息并了解其内容。

产品的有效到达率是由多种因素决定的，主要包括产品的购买周期、广告信息的复杂程度、产品的市场地位、品牌的知晓度以及广告媒体的传播特性等。

2. 广告媒体选择的影响因素

1）广告媒体的形象和地位

任何媒体都有自身的形象，同样的广告品牌，使用不同的广告媒体播发广告文案相同的广告时给受众留下的印象是不一样的。这种现象被称为"关联效果"。究其原因是广告媒体本身的长期价值取向所形成的社会效果，给利用该媒体发布的广告信息造成一种附加外在的影响。这种影响在某种程度上会影响受众对该媒体广告信息是否持信赖、接受和采用的态度。

2）目标消费者的媒体接触情况

不同的广告受众通常会接触特定的媒体。有针对性地选择易于为目标受众接受的媒体，是增强广告促销效果的有效方法。例如，一则针对 IT 人士的广告在专业杂志上发布无疑要比在大众娱乐类报纸上发布效果更好。

3）广告商品的特性

选择广告媒体，应当依据广告商品的特性。因为不同媒体在展示、解释、可信度、吸引力等方面具有不同的特点。工业品与消费品、技术性能较强的复杂产品与较普通的产品，应分别采用不同的媒体进行广告宣传。

4）市场竞争情况

企业在选用广告媒体时，要结合市场竞争情况选择适当的媒体：如果与竞争对手实力相近，可以选择相同或相似的媒体发布广告；如果与竞争对手实力悬殊，应尽量避开对方使用的主要广告媒体，以避其锋芒。

5）广告的时效性

不同广告媒体的制作、发布和传播速度不同，如果广告的时效性要求较高，网络与新媒体无疑是最佳的选择。

6）广告传播区域

在选择广告媒体时，企业必须使媒体所能触及的影响区域与自身所要求的信息传播范围相适应。例如，企业的目标市场为全国市场，则应该选择在全国性的广告媒体上发布广告。

7）相关法律、法规

选择广告媒体时应遵守国家的相关法律、法规。例如，我国《广告法》明确规定："禁止在大众传播媒介或者公共场所、公共交通工具、户外发布烟草广告。禁止向未成年人发送任何形式的烟草广告。禁止利用其他商品或者服务的广告、公益广告，宣传烟草制品名称、商标、包装、装潢以及类似内容。烟草制品生产者或者销售者发布的迁址、更名、招聘等启事中，不得含有烟草制品名称、商标、包装、装潢以及类似内容。"

8）媒体成本

媒体成本是企业选择广告媒体的重要考虑因素。依据成本选择广告媒体时，最重要的不是看绝对成本的数字差异，而是媒体成本与广告接收者之间的相对关系，即千人成本。在比较千人成本的基础上，考虑媒体的传播速度、传播范围、记忆率等因素之后，择优确定广告媒体，可以取得较好的效果。

9）广告预算

企业发布广告必须量力而行，应在广告预算的限定下依据自身的财力来合理地选择广告媒体。

任务实训

1. 实训的目的

调查当地卫视某一娱乐节目的关键收视指标，分析其广告投放价值。

2. 实训内容及步骤

（1）以小组为单位，成立任务实训小组。

（2）各小组确定调查指标、设计调查问卷。

（3）完成抽样设计，开展实地问卷调查。

（4）对回收的调查问卷进行统计分析并撰写调查报告。

（5）完成调查报告，交由授课老师批阅。

3. 实训成果

调查研究报告——《基于问卷调查的某卫视某娱乐节目广告投入价值分析》。

任务2.3 掌握广告媒体的组合与发布策略

任务引入

小李和小张合伙开了一家淘宝店，"双11"临近，两人为何时投放广告产生了分歧。小李认为，广告应在"双11"活动前10天左右开始投放，在"双11"前一天结束。小张则认为，提前这么多天做广告纯粹就是浪费钱，还不如把这些钱全部用在"双11"当天做广告。

请问，你觉得小李和小张谁的观点更正确？为什么？

相关知识

1. 广告媒体的组合策略

广告媒体组合策略是指在对各类媒体进行分析评估的基础上，根据市场状况、受众心理、媒体传播特点以及广告预算等情况，选择多种媒体进行有机组合，在同一时间内发布内容基本一致的广告策略。

1）广告媒体组合的主要作用

广告媒体组合的作用主要体现在以下几点。一是可以弥补单一媒体在传播范围上的不足。任何媒体都有一定的传播范围和目标受众，即使是受众最为广泛的网络媒体也是如此。媒体组合，可以克服单一媒体的传播局限，扩大传播范围。二是有充分利用不同媒体各自的优点，实现优势互补。每种媒体都有各自的优、缺点，如报纸广告发行量大，转播范围广，但时效性差；杂志广告专业制作精美，时效性长，受众集中，但发行范围小；电视广告传播迅速，受众广泛，但是稍纵即逝不易保存。为克服以上单一媒体的缺点，就必须采用媒体组合的策略。

2） 广告媒体组合的原则

在制定广告媒体组合策略时，应遵守以下原则。第一是全面覆盖原则。即使用组合媒体后，广告应该能够覆盖绝大多数的目标市场。第二是不同媒体的优势互补原则。要充分考虑不同媒体的特点，实现媒体间的优势互补。例如，化肥、农具等农资产品，可以采用电视广告加农村刷墙广告的形式。电视广告可以提高这些农资产品的知名度和品牌影响力，在农村做刷墙广告则可直接对农民进行广告诉求，很接地气。

3） 广告媒体组合的方式

广告媒体组合的方式有多种，如传统媒体和网络新媒体的组合、视觉媒体和非视觉媒体的组合、电波媒体和印刷媒体的组合、大众媒体和小众媒体的组合等。具体采用哪一种组合方式取决于产品的类别、产品的生命周期、市场的竞争状况、目标消费者的媒体偏好以及企业自身的广告预算和广告目标等。媒体的组合运用形式多样，方式灵活，但也非常复杂。企业在制定广告媒体组合策略时，一定要做好充分的广告调查工作。

总体来说，广告媒体组合可分为同类广告媒体的组合和异类广告媒体的组合两大类。

（1） 同类广告媒体的组合。

① 广播广告媒体的组合。广播广告媒体组合有两类形式：一类是中央人民广播电台和省级及以下地方的广播电台的组合，简称中央台和地方台；另一类是省级及以下地方台的组合，简称地方台与地方台。中央台与地方台的广告媒体组合多以中央台为主，地方台为辅。此组合利用中央台权威性与新闻性较强的特点，地方台灵活性、娱乐性、区域听众各具特色的优势进行优势互补。用中央台作为广告媒体是以宣传品牌为主，而地方台是以促销为主。不同地方台与地方台的组合，其主要目的是激发目标消费者的购买欲望，促进产品的销售。

② 电视广告媒体的组合。电视广告媒体的组合与广播广告媒体的组合方式极为相似，也有两类组合形式：一类是中央电视台与省级及以下电视台的广告媒体组合，另一类是省级及以下电视台的广告媒体组合。

作为最权威的全国性媒体，中央电视台频道栏目多、影响力大、覆盖范围广，是企业广告宣传的重要广告媒体。但中央电视台的广告费用较高，很多企业难以承受。地方电视台虽然影响力和权威性不及中央电视台，但广告费用相对较低，也更加贴近目标消费者，因此也可作为企业广告宣传的重要选择。企业可从自身的实际情况出发，灵活运用电视广告媒体的组合策略。

③ 报纸广告媒体的组合。报纸广告媒体的组合是指全国性的报纸和地方性报纸之间的组合。全国性的报纸，如《人民日报》《光明日报》《中国青年报》《南方周末》等，具有发行量大、覆盖面广、权威性强等特点。而地方性报纸具有浓郁的地方特色，很受当地人的喜爱，在该类报纸上刊登旅游等方面的广告往往很有效果。企业选择报纸广告媒体组合时，可采取多种组合形式，方式非常灵活。

④ 杂志广告媒体的组合。杂志广告媒体组合与报纸广告媒体组合类似，常用的组合策略有全国性杂志广告媒体的组合、全国性杂志与地方性杂志的组合、地方性杂志的组合。由于杂志具有比其他大众媒体更强的专业性，所以特别适用某些特定产品的广告宣传，如技术性较强的产品等。

⑤ 网络与新媒体的组合。网络与新媒体是当前最大的广告媒体，其影响力远超其他媒

体，因而成为众多企业发布广告的首选媒体。网络与新媒体包含了众多的媒体形式，如基于PC 端的传统网络媒体和基于移动端的新兴网络媒体，因此网络与新媒体的广告组合形式极为丰富。

（2）异类广告媒体的组合。

异类广告媒体的组合是指以某种广告媒体为主体，辅以其他广告媒体的一种广告发布方式。采用这种组合策略是为了克服同类媒体的不足，通过多种媒体来进行优势互补，以取得最佳的广告媒体投放效果。我们都知道，同一类别的广告媒体，无论是听觉类广告媒体还是视觉类广告媒体都有一定的传播局限性，显然，进行异类广告媒体的组合至关重要。

异类广告媒体的组合形式多样，不同媒体组合的具体做法和所能发挥的优势也各不相同。例如，采用报纸与电视的广告媒体组合，一般做法是先在报纸上对企业及产品进行广告宣传，待消费者对企业产品有一定的了解后，再利用冲击力强的电视广告媒体开拓市场。

异类广告媒体的组合方式还有电视与广播的组合、报纸与广播的组合、报纸与杂志的组合、电视与杂志的组合、网络与新媒体以及其他媒体的组合以及多个媒体的交叉组合等。

课堂讨论

在预算有限的情况下，中小企业该如何实施广告媒体组合策略？

2. 广告媒体的发布策略

广告媒体的发布策略包括时序策略、时机策略、频率策略和地区分配策略等。下面分别进行介绍。

微课堂
广告媒体的
发布策略

1）广告发布的时序策略

所谓时序，就是时间秩序。广告发布的时序策略主要有提前策略、即时策略和延时策略3 种。

提前策略分两种情况，一是指广告早于产品进入市场的广告发布策略，目的是为新产品上市制造声势；二是指在产品进入旺季前抢在竞争对手之前开展广告攻势的广告发布策略，目的是先声夺人，抢占市场先机。采用提前策略广告成功的案例很多，如脑白金在正式上市前，就已经在各种媒体上进行了大量的广告宣传，使得消费者非常期待，因而其在 1998 年产品刚一上市，就形成了热销。

即时策略是指广告与产品同时进入市场的广告发布策略。这种策略较为常见，广告与产品同步可以使消费者看到广告后不用等待就可买到产品。如果广告创意和制作优秀，可以起到很好的当期促销效果。

延时策略是指广告发布晚于产品进入市场的发布策略。例如，有些产品在进入市场时会采用试销的方式，然后再根据销售情况做一些有针对性的广告。采取这种策略主要是为了避免广告发布的风险。但由于广告发布滞后，有可能会失去一些市场机会。

2）广告发布的时机策略

俗话说"机不可失，失不再来"，广告发布能否抓住时机非常关键。我们不难发现，每年"双 11"到来之际，各大电商的促销广告就会扑面而来，无论是线上还是线下，也无论是城市还是乡村，到处都可见到电商广告的身影。为何电商广告要在此时突然发力，主要是都想抢得先机，最大限度地吸引网络消费者的注意力。

广告发布的时机策略包括商品时机、黄金时机、节令时机和重大活动时机4种。商品时机是指利用商品与时间的内在联系，巧妙地发布广告。例如，在奥运会百米赛跑决赛之际发布计时器电视广告，就很容易给观众留下深刻的印象。黄金时机是广播和电视广告所特有的，因为广播和电视媒体有所谓的黄金时间（视听众的收看或收听的高峰时段），利用这个时段做广告效果最佳。不过黄金时间发布广告费用很高，对于很多中小企业来说，由于囊中羞涩只能望洋兴叹。节令时机是指各种节日来临和季节变换能够为商品销售带来良机，而此时也是广告发布的难得机遇。逢年过节是消费的旺季，在季节变化之际，也是某些商品（如春夏之交，空调销售进入旺季）的热销之际，所以商家在此时都会抓住机会加大广告投入。重大活动时机是指一些重大活动所带来的广告发布机遇。如每四年一届的世界杯是全世界亿万球迷最盛大的节日，全球各大媒体无不关注，这一期间无疑是商家发布广告的良好时机。

📖 思政园地

京东图书　问你买书

最美人间四月天，花开满园春满园。2022年4月24日零时，京东图书围绕世界读书日发起的读书月活动圆满收官。在18天的时间里，京东图书集结数百万种好书新书，携手数千家合作伙伴及第三方图书商家，为广大读者带来一场盛大的阅读嘉年华。特别是21—23日的巅峰72h盛典实现了总体33%的同比增幅，有力地展现了京东图书以供应链为基础、以阅读为核心的全景生态的勃勃生机，在建设书香社会、推进全民阅读方面履行了企业社会责任。

"去年世界读书日买的那本书，拆封了吗？"2022年4月23日，人民网微信公众号的文章中如此发问。

这是京东图书发起"问你买书"活动的契机。京东图书认识到，书的价值需要通过阅读来实现，为免于陷入"买了书却不看书"的怪圈。因此，京东携手作家余华、诗人余秀华发起了"京东图书问你买书"活动，通过向读者回购图书的公益方式，传递"让好书不再尘封，读者有其书，书者有人读"的价值。"京东图书问你买书"宣传海报见图2-11。

图2-11　"京东图书　问你买书"宣传海报

从4月21日开始到4月23日，用户可在京东App搜索"问你买书"进入活动页面，扫描书背条形码识别图书信息参与活动，体验书与人的因缘际会。

在此次的图书节促销的节点上，京东反其道而行，不吆喝你来买书，反倒向你买回不看的书，以真切的姿态，倡导大众理性购书、买书要读。

如今，"热爱"已经是被品牌们频频主张的万能词语。可如何浇灌热爱、把热爱付诸行动，始终是未诉说的空白。因此，让热爱不被辜负，成为这一次"京东图书　问你买书"想要表达的内核。在此次创意中，京东图书不再是与消费者对立的卖书商的角色，而是借作家之口，以朋友的身份，用行动建立与消费者之间的信赖关系，展现出品牌的诚意与实力。

与此同时，京东图书还将世界读书日高潮期活动的触角延伸到线上、线下各种渠道，在北京、广州、成都、重庆等地的地标性区域都能看到京东读书月的大屏广告；在微博、抖音、微信等流量聚集地，以及大量导购媒体、社交媒体、团购群、内容分发渠道等，通过各种渠道，使读者能够最便利地得到京东图书的高潮期信息。

3) 广告发布的频率策略

广告发布的频率是指在某一特定时期内广告发布的次数。根据频率是否固定，广告发布频率又可分为固定频率发布和变化频率发布两种。

固定频率发布是指在一定时间内广告的发布次数固定，是一种平均分配的策略。而变化频率发布是指依据实际情况不断变化广告发布的频次。广告频次可以是逐渐增加的，也可以是逐渐减少的，还可以是先增加后减少及先减少后增加的。

4) 广告发布的地区分配策略

广告媒体发布的地区分配策略主要有3种：一是广告预算完全投入全国性媒体上；二是全国性媒体与地方性媒体结合使用；三是只使用地方性媒体。广告策划人员在制定媒体策略时，可采用品牌发展指数（brand development index，BDI）作为分配的依据。

品牌发展指数是指某品牌在某地区的销售量占某品牌全国销售量的比例除以该地区人口占全部人口的比例乘1 000%，它是描述特定市场状况的一个指标，计算公式如下：

BDI＝[（某品牌区域销售量/某品牌全国销售量）/（区域人口数/全国人口数）]×1 000%

品牌发展指数反映了一个品牌在特定区域市场的销售水平是高于还是低于全国的平均数，用以作为制定广告媒体地区分配策略的依据。

经典赏析

小快克牌儿童感冒药的广告媒体组合策略

我国每年感冒患儿高达5 000多万人次，儿童专用感冒药市场潜力巨大。海南快克药业有限公司（以下简称快克公司）主要经营快克（复方氨酚烷胺胶囊）、小快克（小儿氨酚黄那敏颗粒）、快克露等产品。其中，小快克是专为儿童研发的感冒药。快克公司是复方氨酚烷胺胶囊处方的创制者，亦是复方氨酚烷胺胶囊国家药品标准的起草者，并率先提出"抗病毒，治感冒"的科学理念。

小快克从研发开始就严保品质，立足儿童市场，如推出了草莓口味的颗粒剂，有效解决了儿童吃药难的问题。2010年9月，小快克0.5袋分隔包装全面上市，有效地保障了儿童的安全用药问题。

快克公司通过营销传播活动，向父母介绍精准用药的重要性和小快克精准用药的专业性。虽然与竞品相比，小快克的知名度没有优势，但其品牌形象成熟，销售系统完备，所以广告策划的重点在于提高品牌知名度，加深目标受众对小快克精准、可爱、好喝形象的认知。广告方案以4C理论为指导思想，在媒介选择上采用电视、报纸、网络、户外等组合媒体进行全方位、立体式的传播，最终取得了良好的广告投放效果。

分析：

由于儿童抵抗力较弱、容易被病毒感染，因此对儿童来说，感冒是一种常见的疾病。不同于抵抗力较强的成年人，儿童感冒后一旦治疗不力，往往会导致较为严重的并发症。因而父母都非常重视儿童患感冒时的用药问题。快克公司通过向父母介绍精准用药的重要性和小快克精准用药的专业性，有效地赢得了他们的信任，再借助4C理论，采用立体式的广告媒体组合传播策略，最终取得了良好的广告传播效果。本案例给我们的启发是：在开展广告活动时，必须要做好筹划，要明确的产品定位，准确把握目标受众所关心的核心问题并通过恰当的媒体实现精准的广告信息传递。

任务实训

1. 实训的目的

通过实训，掌握广告媒体的发布策略。

2. 实训内容及步骤

（1）阅读以下材料，然后按要求完成余下任务。

A鞋业有限公司是一家集研发、生产、销售于一体的大型现代化企业，主要生产中高档女式皮鞋，产品以内销为主，目标消费群体为20~35岁的都市年轻女性。A企业在全国一、二、三线城市开设店铺，近年来也在开展了线上营销，但主要销售渠道还是以线下为主。A企业的产品设计时尚，款式多样，质量上乘。但企业一直不太重视广告宣传，不仅广告投入少，而且投放的媒体单一，所以了解该品牌的消费者并不是很多。随着市场竞争日趋激烈，A企业的市场份额不断被竞争对手所蚕食。为扭转不利的市场局面，企业决定加大广告投入以促进产品的销量。

为此，A企业初步决定投入5 000万元广告费，在线上和线下同时投放广告。

（2）成立任务小组，按小组完成实训任务。

（3）各小组根据A企业的情况，分别为其制定广告媒体的发布策略。

（4）各小组将广告发布策略做成PPT汇报材料并在课堂上分享。

3. 实训成果

实训作业——A企业广告媒体发布策略。

练习题

一、单选题

1. 下列属于小众广告媒体的是（　　　）。
　　A. 广播　　　　　B. 电视　　　　　C. 杂志　　　　　D. 车体

2. 下列属于杂志媒体优点的是（　　　）。
　　A. 传播范围广，传播迅速　　　　　B. 读者广泛，广告费用低
　　C. 覆盖面广，发行量大　　　　　　D. 针对性强，目标受众明确

3. 以下不是电视媒体特征的是（　　　）。
　　A. 传播范围广　　　　　　　　　　B. 媒体受众的被动性
　　C. 传播效果的一次性　　　　　　　D. 制作容易，传播迅速

4. （　　　）是指广告与产品同时进入市场的广告发布策略。
　　A. 即时策略　　　　B. 提前策略　　　　C. 延期策略　　　　D. 以上均不正确

5. 下列不属于广告发布时机策略的是（　　　）。
　　A. 商品时机　　　　B. 黄金时机　　　　C. 一般时机　　　　D. 节令时机

二、多选题

1. 广播广告的优点主要有（　　　）。
　　A. 覆盖面广　　　B. 亲切动听　　　C. 传播迅速　　　D. 收听方便
　　E. 图文并茂

2. 报纸广告的优点是（　　　）。
　　A. 覆盖面广　　　B. 发行量大　　　C. 传播迅速　　　D. 针对性强
　　E. 印刷质量较高

3. 杂志广告的缺点主要有（　　　）。
　　A. 时效性差　　　B. 受众不够广泛　C. 广告费用高　　　D. 不易携带
　　E. 不易存留

4. 广告媒体的发布策略包括（　　　）等。
　　A. 时序策略　　　B. 时机策略　　　C. 频率策略　　　D. 集中策略
　　E. 地区分配策略

5. 确定广告媒体时应考虑的因素主要有（　　　）。
　　A. 目标消费者的媒体接触情况　　　B. 广告商品的特性
　　C. 市场竞争的状况　　　　　　　　D. 广告传播区域
　　E. 媒体成本

三、名词解释

1. 广告媒体　　2. 大众媒体　　3. 视听率　　4. 广告媒体组合策略　　5. 品牌发展指数

四、简答及论述题

1. 电视广告的优、缺点主要有哪些？

2. 广播广告的优、缺点主要有哪些？

3. 报纸广告主要有哪些缺点？

4. 试论述广告媒体组合的作用。

5. 试论述广告媒体发布的时序策略。

📖 案例讨论

电梯广告，为何能让人印象深刻？

进入信息碎片化时代后，品牌仍然面临严峻的挑战。然而，在这个困境与机遇共存的时代，还是有不少优秀的品牌凭借广告语，在消费者心中刷足存在感，突出重围。

在益普索（Ipsos）发布的《2020年中国广告语盘点》评选出的 Top 10 热门广告语中，唯品会"品牌特卖，就是超值"和妙可蓝多"奶酪就选妙可蓝多"成为年度认知度最高的广告语。

从有关消费者对2020年热门、高辨识、占据心智的广告语的记忆渠道分析中，益普索发现，大多数被引爆的品牌通过线上、线下多渠道进行整合传播，其中密切贴近消费者生活和消费场景、曝光频次高、观看干扰度低的媒体渠道有利于产生更好的品牌记忆效果。

同时，益普索在报告中提到，电梯媒体在加强广告语记忆效果中的作用最为突出，其次是互联网。在引爆品牌传播方面，83%的贡献源于电梯媒体。

那么，电梯广告，为何总能让人印象深刻？

电梯作为优质的户外营销传播媒介，一直以来都受到广大广告主和消费者的关注。CTR媒介智讯发布的《户外广告观察》2020年11月刊显示，2020年11月，电梯液晶显示屏广告花费增幅高达35.8%，电梯海报花费增幅达50%；IT服务、化妆品、金融业等领域的头部品牌，如丸美、京东金融，均以电梯广告投放为主。

在广告语盘点中，益普索认为，具有良好覆盖的媒体为广告内容实现广度沟通提供了基础条件，而高频次重复性观看则是令消费者产生深度记忆的关键。

受众跨越不同圈层，能够广泛触达主力消费群体的电梯媒体，正成为众多品牌的投放重地，发展势头迅猛。由于其路径优势，其在特定的消费者等候或上下电梯的场景中对消费者形成集中且高频次的传播，消费者表示"在电梯里面无聊，等电梯就会看到，来来回回播放，印象深刻"，也有消费者解释道："因为回家路上经常看到，有时候在电梯里无聊就会去关注。"同时，电梯媒体在消费者的空闲时间进行传播，为有创意的品牌广告语提供了吸引消费者目光的良好机会。比如，有消费者提到"广告词简单顺口好记，一看就知道产品的特别之处，很有想法，而且是办公室电梯里经常出现，看的次数多了就记住了"。

这样的传播特征，也让许多品牌看到了电梯媒体的营销潜力。在CTR所统计的户外广告 Top 10 品牌榜单中，个人金融决策平台京东金融，主投电梯液晶显示屏广告；寝具品牌慕思的广告主要投放在电梯渠道；手机品牌三星和饮料品牌日加满在电梯液晶显示屏广告上的花费占比均接近100%。

资料来源：微信公众号"户外广告参考"，作者李昂。

📖 问题讨论

电梯媒体作为数字化时代的一种新型户外媒体，为何备受广告主的青睐？

项目2 广告媒体与媒体策略

任务	掌握影视作品中的广告植入策略				
班级		学号		姓名	

本任务要达到的目标要求：
1. 提升认识身边广告现象的能力。
2. 掌握影视作品中的广告植入时机。
3. 分析影响植入广告效果的因素。

能力训练

1. 写下 5 则你所熟悉的在影视作品中植入的广告。

2. 描述上述植入广告与剧情的关系。

3. 分析影视作品中植入广告需注意的问题。

4. 提出你对影视作品中植入广告的看法。

完成任务的心得与体会：

实务篇

导语： 广告实务篇是本书的核心篇章，主要介绍广告运作的基本方法与具体任务。本篇包含广告调查、广告创意、广告文案、广告设计与制作、广告效果评估5个学习项目。通过对本篇的学习，可以掌握广告调查的基本方法，熟悉广告创意策略和广告创意的表现方式与技巧，熟悉广告标题、正文、标语和附文的创作，了解不同媒体广告的制作以及掌握广告效果评估的内容与方法。

项目3 广告调查

◆ **学习目标**

【知识目标】

(1) 理解广告调查的概念。
(2) 熟悉广告调查的内容与程序。
(3) 了解广告调查方法的分类。
(4) 熟悉广告调查的基本要求。
(5) 熟悉广告调查报告的内容。

【技能目标】

(1) 能够与团队合作完成广告调查项目。
(2) 能够掌握广告调查的方法。
(3) 能够完成广告调查报告的撰写。

【素质目标】

(1) 培养学习广告调查的兴趣。
(2) 树立实事求是的广告调查理念。
(3) 遵守法律、法规,依法开展广告调查活动。

项目情境导入

荷兰飞利浦公司为成功进入中国市场,曾委托香港环球调研公司在上海开展广告调查活动。调研公司在接受任务之后,首先是基于目标市场定位,将调研对象确定为家里只有黑白电视机的已婚男性市民。这主要是考虑到被调查者不仅是飞利浦公司的主要目标顾客,还是家庭里的一家之主,在购买大件商品时拥有更多的决策权。

调查公司让被试者观看三部不同的电视广告片。第一部是意在强化"飞利浦"品牌形象的广告片,在30 s内,自始至终反复出现"飞利浦"的标准字、商标和标语"飞利浦——世界尖端技术的先导",以及飞利浦在世界各地的情况。第二部是阐明市场定位的广告片,片头采用京剧锣鼓的音响效果,屏幕上出现的是京剧大花脸形象,并用京白语调念道:"我就是飞利浦"等。以期利用中华民族特点,来强化飞利浦为中国人民服务的宗旨。第三部也是宣传品牌的,所不同的是广告中穿插了中国风光片,画面中一位飞利浦公司形象代言人一边转动着地球仪,一边用生硬的中国话说:"飞利浦是中国人民的老朋友",以勾起中国老年消费者的回忆。完毕,主持人征求被调查者的印象,大多数被调查者倾向第二部广告片,同时要求飞利浦能提供适合中国市场的彩色电视机尺寸。通过上述调查活动,为飞利浦制定成功的广告策略奠定了坚实的基础。

问题:结合案例请谈谈为什么说广告调查是广告策略制定的基础?飞利浦公司的广告调查给了我们哪些启示?

项目分析

广告调查是广告活动开展的前提和基础,只有在周密调查的基础上,企业才能制定切实可行的广告目标和有的放矢的广告策略。同时,广告调查还可以为广告创意提供思路,为广告设计提供素材,为广告效果评估提供参考依据。

那么,什么是广告调查?广告调查的内容是什么?广告调查要遵循什么样的程序?广告调查有哪些方法?如何掌握这些方法?如何撰写广告调查报告?本项目将对以上问题分别进行解答。

任务 3.1 熟悉广告调查的内容与程序

任务引入

颇受美国消费者喜爱的高露洁牙膏,初次进入日本市场时,通过广告调查发现日本牙膏市场领导品牌狮王牙膏采用红、白两色的单纯设计,这与高露洁牙膏的包装颜色相同,差异仅在于高露洁牙膏包装以红为主,红底白字,狮王牙膏以白为主,白底红字。

高露洁采用"红底白字"包装,是因为美国人偏爱红色,所以很多商品都采用红色为主色的包装。高露洁牙膏自然也不例外。

在日本,虽然红色和白色都是受欢迎的颜色,但人们更偏爱白色,甚至有很多商标名称都冠以"白"字,如白鹤、白雪等。狮王牙膏深谙此道,包装设计以白色为主,使用红字。而高露洁牙膏却恰恰相反,包装以红色为主,白色仅为点缀。由于忽视了日本消费者与美国消费者在色彩感觉和购买心理上的差异,导致高露洁在进入日本市场时,出乎意料地滞销,市场占有率仅为1%,不及狮王牙膏的零头。

问题:高露洁牙膏的广告调查问题出在哪里?

相关知识

广告调查又称广告运作中的市场调查,是指企业为有效地开展广告活动,利用科学的调查研究方法对与广告活动有关的信息所进行的收集、整理、分析和解释工作。广告调查的具体作用主要体现在编制广告计划、指导广告设计、制定广告预算以及测定广告效果等几个方面。

广告调查不同于一般的市场调查,其主要区别在于:市场调查的范围更广,包含了有关广告方面的调查。而广告调查作为一种专项调查,较市场调查更为深入和专业。

1. 广告调查的内容

广告调查的内容涉及面较广，主要包含广告环境调查、广告主体调查、广告产品调查、广告媒体调查、目标受众调查、市场竞争调查、广告效果调查等。

（1）广告环境调查。广告环境是指影响广告活动的各种因素，包含宏观层面的人口环境、经济环境、社会文化环境、政治法律环境、科学技术环境和自然地理环境以及微观层面的企业自身环境和行业竞争环境等。

环境对广告活动有着较大的影响，甚至能够在一定程度上决定广告的成败。例如，美国道氏酿酒公司 1963 年在向加拿大出口一种新品牌的啤酒时，把一个象征加拿大法语区民族的标记运用在啤酒广告上，本以为这样做可以赢得喜爱喝啤酒的加拿大法语区居民的好感，结果却适得其反。加拿大法语区居民纷纷控告道氏酿酒公司亵渎了他们神圣的象征，勒令公司在 15 天之内全部更换这种广告。这个失误使道氏酿酒公司损失惨重，同时也降低了公司在当地的声誉。

（2）广告主体调查。广告主体调查是指对广告主的企业所进行的调查。广告主体调查应侧重调查企业的发展历程、企业文化、竞争实力、市场地位、当前的广告策略等方面。了解这些信息，对宣传企业形象、准确把握企业特色、提高广告说服力和渗透力，具有重要的参考价值。

（3）广告产品调查。广告产品调查包括对企业的产品生产、技术工艺水平、产品的功能、形态、包装、质量、生命周期、价格，以及竞争对手的差异化程度的调查。企业在做产品调查时，要注意发掘产品独一无二的特性，以便在广告作品中形成独特的销售主张。

（4）广告媒体调查。广告媒体调查是指针对报纸、杂志、广播、电视、网络与新媒体、电影等各种广告发布载体所进行的调查。广告媒体调查的具体内容因媒体的不同而存在较大差异，如对报刊媒体的调查主要包括发行量、发行区域、读者层、印刷制作情况、发行频率、报刊的权威性、广告的价格等；对广播、电视媒体的调查则主要包括传播区域、视听者层、视听率、有效到达率、节目视听众占有率、电视台及广播电台的影响力、广告的价格等。而网络与新媒体的调查内容与以上媒体又有很大的不同。

需要注意的是，做广告媒体调查必须首先明确广告的目标受众，然后再对目标受众最常接触的媒体进行调查，这样能减少广告媒体调查的盲目性，提高调研的效率。

（5）目标受众调查。对广告的目标受众的调查即是对企业目标消费者的调查。调查项目包括目标受众的媒体接触情况、媒体偏好、购买行为方式、购买决策过程、价值观、生活方式、消费态度等。在调查的基础上全面了解目标消费者，有助于企业制定有的放矢的广告策略。

（6）市场竞争调查。市场竞争调查包括对竞争对手的市场目标、市场占有率、市场营销策略、市场控制能力等方面的调查。其中竞争对手促销策略中的广告策略是调查的重点之一，调查项目包括竞争对手的广告预算、广告代理情况、广告创意、广告媒体选择、发布频率及广告效果等。全面了解竞争对手，方能使企业做到"知己知彼，百战百胜"。

（7）广告效果调查。广告效果调查是在广告制作完毕并发布一段时间之后进行的，是为了检测广告效果、评价广告作用而做的调查。广告效果调查主要有广告沟通效果调查、广告经济效果调查和广告社会效果调查 3 项内容。

除此之外，企业如果开拓国际市场，还要进行专门的国际广告调查。与国内市场相比，国际市场环境更为复杂、多变，尤其是在宗教信仰、社会风俗、消费偏好、法律限制等方面可能与国内情况迥异，需要企业在做广告调查时将其作为重点。

案例分析

索尼公司在泰国发布《让佛祖动心》广告惹众怒

索尼公司（以下简称索尼）是日本一家全球知名的大型综合性跨国企业，在进入泰国市场时，索尼策划并发布了一则《让佛祖动心》的电视广告：画面上，佛祖释迦牟尼脸色庄重，闭目凝神，潜心修炼，纹丝不动。然而，当佛祖戴上索尼收录机的耳机之后，竟然凡心大动，在佛堂上眉飞色舞、手舞足蹈……

索尼自以为泰国是佛教国家，这则以"佛祖乐了"为主题的广告一定会大受欢迎，然而最后弄巧成拙。

在泰国，佛教徒占全国人口的九成以上，佛教和佛祖在人们心中有着无比崇高的地位，根本容不得半点儿戏谑。索尼的广告播出后，引发了泰国佛教徒的极大愤慨，他们认为索尼的广告冒犯了佛祖的威严。

为了平息众怒，索尼宣布撤下广告并向泰国民众道歉。但事情远没有这么简单，因为这则广告也惊动了泰国政府。泰国政府责令索尼立即停止播放此广告，同时规定，在随后的一年里，任何公众媒体不得刊登任何有关索尼的信息，索尼最后不得不承受自作聪明的苦果。

案例分析

不同的国家和地区有着不同的文化习俗和信仰，如果不了解这些，广告必然就会"翻车"。因此在广告活动开展之前，企业必须进行周密的广告调查，要通过调查了解当地的文化和消费者的情感因素，这样才能避免发生与索尼"佛祖广告"类似的事件。

2. 广告调查的程序

广告调查是一项系统性的工作，需要遵循如下的程序来进行。

（1）界定问题。所谓界定问题就是要求广告调查人员确定所要调查的问题以及调查所要实现的目标。企业可以通过一些预先的定性研究（如与企业营销人员充分讨论、向有关专家咨询、分析二手文献资料等）来界定问题。

界定问题是广告调查的首要环节，对广告调查问题的敏锐把握和对调查目标的准确设定是这一阶段工作的关键，这对广告调查人员把握问题的能力提出了较高的挑战。

（2）研究设计。研究设计是实施广告调查前的一项重要工作。研究设计确定了开展广告调查所要遵循的计划方案，描绘了广告调查活动的框架和蓝图。研究设计的工作内容包括确定广告信息来源、选定调研方法、设计调研问卷、明确广告受众、制定广告调研经费预算等一系列的活动。广告调查研究设计的主要内容如表3-1所示。

表 3-1 广告调查研究设计的主要内容

具体内容	说明
确定广告信息来源	一手资料、二手资料
选定调研方法	询问法、观察法、实验法等
设计调研问卷	定性调研、定量调研、量表选择
确定数据收集途径	数据检索或购买、人员访问、社交媒体辅助等
明确广告受众	明确广告调查的对象
制定广告调研经费预算	经费数额及使用安排
确定调研团队	委托调研公司或自己组织
进行调研抽样	样本大小、抽样方法

（3）调查实施。调查实施是将广告调查方案付诸行动的过程，可以分为预先调查和正式调查两个阶段。预先调查是一种测试调查，通常是小规模的，目的是检验广告调查方案是否合理、概念是否明晰以及调查问卷的信度和效度是否符合要求等。如果通过预测试发现调查设计存在问题，就应该及时修正，待修正之后就可以进入正式调查阶段。正式调查阶段的主要任务就是收集信息，包括对一手信息和二手信息的收集。这一阶调查的关键是确保广告调查信息的真实性和可靠性。

┌─ 课堂讨论 ─────────────────────────────┐

实施广告调查的难点有哪些？如何解决在广告调查过程中遇到的突发问题？

└───────────────────────────────────────┘

（4）调查资料整理和分析。这一阶段的工作是首先将调查收集到的广告资料进行整理，剔除不真实信息，保证资料的系统性、完整性和可靠性；然后对整理后的调查资料进行分析。如果涉及问卷调查，可以借助 SPSS 等软件来辅助完成。

（5）撰写广告调查报告。前期的调查工作完成之后，广告调查的实施者应撰写最终的调查报告呈送给调查的委托者。广告调查报告主要是通过文字、数据、图表等形式表现出来，全面客观地描述调查的发现。广告调查报告在表述方式上要尽可能简单明了，要让广告决策者和企业的营销人员看得清楚明白。

任务实训

1. 实训的目的

掌握广告的网络调查法与传统调查法的区别。

2. 实训内容及步骤

随着互联网的普及，网络调查方法越来越多地应用于广告调查活动中。广告的网络调查法是指企业利用互联网搜集和掌握广告信息的一种调查方法。网络调查与传统调查法相比，能够为客户提供领域更广、周期更短、成本更低、精度更高、效能更佳、应用更灵活的广告调查服务。广告的网络调查方法主要有网络文献调查法、网上问卷调查法、网上讨论法和网上观察法等，这是对传统广告调查法极为重要的补充。

请同学们在自主学习的基础上对广告的网络调查法与传统的广告调查法进行比较分析。

3. 实训成果

实训作业——广告的网络调查法与传统调查法的比较。

任务3.2 掌握广告调查的方法

任务引入

超市小老板小王在自学广告学课程时了解到广告调查的方法有多种。例如，根据调查资料的来源，可将广告调查方法分为一手资料调查法和二手资料（又称文献调查）调查法。其中，一手资料调查法又称直接调查法，是指通过收集一手资料而开展调查的方法，包括访问调查法、观察法、实验调查法和网络在线调查法等。二手资料调查法也称文献调查法或文案调查法，是一种间接调查的方法，它利用已有的文献、档案等二手资料来进行调查。二手资料调查法又可细分为文献资料筛选法、报刊剪辑分析法等。小王觉得广告调查的方法与市场调查的方法基本相同，还是比较好理解的。但他不明白的是，企业应该在何种情况下采用上述不同的广告调查方法。

问题：请同学们根据所掌握的知识帮助小王解答这个问题。

相关知识

1. 二手资料调查法

（1）二手资料调查的资料来源。二手资料调查要求调查人员熟知资料来源和资料检索方法。广告调查的资料来源主要有企业自身、图书馆、专业网站、政府相关部门、广告行业协会等。

① 企业自身。来自企业自身的资料包括企业经营状况分析、历年经营数据、市场分析报告、营销策划书、企业产品手册、企业内部刊物以及与广告活动相关的一切资料等。

② 图书馆。图书馆包括公共图书馆、高校图书馆和一些专业图书馆。图书馆书刊繁多，种类也比较齐全，可以集中获取所需资料。在图书馆可以调查的资料包括广告统计年鉴、广告行业评述、广告调查报告等。在图书馆进行文献调查，要善于使用各种索引目录，这样才能事半功倍、高效地收集到所需的资料。

③ 专业网站。一些专业的网站，如艾媒网、胖鲸智库等经常发布一些与广告相关的研究报告和案例，是企业获得广告资料的重要渠道。艾瑞网的页面如图3-1所示。

图3-1 艾瑞网的网页截图

④ 政府相关部门。调查人员从某些政府部门，如统计部门、市场监督管理部门、税务部门和行业主管部门等处可以获取当地经济社会发展的有关资料，以及有关的经济政策、法规和行业发展规划等。

⑤ 广告行业协会。广告行业协会的业务之一是提供行业信息服务。例如，中国广告协会的信息服务就包括"建立包括广告人才、广告企业竞争力与诚信度、广告企业经营情况等信息在内的广告业数据库及广告业信息发布制度；形成科学、全面、统一的信息共享平台，为企业发展、行业交流和政府有关部门制定政策，提供信息支持；依照有关规定，出版行业图书、杂志、内部刊物等，充分发挥互联网等新媒体的作用，做好行业信息服务建设"。

此外，门户网站、各类广告和财经方面的 App、微信公众号、专业的数据公司等也是二手广告资料的来源。

（2）二手资料调查的工作程序和工作方法。二手资料调查是一项工作量大、复杂性强、技术性很强的工作。调查人员除了需要具备丰富的专业知识和严谨的工作态度，还需要掌握科学的工作程序和工作方法，这样才能保证二手资料调查具有较高的质量。

二手资料调查的第一步是要在分析的基础上确定所需资料的来源。例如，假定需要调查某一目标市场的人口状况，很显然，政府统计部门的年报、人口普查资料就是比较合适的资料来源。

当资料来源确定之后，就可以着手进行资料收集的工作了。在多人合作调查时，资料的收集方法有两种：一个人负责一个问题或几个问题，翻阅查找所有的资料来源，仅收集所负责问题的有关资料；一个人负责一种或几种资料来源，收集这些来源中的全部有关资料。前一种方法收集资料比较系统但也比较费时；后一种方法每个人收集的资料范围广，能够节省时间，但在内容上容易有疏漏。两种方法各有利弊，调查人员在实际实施时应该根据具体情况选择使用。

在人手少、时间紧的情况下，调查人员在进行二手资料调查时还可以采取间接的方式，委托图书馆、咨询中心等机构进行专题调查，然后对其反馈的信息进行综合整理。

此外，在进行二手资料调查时，调查人员一定要充分利用网络平台和资源获取相关的资料信息，这样能极大地提高调查的效率。

（3）二手资料调查中需要注意的问题。

① 资料的可信度。调查资料的可信度也就是资料的准确性，依据准确的资料可以做出对市场的正确判断，而错误的资料有可能导致严重的后果。在调查中，调查人员要注意资料来源机构或书刊的权威性、他人调查成果的科学性。对一些估计、推测出来的数据或结论，可以参考，但是使用时要慎重。

② 资料的时效性。调查得来的资料要看是早期的还是近期的。市场竞争形势千变万化，早期的资料通常意义不大。近期的资料则可以看出市场的现状及发展趋势。但从长期来看，市场的变化也是有规律可循的，调查人员对早期和近期的资料进行纵向分析，就可以得到市场变化的大致规律，从而对未来趋势做出预测和判断。

③ 资料统计口径的一致性。不同国家或地区，甚至同一国家或地区的不同机构可能对统计指标的定义不同，也就是统计口径不一致。调查人员不能把从不同渠道收集的统计数据做简单的直接比较，而是需要依据一定的标准进行核算。

④ 资料的筛选。二手资料调查的初步结果庞大复杂，对这些资料去粗取精、去伪存真确实不是一件容易的事。它要求调查人员具有较高的素质，能在大量资料中敏锐、准确地发现那些与调查问题相关的资料。

2. 一手资料调查法

微课堂
一手资料
调查法

对于企业来说，一手资料调查非常重要，尤其是当文献资料匮乏或不足时，一手资料调查是唯一可行的选择。与二手资料调查相比，采用一手资料调查获得的数据更为真实、可靠，企业也更容易在调查过程中发现实际问题；但其缺点是费用高、工作量大，有些调查还会超出企业的能力范围，如行业调查等，因而具有一定的局限性。

一手资料调查的方法较多，下面主要介绍以下几种。

（1）问卷调查法。问卷调查法是广告调查中最常使用的一种方法。问卷调查的首要工作是设计好调查问卷，一份高质量的问卷可以最大限度地获得全面准确的调查资料，为调查得出正确结论奠定良好的基础。问卷设计是一项技术性很强的工作，要求设计者具有丰富的学识和实践经验，特别是对社会心理相当了解，不但熟悉调查项目的要求，而且具有综合提出问题的能力，这样才有可能设计出高水平的调查问卷。调查问卷的设计要注意：①问题全面，包含要调查的所有问题；②问题简明扼要，使被调查者易于理解；③包含适当过滤性问题，以便验证被调查者的回答是否真实；④对调查对象不愿直接回答的问题巧妙加以转化，使之成为其乐于回答的问题；⑤不涉及调查对象的个人隐私；⑥便于统计分析。

调查问卷一般包括卷首语、问题指导语、问卷的主体及结束语 4 个组成部分。其中，卷首语是说明由谁执行此项调查、调查目的和意义。问题指导语，即填表说明，用来向受访者解释怎样正确地填写问卷。问卷的主体包括问题和选项，是问卷的核心部分。问题的类型分为封闭型问题（问题后有若干备选答案，被调查者只需在备选答案中做出选择即可）、开放型问题（只提问题，不设相关的备选答案，受访者有自由发挥的空间）和半封闭型问题（在采用封闭式问题的同时，再附上开放式问题）3 类。结束语用来表示对参与者的感谢，或提供一些奖品、优惠券等。

问卷调查的提问技巧

1. 巧用亲切诚恳的引语，使被查者自愿与之合作。问卷的开场白要慎重对待，要以亲切的口吻询问，措辞应精心切磋，做到言简意赅，使被查者自愿与之合作。大量的实践表明，几乎所有拒绝合作的人都是在开始接触的前几秒钟内就表示不愿参与。调查对象一旦开始回答，几乎就都会继续并完成，除非在非常特殊的情况下才会中止。

2. 采用通俗易懂的提问方式，使被问者乐于回答。调查问卷在应答者刚一入眼时，就应该有一目了然的感觉，调查对象愿意进行回答。问卷中语言要精练，语气要诚恳、问题要在应答者的知识范围内，问卷的语言要口语化，符合人们交谈的习惯，避免书面化和文人腔调。排列问题时应该有逻辑性，要结合应答者的思维逻辑来排列问题，不能带有主观性，不能带有暗示性。问卷的时间不宜过长，一个太长的问卷会让问答者产生浪费时间的感觉，从而放弃回答。如果有特别需要，必须设置很多问题时，可以将一个问卷分成两个问卷进行调查。

3. 妙用"迂回""分解"的方式提问，间接获得所需数据。设计问卷中的问题时，必须考虑被调查者能否提供真实、准确的数据。对于困窘性问题，如果一定想获得答案又避免调查者做出不真实的回答，可采用间接提问的方式，不直接询问应答者对某件事情的观点，而改问"别人有这种看法，你是否同意他们的看法"。

问卷设计完成之后，下一步的工作是选取调查对象。在调查对象数量大、调查问题面广的情况下，一般采用抽样法来选取调查对象。抽样的方法很多，常用的有简单随机抽样、分层随机抽样、分群随机抽样、系统抽样、判断抽样、任意抽样和配额抽样等方法。

广告调查问卷发放与填写的方式有多种，如现场发放填写、邮寄问卷填写、留置问卷填写等，随着网络的普及，越来越多的问卷调查采用网络问卷调查的方式，下面就简单介绍一下。

网络调查问卷的发布是将设计好的问卷通过一定的方式在网上发布，让被调查者了解并参与调查。常见的发布方式有以下几种。

① 网站（页）发布。即将设计好的问卷放在网站的某个网页上。这要求问卷设计要有吸引力，并易于回答。发布方法可以是在网站上设置调查问卷的标志或链接文字，使访问者通过单击链接进入问卷页面，并完成问卷的填写。例如，华为曾在其官网的花粉俱乐部发布了调查问卷链接，以供用户主动点击填写，见图3-2。

图3-2　华为网络问卷发布页面

② 弹出式调查。调查人员在网站上设计一个弹出窗口，当访问者进入网站时，窗口会自动弹出，并请求访问者参与网上调查。若访问者有兴趣参与，单击窗口中的"是"按钮，就可以在问卷新窗口中填写问卷并在线提交。调查人员在网站上安装抽样软件，按一定的抽样方法自动地抽取被调查者。这类似于传统调查中的拦截式调查，经常访问者被拦截抽中的可能性要大于偶尔访问者。调查人员可采用跟踪文件的方式避免访问者重复填写问卷。

③ E-mail 调查。E-mail 调查是指调查人员将问卷直接发送到被调查者的个人电子邮箱中，让被调查者主动参与调查，填写并回复邮件。这类似于传统调查中的邮寄问卷调查，需要调查人员收集目标群体的电子邮箱地址作为抽样样本。该类调查的不足之处在于：问卷以平面文本格式为主，无法实现跳答、检查等较复杂的问卷设计；抽样的完备性和问卷的回收率较难保障，而这将影响到问卷调查的质量。

④ 讨论组调查。讨论组调查是指在相关的讨论群组中发布问卷，邀请访问者参与调查。该调查也属于主动型调查，但调查人员在新闻组和论坛上发布问卷时，应注意调查的内容与讨论组主题的相关性，否则容易引发其成员的反感或抵制情绪，以致无法完成调查。

⑤ 利用专业的问卷调查平台发布。专业的问卷调查平台功能强大，能够为用户提供全面的问卷调查解决方案，提供的服务包括问卷设计、问卷发布、数据采集，统计分析、生成报表和报告等。例如，问卷网提供约 60 多万个精品调查问卷模板，支持微信、微博、QQ 等多种发布模式，而且还能自动生成专业的分析报告。问卷网的市场调研模板如图 3-3 所示。

图 3-3　问卷网的市场调研模版

广告调查问卷发放以后，还要采取一定的措施（如有奖答卷、问卷填写后随机抽奖）以保证其回收率。很显然，回收率越高，得到的调查资料就会越全面。另外，需注意的是，在统计分析回收问卷之前，调查人员还要注意剔除不合格的问卷，否则会导致统计的信息失真。

📖 **思政园地**

设计在线问卷应注意的问题

网络问卷调研是网络营销调查中最常用的方式，其中在线问卷质量直接关乎调研的成败，因此应根据调研目标精心设计问卷。设计在线问卷时应注意以下问题。

一是表述概括清晰。问卷中的文字表达要准确，语句意思应明确，注意不要使问题表述存在歧义。

二是注意问题排序。一般来说，应本着"先易后难、先简后繁"的原则对问题进行排序。如果前几个问题就不容易回答，很可能会使受访者放弃答题，无法完成调研。

三是注意提问的艺术性。在提问题时，尽量选择受访者易接受的语句。不要直接询问敏感性的问题，避免提问难以回答的问题，如当问到涉及个人隐私的问题时，被调查者往往产生一种本能的自我防卫心理，直接提问此类问题，往往会引起拒答。对该类问题最好采用间接询问的形式，语言要委婉。问卷设计者更要注意考虑受访者感受，讲求语言艺术，避免受访者产生厌恶、抵触心理。

四是避免诱导性的问题。如"大多数人认为该产品很好，您是否也喜欢那种产品？"，就属于明显的诱导性提问。诱导性的问题会对受访者产生影响，使调查结果不能反映受访者的真实想法，导致数据可信度降低。因此，在设计问题时要保持中立的提问方式，使用中性的语言。

五是尽量避免使用专业术语。专业术语仅是问卷设计者和同一专业领域内人士所熟知的，因此在问卷设计时要慎用，以免受访者不知所云，无法作答。同时，也要避免使用其他难以理解的措辞来提问。

六是避免复合型题目。问卷设计时，最好一个问题包含一个内容，如果一个问题涉及多个内容，则会使受访者难以作答，问卷统计也会很困难。例如，"你为何选择毕业后进行互联网创业"？这个问题包含了"你为何毕业后创业？""你为何借助互联网创业？"两个问题，使受访者不便作答。

七是有奖问卷的奖项设置合理。为激励受访者参与调查，调查者一般会采取有奖问答的方式，但奖项设置要合理。奖品价值过小，对被调查者难以产生激励作用；奖品价值过大，则可能使调研成本过高。

此外，问卷设计出来后，应多方征求意见，进行认真修改、补充和完善，最好小范围内进行试验调查，听取被调查者的意见，看是否符合设计的初衷与调查的需要，从而保证问卷调查的实际效果，避免出现大的失误。

(2) 观察法。观察法是指调查人员到现场利用自己的视觉、听觉或借助摄录像器材，直接或间接观察和记录被调查者对广告的反应的一种方法。利用观察法进行调查，调查人员不需要向被调查者提问，而是凭自己的直观感觉，从侧面观察、旁听、记录现场发生的事实，以获取所需要的信息。观察法又可分为直接观察法和间接观察法。直接观察法需要调查人员亲临现场开展调查，如在公交车站观察候车乘客对站牌广告的关注度等；间接观察法是指调查人员采用各种间接观察的手段，如通过痕迹、仪器等进行观察，以获取所需的广告调查信息。

(3) 实验调查法。实验调查法是指在既定条件下，通过实验对比，对市场现象中某些变量之间的因果关系及其发展变化过程加以观察分析的一种调查方法。就广告调查而言，调查人员可以从影响广告效果的众多变量（如广告文案、广告模特、广告媒体等）中选出一个或两个，将它们置于同一条件下进行小规模实验，然后对实验得到的数据进行处理和分析，最后确定更好的广告方案。

实验调查法的调查结果具有较强的客观性和实用性，在调查中，调查人员可以主动地对实验进行控制，因而实验能较为准确地反映出各市场变量之间的因果关系。实验调查还可以探索在特定的环境中不明确的市场关系或行动方案，其结果具有较强的说服力，可以帮助决策者决定行动的取舍。实验调查法时间长、费用多，只能识别实验变量与有关因素之间的关系，很难解释众多因素的影响，且不能分析过去或未来的情况。

经典赏析

速溶咖啡成功的广告调查

速溶咖啡是美国20世纪三四十年代开发出的一种新饮料，其味道和营养价值与传统的豆制咖啡大致一样，而且具有传统豆制咖啡难以匹敌的一大优点——方便。这种饮料配制简单，饮用方便，既不需要花费过多的煮制时间，也不必为清洗咖啡器皿而费力气，用开水一冲，即可饮用。两相比较，按理说，速溶咖啡一上市就会很快取代传统的豆制咖啡。但事与愿违，尽管厂家对其又快又方便的特点进行了大力宣传，购买者仍寥寥无几。

问题出在哪里呢？厂家组织心理学家们进行了调查。他们采用问卷调查方式，请被问者回答不喜欢速溶咖啡的原因。很多被问者回答："不喜欢它的味道。"实际上，速溶咖啡在味道上与豆制咖啡几乎没有任何区别。显然，这不是消费者不接受速溶咖啡的真正原因。

那么，速溶咖啡受到冷遇的真正原因是什么呢？前面的直接调查结果表明，消费者可能存在某种偏见，而又出于某种心理不愿意说出这个原因。为了弄清这个问题，心理学家们又改用间接的调查方式向消费者进行更深入的心理调查。他们编制了两份购物单，并将其分发给两组家庭妇女，请她们作为旁观者描述按该购物单买东西的家庭妇女是什么样的妇女。事实上，这两份购物单虽然分别列出了6个项目，但除了咖啡一项不同，其余完全一样，如表3-2所示。

表3-2　两份购物单

购物单 1	购物单 2
1 听发酵粉	1 听发酵粉
2 块面包、1 根胡萝卜	2 块面包、1 根胡萝卜
1 磅速溶咖啡	1 磅豆制咖啡
1.5 磅碎牛肉	1.5 磅碎牛肉
2 磅桃子	2 磅桃子
5 磅土豆	5 磅土豆

拿到购物单1的几乎50%的家庭主妇都认为，按这张购物单买东西的是个懒惰、邋遢、生活没有计划的女人；有12%的人认为，这是个挥霍浪费的女人；有10%的人认为，这不是一个好妻子。拿到购物单2的家庭主妇则认为，按此购物单买东西的家庭主妇是个勤俭、会过日子的、有经验的、喜欢烹调的女人。

如此看来，广告一味强调速溶咖啡的饮用方便和节省时间等优点，使大多数家庭妇女产生了偏见，她们认为购买速溶咖啡的是生活无计划、邋遢的懒妻子。而当时美国的家庭主妇都希望做一个勤劳的、会过日子的家庭主妇，而不愿意做一个懒惰的、不会过日子的家庭主妇，偏见阻碍了厂家的推销。

厂家根据这种情况，决定改变广告主题，在广告宣传时不再鼓吹速溶咖啡省时省力，而强调速溶咖啡具备豆制咖啡所具有的美味、芳香和质地醇厚等特点。其广告画面是：一杯美味咖啡，背后高高地堆着很大的褐色咖啡豆，速溶咖啡罐上写着"100%真正咖啡"的字样，还有意增加了开启难度。

分析：

通过广告调查，速溶咖啡发现了之前广告效果不佳的真正原因，于是改变了广告策略。广告宣传从强调"方便"改为"美味"，突出"100%真正咖啡"，不仅打消了家庭主妇购买速溶咖啡的顾虑，也增强了速溶咖啡在感官上的吸引力。经过长时间的广告宣传，消费者的偏见慢慢消除了，速溶咖啡终于成为西方最受欢迎的饮料之一。

（4）访谈调查法。访谈法是指通过访谈形式获取第一手资料的调查方法。访谈调查法又可进一步划分为深度访谈调查法和小组访谈调查法两种形式。

所谓深度访谈调查法也称个别访谈调查法，是指广告调查人员通过对被调查对象的个人访谈而获取第一手广告资料的调查方法。在进行深度访谈调查的过程中，调查人员应超脱于调查之外，尽量客观公正，让被调查者表达出内心对问题的真实看法。

小组访谈调查法又称焦点小组访谈调查法，是指挑选一组具有代表性的被调查者，利用小组座谈会的形式，由主持人就某个广告主题引导到会人员进行讨论，获得对某问题的深入了解的一种调查方法。与其他的调查方法相比，小组访谈调查法具有资料收集快、取得的资料较为广泛和深入、协同增效、专门化、科学监视、形式灵活、即时互动等优点。但是，小组访谈调查法也具有主持难度比较大、获得的意见性资料比较杂乱、意见的代表性较差等缺点。

延伸阅读

实施小组访谈调查法的过程

首先，准备小组访谈测试地点。其次，选择受访者和主持人。优秀的主持人是小组访谈法调查成功的关键因素。小组访谈对主持人的要求是：①主持人必须能恰当地组织一个小组。②主持人必须具有良好的沟通技巧，以便有效地与被调查者进行互动。再次，编制讨论大纲。讨论大纲是关于小组访谈中所要涉及的话题纲要，按一定顺序逐一讨论所有相关话题，也可以防止访谈中谈论的内容跑偏。最后，编写小组访谈调查报告。

深度访谈调查法比小组访谈调查法能更深入地探索被访者的内心思想与看法，在深度访谈过程中，被调查者可以更自由地表达自己的看法，而小组访谈调查法有可能会因为一些被调查者的从众心理而影响调查结果的客观性。

任务实训

1. 实训的目的

通过实训掌握广告的网络问卷调查方法。

2. 实训内容及步骤

（1）以小组为单位成立任务实训团队，由小组推选一名负责人。

（2）各实训团队确定广告问卷调查的主题与目标，制订网络问卷调查方案。

（3）各实训团队设计广告的网络调查问卷，在问卷星、问卷网等网络调查平台发布。

（4）各实训团队通过后台管理获取原始的问卷调查数据，并进行统计分析。

（5）各实训团队撰写此次网络问卷广告调查实施过程及心得体会，提交给授课老师批阅。

3. 实训成果

实训作业——××广告网络问卷调查实施情况汇报。

任务 3.3　学会撰写广告调查报告

任务引入

市场营销专业的小李大学毕业后去了一家广告公司的调查部。一开始她的主要工作是协助公司同事为客户实施广告调查活动。一次，负责撰写广告调查报告的同事小王因家中有事突然请长假，客户限期提交的广告调查报告因此无法按时完成。看到公司有困难，小李向公司主管主动请缨承接了小王的工作。小李夜以继日地工作，终于按时提交了广告调查报告，她感到无比兴奋，觉得很有成就感。但没过几天客户的反馈却让她异常沮丧。客户对她的广告调查报告非常不满意，认为该报告篇幅过长，专业术语太多，而且提出的对策也没有充分考虑客户的实际情况。为此小李郁闷了好长一段时间。

问题：撰写广告调查报告应注意哪些问题？小李该如何提高广告调查报告的撰写水平？

相关知识

1. 广告调查报告的内容

广告调查报告是调查者根据广告调查活动所获得的信息资料和据此形成的分析所撰写的一种文体。撰写广告调查报告实际上是广告调查人员必须承担的一项重要工作。

广告调查报告的主要内容应包括调查的背景及意义，调查所采用的方法、步骤、统计方法以及可能产生的误差，调查的主要结论，企业应当采取的主要对策等。

2. 广告调查报告的文体结构

广告调查报告的文体有规范的要求，如基本的文体格式、写作内容等都有一定的范式。但这些要求不是绝对的，在具体的写作过程中还要灵活掌握。

完整的广告调查报告文体结构一般包括标题、摘要、目录或索引、正文（报告主体）、结语、附录等部分，下面分别进行介绍。

① 标题。标题是对广告调查报告内容的高度概括。一个好的调查报告标题不仅能直接反映出报告的核心思想和基本内容，还会因为它揭示的深刻内涵引发读者强烈的阅读欲望，

所以，标题要开宗明义，做到直接、确切、精练。

广告调查报告的标题可以分为单标题和双标题两种。单标题一般是把调查单位、调查内容明确而具体地表现出来，如"关于某某企业广告效果的调查"。这种标题概括了报告的主要内容和分析范围。有的单标题报告直接将调查报告的基本观点挑明，如"某某企业广告投放效果不佳的原因调查"。

双标题也称为双行标题和主、副标题。一般主标题反映调查的中心思想，是受关注的部分，它揭示报告中最主要的事实和思想；副标题则是在时间、范围、内容上对正标题加以限制，或补充主标题之不足，如《短视频广告势不可挡——短视频广告发展现状调查》。这种标题往往是主标题发人深省，简洁明快、新颖活泼，富有强烈的吸引力，副标题相对来说更具体"务实"一些。

② 摘要。摘要是对本次广告调查的情况作简明扼要的说明。主要是用高度概括的语言介绍此次广告调查的背景、目的、意义、内容、方法和结论等。

③ 目录或索引。如果广告调查报告内容较丰富，页码较多，从方便阅读的角度出发，应当使用报告目录或索引，将报告文本的主要章、节、目及附录资料的标题列于报告之前，在报告目录中写明章、节、目的标题及号码和页码。

④ 正文。正文是广告调查报告陈述情况、列举调查材料、分析论证的主体部分。在正文部分，必须真实、客观地阐明全部有关论据，包括从问题的提出到引出的结论、论证的全部过程及其与之相联系的各种分析研究的方法。

此外，还要对报告文本有关内容结构进行精心安排，基本要求是结构严谨、条理清楚、重点突出。要做到这一点，就要将调查得到的数据、材料、图表、观点等进行科学分类和符合逻辑的安排。

⑤ 结语。结语是广告调查报告的结束部分，没有固定的格式。一般来说，这部分是对正文的概括和归纳，是对广告调查报告主要内容的总结。有的在结束语中强调报告所论及问题的重要性，以提示阅读者关注；有的提出报告中尚未解决的问题，以引起重视；有的则和盘托出解决问题的办法、建议或措施。

无论是哪种结语，其结论和建议与正文的论述要紧密对应，不要重复，以免出现画蛇添足之嫌。

⑥ 附录。附录是对广告调查报告正文内容的必要补充，是用以论证、说明或进一步阐述正文中所包含的某些资料。例如调查问卷、调查抽样细节、原始资料的来源，调研获得的原始数据图表（正文一般只列出汇总后的图表）等。

3. 撰写广告调查报告应注意的问题

撰写广告调查报告不应简单地堆砌数据和资料，而应在科学分析数据后，整理得出相应的有价值的结果，为企业制定营销策略和营销决策提供依据。在撰写调查报告前，要先了解报告阅读者希望得到的报告形式及期望获得的信息。广告调查报告要清晰明了、图文并茂。在写作的过程中还要注意语言规范，不能太过口语化，以免使阅读者对调查报告的准确性产生怀疑。

此外，撰写广告调查报告还应注意以下问题。一是要用标准格式撰写，文中尽量少用过度专业的术语；二是要务必使调查报告中所包含的全部内容都与报告的主题相关，一切无关资料均需剔除；三是仔细核对全部数据和统计资料，保证数据准确无误；四是调查报告要排版整洁，易于阅读。

任务实训

1. 实训的目的

通过实训，掌握广告调查报告的撰写。

2. 实训内容及步骤

根据本项目任务实训二的网络问卷调查结果撰写广告调查报告。同学们按以下程序进行实训。

（1）各实训团队人员不变，每个团队对回收的有效问卷进行统计分析。

（2）各实训团队对数据分析结果进行讨论，分工完成广告调查报告的撰写。

（3）各实训团队负责人负责统稿，统稿之后再组织大家讨论、修订。

（4）完成广告调查报告终稿撰写，提交给授课老师。

（5）授课老师在课堂对各实训团队提交的广告调查报告进行点评，完成本次实训。

3. 实训成果

实训作业——××广告调查报告。

练习题

一、单选题

1. 广告主体调查是指对（　　）所进行的调查。
   A. 广告环境　　　　B. 广告产品　　　　C. 广告客户　　　　D. 广告主的企业

2. 文献调查是一种（　　）调查方法，它利用已有的文献、档案等文字资料进行调查。
   A. 直接　　　　　　B. 实地　　　　　　C. 入户　　　　　　D. 间接

3. 广告调查的首要程序是（　　）。
   A. 研究设计　　　　B. 界定问题　　　　C. 调查实施　　　　D. 整理调查资料

4. （　　）是广告调查中最常使用的一种方法。
   A. 问卷调查法　　　B. 观察法　　　　　C. 实验调查法　　　D. 访谈调查法

5. （　　）是对广告调查报告内容的高度概括。
   A. 摘要　　　　　　B. 目录　　　　　　C. 标题　　　　　　D. 附录

二、多选题

1. 文献调查中需要注意的问题主要有（　　）。
   A. 资料的重复性　　　　　　　　　B. 资料的可信度
   C. 资料的时效性　　　　　　　　　D. 资料统计口径的一致性
   E. 资料的筛选

2. 广告调查的步骤包括（　　）。
   A. 界定问题　　　　　　　　　　　B. 研究设计

C. 调查实施
D. 调查资料整理和分析

E. 撰写最终的研究报告

3. 一手资料的来源广泛，以下属于文献资料来源的是（　　）。

A. 企业自身
B. 图书馆

C. 情报中心
D. 政府机构

E. 行业协会

4. 采用小组座谈法开展广告调查的优点是（　　）。

A. 费用低廉
B. 形式灵活

C. 不会造成心理压力
D. 收集资料快

E. 即时互动

5. 网络广告的调查方法主要有（　　）等，是对传统广告调查法极为重要的补充。

A. 日记式调查法
B. 网上问卷调查法

C. 网络讨论法
D. 网上观察法

E. 节目印象调查法

三、名词解释

1. 广告调查　　2. 广告媒体调查　　3. 实验调查法　　4. 深度访谈法　　5. 广告调查报告

四、简答及论述题

1. 广告调查的内容包括哪些方面？

2. 企业为什么要进行广告调查？

3. 广告调查报告的文体结构可以分为哪几个部分？

4. 广告调查一手资料的收集方法主要有哪几种？

5. 试论述设计调查问卷时需注意的几个问题。

📖 案例讨论

百威啤酒在日本的广告调查

1876 年诞生于美国的百威（Budweiser）是世界知名的啤酒品牌，在百年的发展历程中，百威啤酒以其纯正的口感、过硬的质量赢得了全世界消费者的青睐，成为全球最畅销的啤酒品牌之一，长期年以来被誉为世界"啤酒之王"。百威之所以能够成功，除了优秀的品质和百年的品牌积淀，还通过周密的广告调查发现消费者的真正需求，也是其成功的关键因素。这一点从百威啤酒成功进军日本市场即可看出。

百威在进入日本市场时，通过广告调查对消费者进行了全面而又深入的了解。调查的具体内容包括：消费者的人口统计特征；消费者购买啤酒的动机；消费者购买啤酒的决策过程；消费者选择啤酒的标准；消费者对各种不同品牌啤酒的评价；消费者获取啤酒产品的信息来源（包括接触媒体情况）等。

通过广告调查，百威准确把握了日本啤酒市场的现状，确立了以年轻人为诉求对象的广告策略。调查发现，日本年轻人的购买能力较强，愿意花时间去追求自己喜爱的事物，对新产品富于好奇心，愿意尝试购买新产品。年轻的消费者有自己的表达方式和独特的语言，往往是市场舆论的制造者和意见领袖。

百威在将25~35岁的男性确定为日本市场的目标客户之后，制作并发布了一系列专门针对年轻人的广告。广告诉求的重点是强化百威啤酒的知名度，突出美国最佳啤酒的高品质形象。为了确保广告效果，百威授权让公司的日籍员工对广告创意和广告文案进行把关，并采用日本年轻人乐于接受的方式来表达广告诉求。

广告调查帮助百威制定并实施了适合日本市场的广告策略，让百威啤酒进入日本后第二年就成为进口啤酒的佼佼者，可谓大获成功。

问题讨论

1. 广告调查与一般的市场调查有何不同？
2. 百威成功的市场调查给我们的启示是什么？

项目 3 广告调查

任务		掌握广告调查的方法			
班级		学号		姓名	

本任务要达到的目标要求：
1. 熟悉广告调查的目标与内容。
2. 掌握广告调查的程序与方法。

能力训练

1. 为什么要开展广告调查？

2. 广告调查的内容包括哪些方面？与市场调查有何不同？

3. 广告调查要遵循的程序是什么？不同调查阶段需注意的问题有哪些？

4. 广告调查的方法有哪些？请对各方法进行简单表述。

完成任务的心得与体会：

教师评价

项目4 广告创意

◆ 学习目标 ◆

【知识目标】

(1) 理解广告创意的概念。
(2) 熟悉广告调查的过程。
(3) 理解广告创意策略的概念。
(4) 熟悉广告创意的类型。
(5) 熟悉广告创意的表现方式。

【技能目标】

(1) 能够与团队合作完成广告创意项目。
(2) 能够对企业的广告创意策略做出客观评述。
(3) 能够熟练掌握广告创意的表现技巧。

【素质目标】

(1) 培养学习广告创意的兴趣。
(2) 树立正确的广告创意观念。
(3) 遵守法律、法规，依法开展广告创意活动。

项目情境导入

2022 年母亲节之际，美团外卖推出广告短片《妈妈爱花，我们爱她》，短片宣传海报见图 4-1。美团外卖通过细微处的洞察发现了从不缺席妈妈生活的花：衣服上、围裙上、墙上、水杯里、盆栽里……妈妈的生活里充满着花的踪迹，让观众不自觉地联想到自己的妈妈和自己的充满花的生活。母亲节，如果你还没想好送妈妈什么，那就上美团外卖搜鲜花外卖，送妈妈一束花。美团外卖洞察到"妈妈爱花"的特征，通过口语式押韵表达"妈妈爱花，我们爱她"，为母亲节送花这一行为赋予了更深的情感意味。美团隐藏在"花"里，用情感与细节回应"美好生活小帮手"的理念。

图 4-1　美团母亲节广告短片宣传海报

从美团母亲节的这则广告中可以看出，想要打造优秀的品牌创意广告，不仅要在广告中体现品牌调性，更重要的是体现品牌温度。面对纷繁复杂的市场环境，企业需要改变"广告就是为了宣传卖货"的旧思维，建立"以用户为中心"的投放思维，这样品牌才能获得大众的青睐，从而得到更加长远的发展。

问题：结合本案例，请谈谈你对优秀广告创意的初步认识。

项目分析

广告创意水平在一定程度上决定了广告作品的"生命"。商业社会中，广告无处不在，但广告留给我们的印象却大相径庭：一些广告平淡无奇，令人毫无兴趣，甚至会引起人们的反感；而有些广告却能激发我们的消费欲望，产生良好的广告效果。同样是广告，为什么会有如此大的差距？除了设计、制作以及产品本身等方面的因素，广告创意水平的高低是最为重要的原因。

那么什么是广告创意？广告创意活动有哪几个过程？广告创意有哪些可供选择的策略？广告创意的表现方式和技巧有哪些？本项目将对以上问题进行解答。

任务 4.1　了解广告创意的概念及活动的过程

任务引入

有一则国外某品牌巧克力的广告，为了突出它可以增加能量的特性，设置了这样一个场景：一个白人在山间公路上跑步晨练结束后，用双手撑着路边的一辆保时捷跑车，活动腰身。一个黑人一边吃着该品牌的巧克力，一边摇头晃脑地听着摇滚歌曲开车经过，远远望过去，黑人还以为白人老兄在用力推那辆车，于是，黑人把车开到那位老兄旁边，二话没说下车走向前用力一推，就把保时捷推下了悬崖，然后以一副"帮忙"不用谢的神情开车离去，白人对这突如其来的一切非常茫然……话外音：××巧克力使您力气倍增。

请问，这则国外巧克力广告的创意是否存在问题？广告创意优劣的评判标准有哪些？

相关知识

1. 广告创意的概念

随着市场竞争的不断加剧，企业间的广告大战也在不断升级，广告从以前所谓的"媒体大战""投入大战"逐渐转向创意方面的竞争。现在，人们越来越多地认识到创意是广告的生命与灵魂。

然而，广告创意到底是什么？广告界对此众说纷纭。例如"创意就是你发现了人们习以为常的事物的新含义。""创意人员的责任是收集所有能帮助解决问题的材料，像产品事实、产品定位、媒体状况、各种市场调查数据、广告费等，把这些材料分类、整理、归纳出所需传达的信息，最后转化为一种极富戏剧性的形式。""创意就是用一种新颖而与众不同的方式来传达单个意念的技巧与才能，即客观地思索，然后天才地表现"等。

可见，广告创意的概念较为抽象，界定它并不是一件容易的事。本书认为，广告创意是广告策划的一系列思维活动，是对广告题材的选择、主题的提炼、形象的典型化、文字的精练、图画的意境，以及载体、表现方式和风格的综合思考与想象。所以，广告创意的实质是对创作对象进行想象和创造，使现实美与艺术美能够融合起来。

经典赏析

南方黑芝麻糊经典广告

"小时候，一听见芝麻糊的叫卖声，我就再也坐不住了。"20 世纪 90 年代，中国的电视观众都被这一句充满怀旧感的旁白和那个可爱的小男孩舔碗底的镜头打动了，无数观众沉浸在一片温情中，这则广告成为中国温情电视广告的鼻祖，获得空前成功。

广告的视听内容配合得相当完美，在表现上，采用了统一的暖色调，配合演员的恰当表演，强化了情感诉求的效果。中心画面表现小男孩舍不得放下碗而不断地舔碗，镜头景别用了大特写，使主题展示令人动情，芝麻糊的卖主给小男孩添半勺芝麻糊的镜头进一步触动了观众。

分析：

卖一碗芝麻糊看似极其简单，但额外添加半勺，蕴含了多少人间真情——母性怜爱、邻里乡情、仁义宽厚……中国人的传统美德和真挚情感由此体现得淋漓尽致……南方黑芝麻糊的这则广告最大的特点就在于打出了一张温情牌，以情感诉求方式达到吸引消费者的目的。

2. 广告创意活动的过程

广告创意的产生需要遵循科学的创作过程。一般而言，广告创意活动要经历以下 4 个阶段。

第一阶段，收集资料。

收集资料是开展广告创意活动的前提与基础。广告创意建立在广泛收集资料、充分把握相关信息的基础之上。广告创意人员只有充分掌握各种相关信息，才有可能发现产品或服务与目标消费者之间存在的关联，才有可能产出高水平和成功的创意。广告创意的资料收集主要集中在广告产品、服务、目标消费者及竞争者等方面。

广告创意绝不是无中生有，而是需要广告创意人员平常细致地观察生活、体验生活、把握生活，并把生活的点滴汇入脑海储存起来，以备后用。

第二阶段，分析、整理资料。

收集到的资料未必都有价值，因此，广告创意人员需要对收集到的资料进行归纳、整理和分析。具体工作如下：分析广告商品与同类商品的共同属性；通过对比分析，找出广告商品与竞争商品相比所具有的优势和劣势；根据广告商品的竞争优势确定广告的诉求。

第三阶段，酝酿与顿悟。

广告创意的产生表现为灵感的突现，但它不是无中生有，而需要广告创意人员的深思熟虑，这样他才有可能在某一刻茅塞顿开，灵感才有可能不期而至，正如"众里寻他千百度，蓦然回首，那人却在，灯火阑珊处"。

第四阶段，仔细推敲，不断完善。

广告创意在形成之初，往往是模糊的、粗糙的和支离破碎的，会有许多不合理的地方，需要广告创意人员仔细推敲，使之成熟和完善。广告大师大卫·奥格威在提出和确认任何一个广告创意之前都热衷与他人商讨。最著名的案例是他为劳斯莱斯汽车创作广告时，写了26个不同的标题，请了6位同行来把关，最后选出大家都觉得很好的一个："这辆劳斯莱斯汽车的时速达到96km，最大的声音来自电子钟。"写好后，他又让文案人员反复进行修改，最后定稿。广告大师尚且如此，更何况一般广告创意人员。因此，我们应该对自己的广告创意进行反复斟酌和修改。

课堂讨论

有人认为优秀的广告创意来自天才创作者的灵感和顿悟，你认同这个观点吗？

任务实训

1. 实训的目的

通过实训，熟悉广告创意的过程。

2. 实训内容及步骤

（1）请同学们在认真分析的基础上选取家乡某一特产为广告创意对象。

（2）收集与广告创意相关的资料，寻求该特产与目标消费者之间的关联性。

（3）分析、整理资料，确定广告的诉求点。

（4）完成广告创意，并进行验证和完善。

（5）提交广告创意到班级学习群，由同学们相互评议。

3. 实训成果

实训作业——家乡特产（产品名）的广告创意书。

任务 4.2　掌握广告创意的策略

任务引入

好的广告创意要对比鲜明，能够引起注意。心理学家们的实验表明，差异越大的信息越容易引起注意，不管是声音上还是色彩上的。好的广告创意要让受众感到真诚温情，同时要具有戏剧性。李奥·贝纳为美国肉类研究所芝加哥总部做的"肉"的广告文案是"你能不能听见肉在锅里滋滋地响?"。他的创意哲学是：我们卖的不是肉而是滋滋声。多么有创意!这则广告让人感到温暖和有人情味。

此外，好的广告创意还要有鲜明的定位。美国七喜汽水堪称广告史上运用鲜明定位的成功典范。在美国软饮料市场上，可口可乐和百事可乐占据了三分之二的市场份额，余下的三分之一市场被众多软饮料品牌所瓜分。很显然，七喜根本无法与强大的可口可乐和百事可乐直面竞争，于是另辟蹊径，推出了"七喜，非可乐"的广告定位，最终取得了成功。

国内优秀的广告创意也很多，如乐百氏的"27 层净化"，雕牌洗衣粉的"妈妈，我能帮你干活了"等都是其中的佼佼者。

问题：你所知道的经典广告创意案例还有哪些? 其经典在何处?

相关知识

广告内容有硬性内容（hard content）和软性内容（soft content）之分。广告的硬性内容一般以信息传递为主，主要是向消费者说明购买产品或服务的理由，从而使消费者做出合理的购买决策。而软性内容一般以情感诉求为主，为引发消费者对品牌或企业的偏好，而采用以情感人的方式接近消费者。前者又被称为信息广告（informative advertising），后者又被称为迁移广告（transformational advertising）。因此，广告创意策略可分为信息型广告创意策略和迁移型广告创意策略两大类。

1. 信息型广告创意策略

信息型广告（简称信息广告）是指向受众提供明确而有逻辑性的事实性信息的广告。信息广告一般采取这样的方式，即指向消费者的实用性或效用性的需求，以消费者的负面情绪（negative emotion）作为提供信息的线索。在这里，消费者的负面情绪是指消费者遇到问题但没有找到合适的解决方法的时候，或者因问题而处于不满意状态的时候所产生的心理不协调状态。广告在提示消费者的这些负面情绪时，应该紧接着提供有关广告产品能带来效用的信息。例如，保险公司的广告先提示有关预想不到的事故方面的内容，然后提示能解决这些问题的方法（购买人身保险）。

理性的消费者通过信息广告获得相关的产品信息，并根据这些信息区别产品的特性，做出购买决策。在制定信息广告策略时，企业应使广告所强调的信息真实、重要且符合逻辑。只有这样，信息广告才能充分影响或刺激广告受众。

◆ **案例分析**

Narry.com 的广告创意

泰国是个常年炎热的国家，几乎没人穿西装。可是在泰国裁缝业却是个非常流行的行业。在泰国，每 4 家店中就有 1 家是裁缝店。泰国裁缝店的主要客源是外国人和游客。

在当地，进行广告宣传的裁缝店并不多，但是从实际效果来看，广告的确是使自己从众多竞争对手中脱颖而出的好方法。Narry.com 就是一家善于运用广告的裁缝店，其成功之处就在于了解谁是自己的"目标消费者"，更知道如何有效地利用有限的预算将广告信息传达到这些"消费者"手中。

Narry.com 广告成功的原因就在于出现在当地航班所提供的杂志和旅游手册中。大多数做广告的裁缝店都会选择户外广告，但是户外广告通常只能充当指路牌的角色，其广告效果远远不及直接把广告做到消费者手中那么有效。由于各裁缝店之间的最终产品几乎没有多大差别，因此 Narry.com 在非常了解消费者所关心的和自己所销售的服务的基础上，不仅简单地强调品牌，而且强调自己品牌的个性。在这种情况下，广告的目的首先是使自己与其他裁缝店区分开来，然后是加强消费者的信心并激发消费者的兴趣。

作为只在泰国停留几天的旅游消费者，他们主要会考虑以下几个问题（广告信息内容设计）。

（1）制作水平及工艺。衣服尺寸是否合适？衣服是否需要修改多次才能合身？

（2）款式。裁缝店是否能够提供最新的款式？还是只能遵循传统？

（3）方便和快捷性。裁缝店是否很容易找到？消费者能否在短时间内拿到成衣？

（4）价格。裁缝店能否提供最优惠的价格从而避免消费者因逐家询价而浪费大量时间？裁缝店会不会欺骗游客？

Narry.com 广告清楚而又直接地回答了消费者的上述疑问，而且帮助消费者树立了十足的信心和足够的信任感。

（1）Narry.com 在广告中展示了泰国总理颁发的表彰他们高水平制作工艺的奖品。虽然大多数消费者并不清楚这是什么奖励，但是这条信息增加了消费者对这家裁缝店的信任度。

（2）他们每年到欧洲学习 6 次，以了解和掌握最新的时装潮流。

（3）他们在广告中刊出了详细的地图，标明店铺所在位置，而且全天候 24 h 都可为消费者量体裁衣，并承诺在 12 h 内提供成衣。

（4）详细和优惠的套装服务，注明各种外套、衬衣等的数量和价格。他们的广告更提供了直接的回报：只要你拿着该广告上门，就可以得到进一步的折扣。最重要的承诺是他们为消费者提供了无条件的"退款保证"，使消费者可以无后顾之忧地选择 Narry.com。

（5）Narry.com 还宣传自己先进的电子商务。所有消费者的个人尺寸和要求都会被保存在数据库中，消费者以后就可以在全球各地通过互联网订购服装。

Narry.com 的广告达到了很好的效果。几乎所有前来裁剪衣服的消费者都拿着这份广告。据 Narry.com 透露，90% 的消费者都是被广告成功地吸引过来的。

案例分析：

本案例是一个花小钱办大事的经典案例，Narry.com 只用了极为有限的广告预算（不到

10万美元）就实现了令人相当满意的销售回报。Narry.com 并非一家资金实力雄厚的大公司，而只是泰国的一家年收入200多万美元的中等规模的裁缝店。但公司深谙媒体策划之道，公司通过在当地航班所提供的杂志和旅游手册中刊登广告，将广告信息精准地传递给目标客户，避免了广告的浪费。此外，公司里的广告内容设计也非常出色，直接清楚地主动解答了顾客的疑问，从而打消了顾客的顾虑，赢得了顾客的信任。

2. 迁移型广告创意策略

迁移型广告（简称迁移广告）是使消费者在接触广告时能够联系消费经验（或体会）并对产品产生肯定的心理反应的广告。在广告作品中，采用迁移型广告创意策略的案例很多，乡愁诉求广告就是其中典型的代表。

📖 **思政园地**

乡愁诉求广告

乡愁（nostalgia）是人们固有的思乡之情，在城镇化快速发展的今天，又衍生出人们对乡村生活方式的怀念和向往。在人口流动频繁、生活压力加剧的现代社会，远离家乡的人们对记忆中的故乡魂牵梦绕，城市高压生活下的人们也向往着传统乡村生活的返璞归真。有着些许怀旧意味的"乡愁"已经逐渐成为一种社会文化心理。主打"乡愁"牌的各类产业，无论是农家乐、乡村游，还是贴上了"乡村"标签的各类消费品，以及《记住乡愁》《美丽中国乡村行》《向往的生活》等电视节目，都得到了社会大众的认同与接受。以乡愁为主题进行的广告创意，也成为近几年广告业界的创作热点，与之相关的经典广告作品层出不穷。例如，2019年欧派家居以一部春节暖心短片《喊你回家》引爆乡愁，成功唤醒了人们对"家"的眷恋。欧派家居用最暖心的方式深情提醒大家："春节将至，喊你回家了"，让国人在出行中通过不同的广告形式接收到短片传达的品牌理念。欧派家居广告短片如图4-2所示。

概括起来，乡愁诉求广告能产生以下沟通效果。

（1）乡愁诉求广告能有效地引起消费者的注意。

（2）消费者比较容易理解广告内容。

（3）乡愁诉求广告能有效地引起消费者的情感反应。

（4）乡愁诉求广告能提高消费者对广告的置信度。

图4-2　欧派家居广告短片《喊你回家》

（5）在广告中所包含的乡愁因素有助于消费者记忆广告内容。

目前，我国有不少乡愁诉求广告出现在报纸、杂志、电视等广告媒体上，诞生了如《过年，把最好的带回家》《让故乡，成为有梦想的地方》等一批优秀的广告作品。建议企业不妨多做一些乡愁诉求方面的广告，因为思念家乡、重视地缘关系在我国有着上千年的传统和文化基础。

在我国，乡愁广告之所以能够起到很好的沟通效果，主要有以下几点原因：我国原来农村人口占多数，但随着改革开放和经济的发展，大批农村人口背井离乡，涌入城市，城乡人口结构发生了很大的变化。有不少中、青年都对家乡持有怀念之情；从我国传统文化来看，尊重老人、供养父母等是中华民族的传统美德，并且人和人之间的关系中也非常重视地缘关系；随着广告行业的发展，企业为引起消费者的注意或说服消费者采取一系列的广告创意策略，但雷同现象严重，所以难以吸引广告受众。因此，利用人们的思乡之情，另辟蹊径采用乡愁诉求方式的广告更容易引起消费者的共鸣。

运用迁移广告创意策略的成功案例很多，其中，弗朗西斯·格瑞蒂（Frances Gerety）为戴比尔斯钻石所做的广告最为著名。1947 年 4 月，艾耶公司的女性撰稿人格瑞特在撰写钻石广告文案时，试图找到一种新的表达方式，以把钻石的内在含义和浪漫的性质结合在一起。就在万分焦虑时，她灵感突现，写出了"钻石恒久远，一颗永流传"（A diamond is forever）这样的佳句。

微课堂
德比尔斯
经典广告
创意的产生

格瑞特的广告词以局部代表整体：这微小的钻石是永恒的，伟大的爱情也是永恒的。在戴比尔斯的宣传下，购买钻戒成为恋人之间一种极其重要的、具有决定意义的行为。

再如，智威汤逊于 1927 年为力士创作的一则广告，广告标题是"10 个电影明星中有 9 个都用力士香皂呵护她们的肌肤"，附上了多位好莱坞女明星的集体签名证言（见图 4-3）。这种利用明星开展广告宣传的方式，在好莱坞全盛时期的 20 世纪 20 年代曾得到广泛应用。

图 4-3　智威汤逊为力士香皂所做的广告

女明星如花的笑脸、迷人的肌肤，一句自信的广告语"我只用力士"，使力士香皂的魅力倍增。力士品牌的卓越品质和独特的气质，由此深入人心。

任务实训

1. 实训的目的

改革开放以来，我国的电视广告蓬勃发展，对推动我国社会主义市场经济的繁荣发挥了巨大的作用。在这 40 多年的发展历程中，我国电视广告的创意策略也在不断变迁，从最初的"老王卖瓜式"的平铺直叙，到如今的创意无限，电视广告的诉求对象也从渠道商逐渐转向了消费者。电视广告创意策略的变化，在一定程度上反映了我国商业模式的变革。

因此，通过文献研究探讨改革开放以来我国电视广告的创意策略变迁，对我们更好地认识、理解与掌握广告创意策略具有积极的意义。

2. 实训内容及步骤

（1）以小组为单位，搜集改革开放以来我国电视广告创意策略方面的文献。

（2）对文献资料进行整理、分析，梳理改革开放以来我国电视广告创意策略的变化。

（3）在研究的基础上撰写《改革开放以来我国电视广告创意策略变迁》。

（4）提交研究报告，并做成 PPT 在课堂上进行分享。

3. 实训成果

研究报告——《改革开放以来我国电视广告创意策略变迁》。

任务 4.3　熟悉广告创意的表现方式与技巧

任务引入

时值水牛城的春天，空气中弥漫着爱情的气息。一个星期一的早晨，人们突然发现路边出现了一块新的路牌，酒红色的底，白色的大字，写着一条极具人情味的信息：

"穿红衣服的安琪尔：加西亚爱尔兰酒吧一见。希望见到你——威廉。"

随后连续 9 个星期，上下班的人每到星期一早晨便会看到一条新的信息，每条都比上一条更浪漫。例如，"穿红衣服的安琪尔，我仍在等待，加西亚酒吧，星期五，好吗？——威廉。""穿红衣服的安琪尔：为了这些路牌，我快一个子儿都没有啦，加西亚，……求你了，威廉。"

于是人们开始涌向加西亚酒吧，看自己是否能发现安琪尔，或能碰上威廉。很快，又出现了另一块冠名弗兰克的路牌，警告威廉说他的安琪尔有越轨行为，而威廉则在新的路牌上回应，声称："穿红衣服的安琪尔：去你的弗兰克！我要不惜一切代价在加西亚见到你。"妇女们纷纷打电话到当地的这家路牌公司，询问如何能见到浪漫的威廉。这件事成了该城街头巷尾议论的话题。

最终，人们盼望已久的路牌终于出现了："亲爱的威廉，我肯定是疯了。加西亚见，星期五，8:30——安琪尔。"

那天晚上加西亚酒吧爆满，酒吧不得不雇用了两名模特来扮演威廉和安琪尔。

第二个星期，最后的一块路牌出现了："安琪尔，谢谢！周五加西亚见，我高兴死了——爱你的，威廉。"

尽管此广告费用很低，却让所有路过此地的人都成了该酒吧的顾客以及免费宣传员。

问题讨论：

请结合案例对加西亚酒吧的户外广告创意表现技巧进行评述。

相关知识

1. 广告创意的表现方式

广告创意表现方式较多，难以一一描述。下面仅从广告诉求的角度介绍几种常见的广告创意表现方式。

（1）严重性诉求（serious appeal）。严重性诉求是指通过向消费者直接或间接地展示不使用广告产品，或不按广告所倡导的理念行事所引发的严重后果，从而促使消费者采取相应行动的一种广告诉求方式。在一般的情况下，愉快的或肯定的广告比沉重的或否定的广告更容易为消费者所接受。但在一些新观念或新议题为受众所不太熟知的情况下，使用严重性诉求更能吸引受众的注意力，更容易使受众意识到问题的严重性。

此外，严重性诉求还广泛应用于保护环境、预防疾病、禁止饮酒驾驶、预防交通事故、禁毒等公益广告的创作上，以警诫人们防止不良或不幸结果的发生。采用严重性诉求方式的公益广告如图4-4和图4-5所示。

图4-4 关注全球变暖公益广告

4-5 拒绝酒驾公益广告

（2）幽默诉求（humor appeal）。幽默诉求是指通过逗乐的方式，使广告内容戏剧化、情趣化，让目标受众以轻松愉快的心情接受广告内容。某调料产品的广告就采用了幽默诉求的方式（见图4-6），让人看过之后印象深刻。不少研究证实，幽默广告的回忆率（recall）较一般广告更高，因此其被广泛采用。在美国，幽默广告占广告总数量的比重为15%；在英国，这个比重更高。

采取幽默诉求方式，要考虑以下几点。

① 幽默是为有效地传递销售构思（selling idea）而采用的。

② 幽默要与广告内容协调。也就是说，尽量不要使用与广告内容无关的幽默诉求方式。

③ 幽默的内容应使受众理解。

④ 幽默应与广告的品牌有较高的关联性。就是说，广告应使消费者一感到幽默就联想到品牌，或者看到品牌就感受到幽默，即强化品牌与幽默之间的联想关系。否则，受众要么只记忆幽默，要么只回忆品牌。

⑤ 创作广告文案时需注意幽默的内容和方式。很多幽默广告都采用夸张的方式，例如，某品牌衣服柔顺剂广告（摔跤篇），本是摔跤赛场上的激烈角逐，却演变成了选手间的"相亲相爱"，如图4-7所示。

Original.　　　　　Chunky.

图4-6　调料产品幽默广告

图4-7　Softlan Ultra 牌衣服柔顺剂广告（摔跤篇）

不过研究表明，幽默广告比一般广告更容易引起消费者的疲劳效应（wear-out effect），所以在运用幽默诉求方式时，广告人员应充分考虑这一点。

课堂讨论

幽默诉求适用于药品广告吗？为什么？

（3）USP 式诉求。USP（unique selling point，独特销售主张）式诉求，是指广告人员在形成广告创意时，先仔细进行产品分析，找出产品独一无二的优点，以此作为创意表现的诉求核心，再将其转化成消费者所关心的商品利益点。采用 USP 式诉求应注意以下 3 点：

① 广告商品必须包含特定的利益；

② 该利益是独特的、唯一的；

③ 该利益要和销售有关，能够为消费者所接受。

USP 式诉求广告的应用较为广泛，在竞争激烈的行业中更为常见。例如，随着我国饮用水市场竞争日趋白热化，乐百氏、农夫山泉等品牌为了突出自身的特点，纷纷采用了 USP 式的广告诉求方式，举例如下。

乐百氏：27 层净化

农夫山泉：农夫山泉有点甜

从以上举例中可以看出，独特销售主张可以是客观的，也可以是主观的。这种"独特"并非竞争产品没有具备，而是各竞争产品在其广告表现中没有提及。那么，首先提出并予以强化的这一独特之处，就成为此种产品或服务所特有的，如上文中所述的"农夫山泉有点甜"。

除了前文提及的纯净水企业，麦氏咖啡打入中国市场初期的广告也是运用了 USP 式的广告诉求。麦氏咖啡的广告文案写道：哥伦比亚安第斯山脉，是世界上种植咖啡最好的地方，那里有肥沃的火山土壤、温和的气候以及适量的阳光和雨水，保证了每颗咖啡豆的完美成长。待到咖啡豆成熟时，人们采用手工摘取。只有最好的咖啡豆才进行烘焙，以保其独特的味道及芬芳。假如您是一位咖啡爱好者，一定要选用哥伦比亚咖啡豆制成的各类咖啡。在中国唯有麦氏超级特选速溶咖啡和生活伴侣杯装咖啡才是您最终的选择。麦氏咖啡能够顺利地为中国消费者所接受，此则广告功不可没。

UPS 式广告诉求的成功案例还包括西安杨森推出的"采乐"洗发水广告。

长期以来，以营养、柔顺、去屑为代表的宝洁三剑客潘婷、飘柔、海飞丝几乎垄断了中国的洗发水市场。后来者想在这个市场上与宝洁公司相抗衡，几乎没有什么可能。竞争品牌惨淡的经营业绩更是充分证实了这一点。

然而，在严峻的市场竞争环境下，西安杨森生产的"采乐"洗发水上市之初便顺利打开市场，销售量节节上升，因而引起了广泛的关注。为何"采乐"能够一举成功？其秘诀到底是什么？其实"采乐"的成功主要来自独特的产品创意，即将洗发水当作药品来卖，准确地把握住了消费者的需求。"采乐"作为一种去头屑药品，其宣传的"去屑"功能自然是一般洗发水所无法比拟的。采乐找到了一个极好的市场空白地带，成功地占领了市场。"头屑是由头皮上的真菌过度繁殖引起的，清除头屑应杀灭真菌。普通洗发水只能洗掉头发上的头屑，我们的方法，杀灭头发上的真菌，使用 8 次，针对根本。"以上独特的产品功能性诉求，有力地抓住了目标消费者的心理需求，使消费者要解决头屑根本问题时，忘记了去屑洗发水，想起了"采乐"。

不过在确定独特性方面，广告创意一定要与销售有关，即此种"独特"是消费者感兴趣的、可接受的和对消费者有益的，否则这种独特性就失去了意义。例如，美国高露洁公司推出的某款牙膏，广告强调"带状挤出，使牙膏平铺在牙刷上"。但这一"独特"并未引起消费者的兴趣，后来在广告公司的建议下，广告语改为强调"牙齿漂亮，口气芬芳"。虽然这一提法可为所有牙膏采用，但所谓"先入为主"，这句广告语成了高露洁该款牙膏的代表。

（4）温馨式诉求。根据阿克（Aaker）等学者的观点，温馨是包括生理性唤起（arousal）在内的肯定、温和而不易消失的情绪，是直接或间接地感受爱、家庭、友情关系等所激发的情绪。

广告中的温馨场景往往能让广告受众产生一定的共鸣。例如，广告中出现的从海外回来的儿子与母亲久别重逢的画面，聪明伶俐的孙子给爷爷理发的画面，都充满着温馨的气氛，这时受众很容易感同身受。这些温馨诉求的广告可以减少受众对广告内容的拒绝感。再如，看到乡愁广告，往往会引发人们的思乡之情，进而让消费者对广告中的产品产生特殊的情感。当年孔府家酒电视广告中的一句"孔府家酒，叫人想家"，击中了无数游子的心，引发了极大的社会共鸣。从此"孔府家酒"蜚声海内外。1997 年，孔府家酒销售 9.6 亿元，创利税 3.6 亿元，在全国白酒市场的占有率名列第一。

案例分析

M&M's 巧克力豆：只溶在口，不溶在手

罗瑟·瑞夫斯为玛氏公司 M&M's 巧克力豆所做的"只溶在口，不溶在手"（M&M's melt in your mouth, not in your hand）的广告可谓 USP 式广告的巅峰之作，如图 4-8 所示。M&M's 巧克力豆是当时美国唯一用糖衣包裹的巧克力，有了这个与众不同的特点，罗瑟·瑞夫斯仅仅花了 10 min，便形成了广告的创意——"只溶在口，不溶在手"。简单而清晰的广告语，只用了寥寥数字，就将 M&M's 巧克力豆不黏手的独一无二的特性凸显出来，M&M's 巧克力从此名声大振，家喻户晓，人们争相购买。

图 4-8　M&M's 巧克力豆"只溶在口，不溶在手"的广告

案例评析

"只溶在口，不溶在手"，将 M&M's 巧克力与众不同的产品特性表现得淋漓尽致，它既反映了 M&M's 巧克力糖衣包装的独特销售主张，又暗示了 M&M's 巧克力口味之好，以至于我们不愿意让巧克力在手上停留片刻。该广告是 USP 式诉求广告的巅峰之作，堪称经典中的经典，时至今日仍广为流传。

2. 广告创意的表现技巧

广告创意的表现技巧有多种，其中较为常见的主要有产品陈述、示范、问题解决、生活片段、代言人、证言、音乐等，下面将分别进行介绍。

（1）产品陈述。产品陈述（product presentation）广告是指通过广告向消费者陈述购买产品的理由和使用方法。例如，某药品广告先指出某些病症是某种病菌感染引起的，再通过介绍该药品含有能杀灭这些病菌的成分，从而得出这种药品是专门用于治疗这些病症的结论，采用的就是这种创意表现技巧。

（2）示范。示范（demonstration）广告是指以有效的方式介绍产品的功能、规格和使用方法。示范广告必须抓住产品功能和操作的要点，以简单易懂的方式来呈现。

做示范广告时应注意以下几点：①要具有有趣而戏剧性的因素；②与广告主主张的主题要一致；③以示范结果来证明主张；④示范内容要易于理解；⑤在竞争产品的示范广告出现之前，抢先去做；⑥最重要的是使受众信任示范结果。如果示范广告不满足上述条件，特别是示范结果受到怀疑的时候，就会使受众产生认知反应中的反对意见，从而引起示范的否定效果。示范广告的形式较多，在这里只介绍比较、使用前—使用后、拷问测试3种形式。

① 比较（comparative）。这种广告形式是指借助与竞争产品的对比分析，来突出或陈述产品的特性或优点的示范形式。企业在做比较广告时，一定要在客观事实的基础上突出对竞争产品的优势，不能虚假宣传，也不能贬低其他生产经营者的商品或服务。

② 使用前—使用后（before-after）。这种广告形式是指以示范或实验的方法来提示产品使用前和使用后的不同结果。例如，室内的空气污浊不堪，在使用某某品牌的空气净化器之后，空气变得十分清新。

③ 拷问测试（torture test）。这种广告形式是指为突出广告产品的强度或性能，以实验的方式来展现产品的优点。拷问测试广告容易给消费者留下深刻的印象，从而使消费者形成长时记忆，一般在与消费者安全有关的产品广告中运用得比较多。

（3）问题解决。问题解决（problem and solution）是指在广告中向消费者提出与产品使用有关的问题后，劝说消费者使用广告产品以解决这些问题。这种广告创意表现技巧又可细分为以下两种：

① 直接提出消费者所遇到的问题，然后推出广告产品用以解决；

② 先提出同类竞争产品不能解决的问题，然后强调广告产品可以解决。

（4）生活片段。在向消费者展示足以引起共鸣的生活片段（slice of life）的过程中植入的广告，很容易为消费者所接受和认可。这种广告形式在药品广告、食品广告及生活用品广告中被广泛应用。例如，许多洗衣粉广告都会展现这样的生活场景：沾满污渍的衣服在使用某品牌的洗衣粉之后变得干干净净。这样的广告让广告受众感觉到很生活化，也很有真实感。

（5）代言人。代言人（spokesperson），是指广告主以外的，在广告中以自己的名义或者形象对商品、服务做推荐、证明的自然人、法人或者其他组织。采取这种广告表现技巧，代言人将被消费者理解为保证人，以期加强消费者对产品的好感。

如某品牌洗衣粉的电视广告，就是通过一位家庭主妇的亲身体验，来证明产品的功效的。

家庭主妇："要不是亲身体验，我还不相信呢！家人六十大寿，在我家院子大摆宴席，我丈夫的新衬衫就把各种美味一一记录，要是洗不干净，好好的一件衣服就要泡汤了。咳！试试广告介绍的全新××洗衣粉吧！真想不到它的清新洁丽，能够那么快发挥作用，把污渍和汗味消除得如此彻底，衣服恢复干净，还有香味呢！我丈夫很高兴。谢谢！"

旁白："全新××洗衣粉，清洁、清爽、亮洁。"

（6）证言。证言（testimonials）广告是指通过他人向消费者强调广告产品的某些特性，以取得消费者信赖的一种广告形式。广告中科学原理的论证，消费者使用之后对产品的肯定等，都可作为证言广告的内容。

例如，日本雄狮洗衣粉是该行业的后起之秀，为了在竞争中赢得一席之地，企业将雄狮洗衣粉赠送给一批有经验的家庭主妇试用，并聘请电视台记者一路采访，对洗涤效果进行录像，而后在电视台播出由录像制成的广告，标题是"一万个证人"。证人如此之多，其他人不能不为之动心，所以广告收到了良好的效果。

除此之外，广告创意的表现技巧还包括小片段（vignettes）、解说（narration）、讽刺（satire）、音乐（music）和人格化（personification）等，限于篇幅，本书不再展开介绍。

任务实训

1. 实训的目的

通过案例分析，进一步了解温馨式广告诉求的表现方式与技巧。

2. 实训内容及步骤

（1）认真分析以下案例，然后回答问题。

人类的情感是很微妙的东西。品牌要想通过情感诉求打动消费者的心，首先必须把握消费者的脉搏。即要了解目标消费者最关心的是什么；要知道什么最易触动消费者的心弦。

堪称国内情感广告标板之一的"雕牌"洗衣粉电视广告就是这样一则让无数人为之感动的广告佳作。

雕牌洗衣粉广告向我们讲述了这样的故事：年轻妈妈下岗了，为找工作而四处奔波。懂事的小女儿心疼妈妈，帮妈妈洗衣服，天真可爱的童音说出："妈妈说，'雕牌'洗衣粉只要一点点就能洗好多好多的衣服，可省钱了！"门帘轻动，妈妈无果而回，正想亲吻熟睡中的爱女，看见女儿的留言——"妈妈，我能帮你干活了"！年轻妈妈的眼泪不禁随之滚落……这份母女相依为命的亲情与产品融合，成就了一个感人至深的婉丽的产品故事，声声童音在心头萦绕，拂之不去，"雕牌"形象则深入人心。该广告紧紧抓住当前因国企人员分流等一些原因而造成的"下岗"这类普遍的社会现象，只用这则简单朴实的故事在消费者心头轻轻一挠，不知让多少深有此感的观者为其感动落泪，其细腻而不落俗套，平实中见其精彩，教人过目难忘。

所谓"天若有情天亦老"，广告中若能融进适当的情感，定能一把抓住消费者的注意力，贴近消费者的心。

（2）请根据案例回答如下问题。

本案例采用了何种广告诉求方式？概述该诉求方式有何特点？

为什么雕牌洗衣粉电视广告能让无数消费者感动至深？

本案例最后一句话写道"广告中若能融进适当的情感,定能一把抓住消费者的注意力,贴近消费者的心",你是如何理解的?

(3)提交案例作业,由授课老师进行批阅。

3. 实训成果

实训小作业——雕牌洗衣粉广告案例分析。

📖 练习题

一、单选题

1. 下列产品的广告中不以功效为主题而展开诉求的是（　　）。

　　A. 大印象减肥茶的"留住你的美丽"

　　B. 斯达舒——胃酸、胃痛、胃胀,请用斯达舒胶囊

　　C. 舒肤佳爱心妈妈

　　D. 脑白金"让你享受婴儿般的睡眠"

2. M&M's 巧克力豆的"只溶在口,不溶在手"广告采用的诉求方式是（　　）。

　　A. 温馨式诉求　　B. USP 式诉求　　C. 严重性诉求　　D. 幽默诉求

3. 广告的软性内容一般以（　　）为主,为引发消费者对品牌或企业的偏好,而采用以情感人的方式接近消费者。

　　A. 情感诉求　　　　B. 信息诉求　　　　C. 幽默诉求　　　　D. 严重性诉求

4. 某品牌洗衣粉的电视广告通过一位家庭主妇的亲身体验来证明产品的功效,该广告采用的广告创意表现技巧是（　　）。

　　A. 证言　　　　　　B. 示范　　　　　　C. 代言人　　　　　D. 产品陈述

5. 很多研究已表明,（　　）广告比一般广告更容易引起消费者的"疲劳效果"。

　　A. 幽默　　　　　　B. 温馨　　　　　　C. 夸张　　　　　　D. 明星代言

二、多选题

1. 广告创意的表现方式有（　　）。

　　A. 严重性诉求　　　B. 幽默诉求　　　C. 温馨式诉求

　　D. USP 式广告　　　E. 产品陈述

2. 下列广告中采用 USP 式广告策略的有（　　）。

　　A. 丰田汽车:车到山前必有路,有路必有丰田车

　　B. 乐百氏:27 层净化

　　C. 农夫山泉:农夫山泉有点甜

　　D. 孔府家酒:孔府家酒,叫人想家

　　E. 李宁:把精彩留给自己

3. USP 式诉求广告应具备的 3 项特质是（　　）。

　　A. 广告商品必须价廉物美

　　B. 广告商品必须包含特定的利益

　　C. 广告商品包含的利益是独特的、唯一的

　　D. 广告商品必须是全新的产品

E. 广告商品利益要和销售有关，能够为消费者所接受

4. 做示范广告时应注意的要点有（　　　）。

   A. 要具有有趣而戏剧性的因素

   B. 与广告主主张的主题要一致

   C. 以示范结果来证明主张且示范内容要易于理解

   D. 在竞争产品示范广告出现之后去做

   E. 最重要的是使受众信任示范结果

三、名词解释

1. 广告创意　　2. 信息型广告　　3. 迁移型广告　　4. 严重性诉求　　5. 幽默诉求

四、简答及论述题

1. 采取幽默诉求方式时应该考虑哪些要点？

2. 广告创意的表现方式主要有哪些？

3. 试论述广告创意的表现技巧。

4. 试论述广告创意活动所经历的4个阶段。

📖 案例讨论

海尔的《不新鲜超市广告》

大家对新鲜超市都不陌生，但你听说过"不新鲜超市"吗？

在一家24 h营业的"不新鲜超市"里，售卖各种不新鲜的食物：隔夜饭、冻了半年的鸭子、放了一年的明前龙井茶、被削去一半的烂苹果……

这家超市吸引了4位年轻顾客，他们走进这家超市，无意中发现了冰柜里家人囤的食材，并且在大屏幕上看到了家人的身影。

刘子航奶奶"爱吃"的"隔夜饭"

刘子航的奶奶和爷爷为即将回来的孙子准备新鲜的饭菜，自己却吃剩下的隔夜饭。奶奶总说："小孩两顿都在外面吃，回来给他做点儿新鲜的，我们老人吃什么没关系。"

张梦文姥姥冻了半年的"鸭子"

姥姥囤了很多鸭子想烧给外孙女吃，但外孙女一直没有回来，鸭子一冻就是半年，都没地方放了，于是姥姥把冻了半年的鸭子烧了自己吃，又给外孙女准备新鲜的。

邹晓刚岳父去年的"新茶"

岳父始终不舍得喝邹晓刚去年送给他的新茶，总想等邹晓刚回来时一起喝。

李恺妈妈舍不得扔的"烂苹果"

李恺爱吃苹果，于是妈妈总是趁苹果新鲜的时候多买一些想留给他吃，但李恺工作太忙回不来，留着留着，苹果就烂了，妈妈会挖掉不能吃的部分，将可以吃的部分制作成苹果罐头，然后自己吃。

这则视频由4个家庭的真实故事改编而来，在5min的时间里，讲述每份不新鲜食材背后充满爱意又令人感动的故事。

而这4个普通家庭的故事其实是中国千万个家庭的缩影，短片中的主人公也让我们看到

了自己家人的身影，回想起自己生活中的亲身经历，并深刻地感知到：每份不新鲜食材背后，其实是来自长辈的深沉的爱。

资料来源：网易订阅。

问题讨论

1. 案例中的广告采用了哪种广告创意表现策略？
2. 海尔的这则广告为何能直击人心？

项目 4　广告创意

任务	评价经典电视广告的创意				
班级		学号		姓名	

本任务要达到的目标要求：
1. 熟悉电视广告的创意要求。
2. 掌握电视广告的创意技巧。

能力训练

扫描二维码，观看蓝天六必治牙膏电视广告，完成工作任务。

广告视频
蓝天六必治牙膏电视广告

1. 评价该电视广告的创意策略。

2. 评价该电视广告的创意技巧。

3. 电视广告创意常采用的诉求方式有哪些？

4. 在当今新媒体时代，对电视广告创意提出了哪些新的要求？

学生评述

我的心得：

教师评价

项目5　广告文案

◆学习目标▸

【知识目标】

(1) 理解广告文案的含义。

(2) 熟悉广告文案的特征与构成要素。

(3) 熟悉广告正文与广告标题的类型。

(4) 熟悉广告正文的结构与内容。

(5) 熟悉广告附文的构成及作用。

【技能目标】

(1) 能够独立完成高水平广告标题的创作。

(2) 能够独立完成高水平广告正文的创作。

(3) 能够独立完成高水平广告标语的创作。

【素质目标】

(1) 培养学习广告文案创作的兴趣。

(2) 树立正确的广告文案创作理念。

(3) 通过广告文案传递品牌价值，弘扬正能量的企业文化。

项目情境导入

好文案就像电影一样，缩影我们人生的某个时刻，成为一个时代的映射。

每个人的一生，其实都走在离开家的路上。当我们离开家时，带不走年迈的父母，带不走幼时的伙伴，带不走熟悉的街道，有时甚至带不走地道的乡音，唯一能够被我们带走的，似乎只有家的味道。

厨房，对每个中国人来说，不仅意味着锅碗瓢盆，更代表了一个家独一无二的味道。2022 年的这个 "6·18"，京东厨房大家电希望通过一次活动，唤起用户对味道的回忆和对厨房的向往，进而产生品牌好感度。于是，就诞生了这组 "寻老味，焕新厨" 视频广告文案（视频截图见图5-1）。

当我们提到家乡，流的眼泪远没有咽的口水多。

家的味道，难以抵挡，虽然偶尔苦涩，但仍然会在平淡的岁月中，沉淀成漫长的牵挂。

爱，在恰好的火候里，不加任何佐料，却值得反复咀嚼。

直到那天，带着家的老味道告别，带不走家乡，就带走了厨房。

这种老味道经过时间的魔法，重新在新家的厨房里发酵。

它，就像风筝线般，看似缥缈，却又牢固地将我们与故乡的家紧紧相连，又从新家的厨房里，绵延到生活的每个角落。

图 5-1　京东广告片《寻老味，换新厨》

京东的这则视频广告文案直击人心，抓住了无数游子思乡的痛点。因为一提及家乡，很多人心头就会涌现无尽的乡愁。思乡，不仅是想念家乡的一草一木，还想念家乡的美食。流的眼泪，远没有咽的口水多，说明家乡味是人们最挂念的，人在他乡，心向远方，舌头和胃，挂念的总是那专属的家乡味道。

问题：优秀的广告文案应具有哪些特征？本案例给我们的启示是什么？

项目分析

好的广告作品必须要有好的广告文案做支撑，不管是传统的印刷广告、电波广告，还是近年来新兴的网络与新媒体广告，概莫能外。尽管对于很多新兴的广告媒介而言，语言文字不是广告的唯一表现手段，但却必不可少。例如，视频广告中可以不出现语言文字，但在制作前依然需要有事先拟定的广告脚本。

那么什么是广告文案？它有何特征？广告文案由哪几个基本要素构成？如何进行广告文案的创作？本项目将对以上问题进行解答。

任务 5.1　认识广告文案

任务引入

有人说撰写广告文案是一项创造性的劳动，优秀的广告文案主要依赖创作者的天赋和灵感。也有人说，撰写广告文案与进行文学创作并无两样，写作高手就是天然的优秀广告文案人员。还有人说，广告文案创作是一项艰苦的工作，需要创作人员不仅要拥有一定的创作天赋，还要有扎实的文字功底和牢固的专业知识。

问题：在上述有关广告文案创作的 3 种观点中，你更认可哪一种？为什么？

相关知识

1. 广告文案的含义

广告文案（advertising copy）是广告作品的重要组成部分，是广告策划者按照广告主的意图以及广告目标要求，用文字的形式将广告主题和创意表达出来的一种表现方式。广告文案有广义和狭义之分，广义的广告文案，也称广告稿、广告表现，它的内容包括广告作品的全部，如广告文字、绘画、照片及其布局等。例如，报刊广告的广告文案不限于文字，也包括色彩、绘画、图片、装饰等。狭义的广告文案，仅指广告作品中的语言文字部分。本书所讲的广告文案，专指狭义的广告文案。

2. 广告文案的特征

广告文案的特征主要有以下几点。

1）真实性

真实性是广告文案的基本特征，它要求广告文案必须客观公正，实事求是，绝不能主观夸大或随意隐瞒。

2）独创性

独创性是指广告文案的立意要新颖、表现方法要奇特，要能够体现广告商品的独特个性，以便与竞争对手的产品区别开来。

3）整体性

整体性是指广告文案应与其他广告元素，如插图、色彩、结构等相互配合，协调一致，以便更为有力地传递广告信息。

4）艺术性

艺术性是指广告文案在确保真实的基础上，通过艺术创作手段形象地刻画产品的个性，激发消费者的情感，使广告作品具有强烈的感染力。

5）商业性

商业性是指广告的最终目的是促进产品或服务的交换从而实现其商业价值。无论广告文案采用何种创作手段和表现形式，都不能忽略商业性这一核心，要使广告文案为企业的商业目标服务。

> **课堂讨论**
>
> 广告文案的艺术性和商业性是否存在冲突？广告文案作品如何实现艺术性和商业性的和谐统一？

3. 广告文案的构成要素

广告文案有4个基本的构成要素，分别是广告标题、广告正文、广告标语和广告随文（附文）。不同媒体的广告文案构成是不一样的。比如，霓虹灯广告是标题与正文的合一；路牌广告、交通广告以图为主时，文字部分非常精练，有时甚至标题、正文、标语合一；电视广告与广播广告有自身的特点，一般没有标题；而印刷类广告文案所包含的要素则相对较为齐全。

思政园地

格力广告片文案：格力用零碳源技术，创造健康生活

世界因科技而美好，梦想因坚持而绽放。

10 年的长跑，让格力实现零碳梦想，做时代的推动者，这是格力不变的坚持，宁愿"慢三年"，格力也要自力更生，自主创新。创造核心技术，服务于他人，这是格力之本，成功之本。

格力始终坚持做对的事情，坚定地走自主人才培养之路，以科研平台，汇聚科技的智慧，以关键技术突破，带动整体实力提升。为每道工序注入创新，让每个零件散发智慧，这是格力之道、领先之道。

科技的突破，从来不在单点的角逐，而是全面的超越。从"零碳技术"到实现"零碳健康家"，格力独立完善的研发制造体系，为每个家庭创造健康节能生活，这是格力之源、创新之源。

格力用零碳源技术，创造健康生活。

资料来源：雪球网。

任务实训

1. 实训的目的

通过实训，掌握不同类型广告文案的构成要素差异。

2. 实训内容及步骤

（1）将全班同学划分为若干任务团队，团队内推选一名同学为实训负责人。

（2）各团队分别研究不同类型的广告文案（如报纸广告文案、杂志广告文案、广播广告文案、电视广告文案、户外广告文案、网络与新媒体广告文案）的构成要素。

（3）各团队分析不同广告文案构成要素的差异，并撰写分析报告。

（4）各团队将分析报告制作成 PPT 后由团队负责人在班级进行汇报，授课老师作现场点评。

（5）各任务团队根据老师的点评意见进一步修改分析报告，完成本次实训。

3. 实训成果

实训作业——不同类型广告文案的构成要素差异分析。

任务 5.2 掌握广告标题创作的方法

任务引入

广告标题对于广告传播效果的作用不言而喻，因此一些广告文案人员为吸引广告受众会刻意炮制出一些严重夸张、故弄玄虚甚至骇人听闻的广告标题，如《买××的悔哭了！全新

SUV 比宝马 X6 帅十倍》《××汽车仅售 1.8 万，买车还用攒钱吗?》等。然而当读者阅读完广告正文之后却发现标题与内容基本无关，甚至毫不相干。

有人说广告标题的作用就是吸引，从这个角度来说，此类广告标题已经达到了目的。

问题：你认可这种类型的广告标题吗？请说明你的理由。

相关知识

1. 广告标题的概念

广告标题（headline）就是广告的题目，是对广告文案的高度概括。通常广告标题也即广告主题。一则广告中，标题的好坏，对广告效果具有直接的影响。标题不妥或吸引力不够，很容易造成广告费的流失和浪费。

2. 广告标题的作用

"标题是文章的窗口"，人们在阅读文章的时候，总是先通过标题来了解文章的梗概。读者在翻阅报纸杂志的文章时，也习惯先读标题，以决定选读哪些感兴趣的内容。广告标题的优劣，往往决定着整篇广告的命运。广告大师大卫·奥格威曾说过："平均来说，读标题的人数是读正文的人数的 5 倍，因此，可以说，标题一经写成，就等于花去 1 美元广告中的 80 美分；如果你做标题起不到推销的作用，那就等于浪费了 80% 的广告费。"

广告标题是整个广告文案的提纲挈领，是广告诉求的核心体现。广告标题能够以最醒目的方式吸引广告受众，引发他们进一步阅读的兴趣。同时，广告标题可以直接阐明产品的利益点和优惠信息，可以间接地对目标受众发出消费劝导和呼吁，也可以用激情的语言呼唤消费者采取购买行动。此时，广告受众甚至都不用再去看正文就已经被广告标题所吸引，进而直接诱发他们产生消费行为。

阅读资料

奥格威的广告标题写作原则

1. 标题好比商品的价码标签，用它来和你的潜在顾客打招呼。反之，不要在你的标题里说那些排斥你的潜在顾客的话。

2. 每个标题都应带出产品给潜在顾客自身利益的承诺，即讲明能够给他带来什么好处。

3. 始终注意在标题中加进新信息，因为消费者总是在寻找新产品、老产品的新用法或是老产品的新改进。

4. 其他会产生良好效果的字眼诸如如何、突然、引进、新到、奇迹、魔力、奉献、挑战、快捷、简易、了不起、划时代、轰动一时等，听起来似乎是老生常谈，但在广告上却很起作用。

5. 加进一些充满感情的词儿，可以起到强化的作用。

6. 标题中应该写进品牌名称，至少要告诉浏览者，你的广告宣传的是什么品牌。

7. 在标题中写进你的销售承诺。

测试表明，10个字或10个字以上带有新信息的标题比短的标题更能推销商品。

8. 能激发读者的好奇心，吸引他们去读广告的正文，在标题结束前你应该写点诱人继续往下读的东西进去。

9. 你的标题必须以电报文体讲清你要讲的东西，文字要简洁明了，不要和读者捉迷藏。有些撰稿人常写一些故意卖弄的标题：双关语、引经据典或用晦涩难懂的词句，这是罪过。

10. 调查表明，在标题中写否定词是很危险的。因为读者很可能漏掉这个"不"字，从而产生错误的印象。

11. 避免使用有字无实的瞎标题，就是那种不读后面的正文就不明其意的标题，而大多数人遇到这种标题时恰恰又不愿意去读后面的正文。

3. 广告标题的类型

广告的标题，按其内容与组合形式的不同，可划分为不同的类型。

W. 邓恩（W. Dunn）按组合方式把广告标题分为直接式标题（direct headlines）、间接式标题（indirect headlines）、复合式标题（combination headlines）。广告标题按标题内容又可分为新闻式标题（news headlines）、提示式标题（how‑to headlines）、疑问式标题（question headlines）、命令式标题（command headlines），下面分别进行介绍。

（1）直接式标题。这类广告标题，是以写实形式、简明的文字表明广告的主要内容，使人们一读就清楚广告说些什么。这种标题要求简明、确切。直接式标题往往以品牌名、企业名或活动名做标题名，一目了然，清晰直观。如：

"好空调，格力造！"

"力士香皂，国际著名影星的护肤秘密。"

"非常可乐，中国人自己的可乐！"

"露露一到，众口不再难调！"

"人头马一开，好事自然来！"

（2）间接式标题。这种标题并不直接介绍广告产品，而是采用迂回的办法，以"不明不白"的词句吸引目标对象的注意，引其转向广告正文，待将正文阅读完毕后，方能明白其中意味。这类标题有点儿故弄玄虚，但若设计得当，效果会十分理想。如国外有一则介绍方便面食品的广告的标题："丈夫为什么离开家？"画面上是一个男子气呼呼地瞪着眼睛，一副很不高兴的样子。文案解释道：他结束了一天紧张的工作回到家里，妻子已经外出，留下一张纸条，叫他从冰箱中拿食品自己烧了吃。丈夫不善于烹饪，很不高兴地离开家，到街上餐馆吃饭。广告介绍这家公司已生产一批美味的方便食品，只要一加热即可以食用，就不会发生丈夫离开家的现象了。接着就对各种方便食品做了介绍。文案风趣诱人，读来倍感亲切。间接式标题的应用较为常见，以下几则标题均是。

"一毛不拔"（长命牌牙刷广告标题）

"眼睛是心灵的窗户，为了保护您的心灵，请给窗户安上玻璃吧！"（美国眼镜广告标题）

"热气腾腾，蒸蒸日上"（电饭锅广告标题）

"发光的不完全是黄金"（美国银器广告标题）

"夏夜伴侣?"（蚊香广告标题）

"我探出了琼的底细"［奥尔巴克（Ohrbach's）百货公司广告标题］

"我的朋友乔·霍姆斯，他现在是一匹马了"［箭牌（Arrow）衬衫广告标题］

间接式标题在拟写时应注意对间接"度"的把握，弯子绕得太大，会让受众一头雾水，不明所以，反而弄巧成拙。

（3）复合式标题。复合式标题是由引题、正题、副题3种标题组成的标题群。在组合的形式中，有的由上述3种标题组成；也有的由其中两种标题组成，如引题与正题、正题与副题等；还有的由一道正题与两道副题组成。

复合式标题中的各个部分起着不同的作用。引题，又叫眉题或肩题，是为说明广告信息的意义，或是做交代背景时用的。正题，又叫主题或主标题，一般用来说明广告的主要事实。副题，又叫副标题，一般做正题内容的补充说明。

① 含有引题、正题、副题的广告。比如四川天府花生广告，其标题是：

四川特产，口味一流（引题）

天府花生（正题）

越剥越开心（副题）

又如，松下空调广告标题：

销售进入第二年（引题）

松下电器变频式空调的受用者越来越多（正题）

这么多的笑脸是舒适性和令人信赖的质量之证明（副题）

② 也有的复合式标题由两种标题组成，如正题和副题，或引题与正题等。

例如，下面几则含有正题与副题的广告：

小儿复方四维亚铁散（正题）

促进婴幼儿骨骼发育（副题）

海内存知己，天涯若比邻（正题）

电视电话能使山阻海隔的亲友见面畅谈（副题）

又如，美国肉类研究所芝加哥总部做的"肉"广告：

肉（正题）

使你吸收所需的蛋白质成为一种乐趣（副题）

含有引题与正题的广告。比如，春兰空调报纸广告标题：

引题：春兰金牌保姆始终追求最好

正题：金牌保姆宣言

再如，某酒厂广告标题：

××酿酒公司介绍（引题）

您想饮上一杯美酒，欢迎品尝××名酒（正题）

复合式标题也可由直接式标题和间接式标题组成。

4. 广告标题创作的形式与原则

（1）广告标题创作的形式。广告标题的创作形式多种多样，如同作诗，同样的景物，在不同诗人的笔下，就会有不同的诗句佳作。就广告标题的创作形式而言，可归纳为以下几种。

① 陈述式。如杜邦塑胶标题："结实的杜邦塑胶能使薄型安全玻璃经冲击致碎后，仍黏合在一起"。

② 新闻式。如某酒店门牌广告标题：敝店素来出售的是一种掺水 10% 的陈年老酒，如有不愿掺水者，请预先声明，但饮后醉倒概与本店无涉。

③ 承诺式。如上海牌香水广告标题："一分代价，七天留香。"

④ 衬托式。如"我只爱一个男人，我只用一种香水"。

⑤ 对比式。如苏杭旅游广告标题："上有天堂，下有苏杭。"

⑥ 祈使式。如台灯广告标题："用功读书时，灯光不足是最大忌讳，请保护你的眼睛。"

⑦ 设问式。郑州亚细亚商场广告标题："中原之行哪里去——郑州亚细亚。"

⑧ 借喻式。如某电冰箱广告标题："同住一座楼，气味不相投。"

⑨ 反问式。如哈磁杯广告标题："既然每天要喝水，为什么不用哈磁杯！"

⑩ 抒情式。如捷豹轿车："常人无法抗拒的外在美／常人无法体会的内在美。"

⑪ 幽默式。如某打字机广告标题："不打不相识。"

⑫ 悬念式。如新加坡美容广告标题："难道你不要脸吗？"

⑬ 颂扬式。如格力空调广告标题："好空调，格力造。"

⑭ 标语式。如奥琪男士化妆品广告标题："奥琪没有忘记男士们！"

⑮ 借名式标题。如陕西杜康酒广告标题："陕西杜康，杜康故乡。"

（2）广告标题创作的原则。

① 关注受众利益，适时传达承诺。目标对象总是接受那些与自身利益相关的广告信息，因此，广告标题一般不要在利益上含糊其词，而应尽可能地明确承诺。例如，"宝洁（P & G）公司玉兰油——我们能证明你看起来更年轻！"

② 尽量把新的内容引入标题。人们往往关注新事物的出现、新产品的上市，并乐于接受新产品的信息和新的观念等。因此，涉及新闻报道的词总能吸引人们的注意，广告标题应善于应用这些词，如"新的""现在""宣告""改进""免费""革命""创新""重大进展""奇迹""令人吃惊""挑战""特殊""特价"等。比如某啤酒广告："期待已久，喜庆上市。'超爽'口味，即将在中国诞生。"

③ 长度适中。一般而言，短标题容易记忆，产生印象，权威认可的是 6~12 字的标题的广告效果最佳。而美国纽约零售业研究院与百货商店合作，曾对广告标题进行调研，结果发现字数 10 个或 10 个以上的标题，只要有新内容、新信息，常常比短标题推销的商品多。可见广告标题并无最佳长度标准，但标题一般不宜太短或太长。

④ 避免使用笼统或概括性很强的词语。广告标题力求生动、具体、形象、阐述直观。泛泛的词语不会使受众产生兴趣，且容易产生误解，严重影响广告效果。因此，对此类词语应避免使用，如某热水器广告："横比，竖比，是热点，没法比。"

⑤ 避免用否定词。广告标题应尽量不使用否定词。因为受众往往喜欢从正面接受广告信息，若在广告标题中使用否定词，就容易造成负面影响。广告标题中最好说明事物是什么，而非不是什么，否则很可能会弄巧成拙。假如某高校招生广告的标题为"我们的学校不是培养不出优秀的人才"，考生或考生家长看到后极有可能对该校的实力产生怀疑。

任务实训

1. 实训的目的

通过撰写不同类型的广告标题，提高同学们广告标题的创作能力。

2. 实训内容及步骤

（1）阅读以下给定的材料，然后按要求完成广告标题的写作任务。

为吸引更多的游客前来住宿，天津蓟州的某一高端民宿计划在十一黄金周到来之前在《今晚报》发布广告。该民宿位于盘山脚下，这里空气清新，地理位置优越。民宿的建筑古香古色，院内娱乐设施齐全，室内装修豪华。该民宿提供的美食干净卫生，口味上佳，而且服务也是一流，住宿过的游客无不交口称赞。

该民宿计划投放的报纸广告版面为旅游专版的四分之一通栏，广告发布时间从9月下旬开始到10月1日结束。

（2）请同学们根据给定的材料为该民宿创作报纸广告标题。要求按直接式、间接式和复合式标题这3种广告标题形式各写一份。

（3）将写好的广告标题上传到班级学习群，由课代表组织大家对各广告标题进行评分。

（4）请得分最高的标题作者在群内分享创作体会。

3. 实训成果

实训小作业——某高端民宿的报纸广告标题创作。

任务 5.3　掌握广告正文创作的要领

任务引入

当前越来越多的企业借助网络软文的形式，借助文字表述与舆论传播让消费者认同企业的观点和主张，以达到宣传企业品牌和促进产品销售的目的。一些企业深谙此道，以极低的投入获得了良好的广告宣传效果。

请问，网络软文与传统广告有何不同？在正文创作方面，传统的创作原则对网络软文是否依然适用？

相关知识

1. 广告正文的概念

广告正文（body copy）是广告文案的中心内容，是对广告标题的解释以及对广告产品的介绍。广告主题也是通过广告正文来充分表现的，广告正文的质量高低关系到广告创意思想的表现。广告正文与标题的关系：标题在于吸引，正文在于说服；标题提出问题，正文回答问题。

2. 广告正文的构成

一篇完整的广告正文由引言、主体和结尾3个部分组成。

（1）引言。引言是广告标题与广告正文的衔接段，是广告正文的开头部分。广告正文的引言担负着承上启下的使命，因而必须以精练的笔触迅速生动地点明标题并引出下文，以吸引读者继续阅读，否则就会前功尽弃。

例如，飞利浦等离子超薄平面电视机的广告，其标题为"现代杰作的展示"，引言为"飞利浦'等离子超薄平面电视机'视觉的艺术"。

（2）主体。主体是阐述广告主题或提供论据的主要部分，是广告文案的中心。引言之后，主体部分要及时点出目标消费者关心的价值利益和广告商品的优势特点，以及这些特点与目标消费者的关系，阐明目标消费者可以得到的利益。广告同时应说明这些利益点的依据是什么、对消费者的保证措施等，以此来说服消费者购买。下面仍以飞利浦等离子超薄平面电视机广告为例，其广告主体如下。

飞利浦等离子超薄平面电视机，外形别具匠心，它拥有宽大的106 cm屏幕，却只有11cm的厚度。超薄的它挂在墙上，能带来无限惊喜，令人惊叹不已！它拥有革命性的等离子平面显示屏，配以高清数码技术，使图像轮廓更为清晰，色彩分外明艳；120 W杜比环绕立体声（dolby surround sound）输出，配以15个扬声器，二路超重低音扬声器和动态低音增强器，音质生动无比，展现家庭影院的超然境界。

（3）结尾。结尾是广告正文的结束部分，它的主要目的在于用最恰当的语言敦促目标消费者及时采取行动。结尾一般较短，但意义重大，具有肯定语气的和煽动性的结尾与广告标题相呼应，可极大地增强广告效果。飞利浦等离子超薄平面电视机广告的结尾："飞利浦等离子超薄平面电视机，尊贵享受，尽在其中！生活自然越来越好！"

3. 广告正文的类型

根据广告正文的体裁、创作风格和手法等不同，可以分为若干类型，如直述式、叙述式，以及描述式等。广告正文很有可能是几种类型的混合体。下面进行广告正文的分类，仅是从理论上进行分析，厘清思路，便于广告文案创作。

（1）直述式。直述式是直接阐述广告产品功能特性，以客观的表述介绍产品，没有过多的修辞与描绘。例如某手机广告文案"6.7英寸大屏，观感清晰通透，画质出众。屏幕经逐台校色，支持全局色彩管理，呈现高水准色彩效果。配合1 440 Hz PWM调光，有效减少频闪，观看更舒适"。

直述式广告文案的魅力在于商品本身的诉求力量，而非文案写作技巧。

（2）叙述式。叙述式正文是用故事形式写成的广告文案，它往往能将枯燥无味的广告信息变得饶有趣味。这类广告正文犹如在讲述一段情节曲折的故事，有矛盾冲突的出现和最后问题的解决，读起来引人入胜，颇有微型小说的味道。此类正文写作往往是从某人遇到困难或麻烦而感到苦恼开始，以找到解决办法而圆满结束。目的是告诉受众在遇到同样的困难时，采用同样的办法。下面请看广告大师乔治·葛里宾（George Cribbin）为旅行者保险公司所创作的广告（见图5-2）正文：

当我 28 岁时，我认为今生今世很可能不会结婚了。我的个子太高，双手和双腿又不协调，常常碍事。衣服穿在我的身上，总不及穿在别的女郎身上那么好看。似乎绝不可能有一位护花使者会骑着白马把我带走。

可是，终于有一个男人来陪伴我了，爱维·莱特看上了我自己都不知道的我的优点。至此我方感不虚此生。以后我们就结婚了。

那是 4 月的一天，苹果树上的花盛开着，大地一片芬芳。那是近 30 年前的事了，自从那一天之后，几乎每天都如此。

…………

哎，爱维在两年前的 4 月故去，安静地含着微笑，就和他生前一样。苹果树的花仍然在盛开，大地仍然充满了甜蜜的气息，而我怅然若失，欲哭无泪。当我弟弟来帮助我料理爱维的后事时，我发现爱维是那么体贴关心我，就和他往常的所作所为一样。他在银行中并没有给我留下很多钱，但有一张够我余生全部生活费用的保险单。

就一个女人所诚心相爱的男人过世之后而论，我实在是和别的女人一样地心满意足了。

图 5-2 旅行者保险公司广告

后记："这是我写过的最好的广告，"乔治·葛里宾说，"那全是由我的亲身经历所得。我太太在她 28 岁时就曾经认为，这辈子她是不会结婚的了。因为她认为她生得高大而笨拙，很可能会没有人向她求婚。"葛里宾接着说："而在这一则广告中所发生的故事是：这个女人被求婚了……结婚了……她过着快乐的生活。她的丈夫在过世之前，早已给她买好了保险。"

（3）证言式。证言式广告正文是按证明书形式写成的，它需要提供权威人士或著名人士对广告商品的鉴定、赞扬、使用和见证等。这里的权威人士可以是真名实姓，也可以是虚构的，但无论真假，他们都必须有资格为其所宣传的产品出证言。例如某家庭用品，最好选用家庭主妇，才具有说服力。时下许多公司的广告正文采取了这种形式。例如，雕牌透明皂电视广告就采用了消费者证言这种形式。

雕牌透明皂通过对日常生活的展示，为雕牌营造一个温馨的生活场景。广告中的使用者不断介绍并演示产品出色的洗涤性能，亲切可信。电视广告不但可以向受众详尽地介绍商品的各种性能，而且能够形象、直观地将商品的外观及包装特点逐一地展现在受众面前，从而可以最大限度地诱导其购买，因此具有不可比拟的影响力和优越性。

（4）音乐式。如果单用语言来传播产品信息，要让人们一下子记住它是比较困难的，但是，如果将语言信息以歌曲的形式传达出来，那么记忆将会变得容易许多。音乐式广告有多种形式：广告人员可以将产品信息编成歌，也可在旁白中穿插。许多广告采用统一的音乐主题作为背景色彩或广告结尾，称为音乐标志（musical logo），滚石公司为视窗 Windows 软件创作的广告音乐《启动我》便属于此列，在广告主题多次重复之后，听众便会把音乐标志与产品自然而然地联系起来。要做到这一点，音乐必须具有摄人心魄的力量。广告音乐的来源包括购买音乐版权、利用已无版权问题的曲子或原创歌曲，很多广告歌是通过这一方式制作并最终流行的。

音乐式广告有很多经典的作品，下面来欣赏一下沱牌曲酒的《悠悠岁月酒》。

案例一：沱牌曲酒的《悠悠岁月酒》①

"沱泉酿美酒，牌名誉千秋。"沱牌曲酒传承自唐时的"射洪春酒"与明代射洪人酿出的"谢酒"。这股浓香美味被辛勤的射洪人继承下来，在1989年的第五届全国评酒会上大放异彩。凭借"窖香浓郁、绵软醇厚、清洌甘爽、尾净余长、尤以甜净"的风格，沱牌曲酒经过曾祖训等一众专业白酒评委的盲评，获得93分的最高分，成功入选中国名酒，被授予国家名酒金质奖，同时也被定位为浓香型白酒的样板酒，风靡一时。

进入20世纪90年代，沱牌迎来了发展高光期。沱牌大胆起用多位新生代影星来演绎产品广告，"悠悠岁月酒，滴滴沱牌情"这句广告语几乎在一夜之间响彻大江南北。

广告的大热，也推动了沱牌曲酒的销量。20世纪90年代，沱牌系列酒连续3年在白酒行业位居全国销量前三，更是创造了累计50亿瓶的销量奇迹。时至今日，人们仍会念起当年酒香浓郁、甘美甜净的味道，那句家喻户晓的"悠悠岁月酒，滴滴沱牌情"仍被老酒友们津津乐道，成为一代人的记忆。为此，舍得酒业特意推出纪念版的沱牌曲酒名酒复刻版，让人们在相同的味道中追忆往昔。

（5）描述式。描述式这类广告正文是以极其生动细腻的描绘刻画，达到激发人们基本情感和欲望的一种广告文体。读来恰似一篇散文。如果描绘真切感人，会给受众一个鲜明的形象和深刻的印象。否则，就会让人觉得言之无物、枯燥乏味。

描述式广告有很多经典案例，其中统一企业借父亲节创作的《爸爸的脚步》就是其中的优秀代表，文中写道：

爸爸的脚步，永不停止。
曾经，我们携手走过千万步：
逛过庙会，赶过集会，
走过沙滩，涉过溪水。
爸爸的脚步，陪我走过好长的路……
一面走，一面数，
左脚是童话，右脚是盘古；
前脚是龟兔，后脚是苏武。
爸爸的脚步，是我的故事书，
一面走，一面数，
左脚一、三、五，右脚二、四、六；
前脚是加减，后脚是乘除。

---

① 沱牌酒，追忆悠悠岁月里的经典味道 | 五粮液 | 白酒 | 泸州老窖_ 网易订阅，https：//www.163.com/dy/article/G9B32IQ60514CEHC.html.

爸爸的脚步，是我的算术；

爸爸的脚步，是我的前途。

为了孩子，为了家，

爸爸的脚步，永不停止……

今天，让我们陪爸爸走一段路！

4. 广告正文的创作原则

1）紧扣主题，围绕标题

广告正文应围绕广告标题展开阐述，可举事例来论证标题。当然，正文更是对主题的文字表述，以主题为核心展开；否则，广告就偏离了主题。因此，即使正文很华丽，很吸引人，但言之无物或受众不知道广告想说明什么，就会使正文失去作用，从而影响到广告标题的效果。

2）正面陈述，言简意赅

正文应尽量陈述广告产品的事实，用艺术化的语言表述产品特性，以传达最为直观的信息。切记不要闪烁其词，躲躲闪闪，绕大圈子，不知所云。正文的篇幅长短并无界定，一般以短文为好。但对于特殊商品如汽车，长文案反而效果显著。

3）特性突出，具体生动

正文应突出广告商品的特性，抓住受众最为关心的利益点进行阐述，但应注意避免写成枯燥乏味、毫无活力的"使用说明"式的陈述。广告正文中应增加艺术表现成分，使其生动有趣。

4）语言热情，朴实真诚

正文行文应注意流露出广告商品的信息和人们对该商品的喜爱，这样才能传递此种感受。广告正文创作的艺术性并非要求文字的华丽，而要强调朴实和真诚。在此基础上渲染气氛，增强诱惑。

5）提出忠告，表明承诺

在广告正文的结尾处对目标受众提出有益的忠告或表明与目标受众利益相关的承诺，能够赢得广告受众的信赖，打消他们的顾虑，促使他们采取购买行动。

案例分析

孔府家酒，叫人想家

"孔府家酒，叫人想家。"这句温馨的话语是孔府家酒最能打动人心的广告语，也是孔府家酒广告片。

回家篇的点睛之"语"。广告主要画面如下。

画面1　一架飞机缓缓落在机场的停机坪上，王姬的家人们在外面翘首等候。

画面2　王姬走向家人，然后和他们紧紧拥抱在一起。

画面3　王姬与父母一起坐在沙发上，王姬为母亲系上围巾。

画面4　王姬抱着小孩，小孩为她戴上一顶帽子。

画面5　（特写）有人用毛笔在红纸上写了一个大大的"家"字。

画面6　王姬一家人围着桌子在吃饭。

画面7　（特写）一瓶孔府家酒被人从盒子里拿出来。

画面8　王姬斜倚着，深情地说："孔府家酒，叫人想家。"身后是一家人在饭桌上亲切交谈的场景。

这则广告选取的是人们日常生活中的场景，显得真切、朴实。广告语和背景音乐都充满了人情味，是典型的情感广告。这则广告的诉求点落在一个"家"字上。"千万里，千万里，我一定要回到我的家。我的家啊，永生永世不能忘。孔府家酒，叫人想家！"寥寥数语巧妙地把孔府家酒中的"家"与家庭的"家"、国家的"家"联系在一起。

资料来源：何平华．中外广告案例选讲［M］．武汉：华中科技大学出版社，2012：237-238.

案例评析

孔府家酒在播放回家篇广告之前在国内最多只能算是一个区域性品牌，播放之后立即名声大振，一跃成为全国性品牌。这则广告之所以如此成功，主要得益于其准确的情感诉求。"家"在中华文化中占有极重的分量，有丰富的内涵，孔府家酒的"家"文化诉求激起了消费者的强烈共鸣，进而培养了消费者对孔府家酒的好感。孔府家酒之后的大卖便水到渠成。

任务实训

1. 实训的目的

通过广告正文撰写训练，提升广告正文的创作能力。

2. 实训内容及步骤

（1）根据本项目任务二中给定的材料，为某高端民宿撰写报纸广告正文。

（2）在撰写广告正文时要考虑报纸版面的大小以及文案中文字与广告图片的搭配问题。

（3）同学们完成广告正文的撰写，并提交给授课老师批阅。

（4）授课老师批阅后，在课堂上对本次同学们的广告正文撰写情况进行总体点评。

3. 实训成果

实训作业——某高端民宿的报纸广告文案。

任务 5.4　了解广告标语与广告附文的创作

任务引入

广告口号是企业为加强目标受众对企业及企业的产品或服务的印象而在广告中长期、反复使用的简短广告语言。一般来说，广告口号具有长期性和相对固定性的特征，一旦确定就不会轻易改变。但李宁的广告口号每隔一段时间就会变更，从"李宁，把精彩留给自己"

"我运动我存在""出色，源自本色""一切皆有可能"，到"李宁，让改变发生"等。

请问，李宁为何频繁变更广告口号？你觉得这样做有何意义？

相关知识

1. 广告标语的创作

1) 广告标语的概念

广告标语（slogan），又叫广告口号，是最经常使用的广告语言，在广告传播中具有独特的、重要的作用。广告标语是对广告商品信息精练的概括或对广告主企业理念简洁的诠释，或两者兼顾。广告标语便于传播和记忆，是广告主企业进行宣传的重要内容，甚至与企业品牌一道，构成企业宝贵的无形资产。

2) 广告标语的特点

（1）精练简洁，内涵丰富。广告标语总是试图以较少的文字表现最为丰富的广告信息。为了便于记忆与传播，广告标语在许多情况下，不能与广告标题一样，为了吸引公众而有意增加悬念。广告标语往往都是肯定的表述，是对广告商品及广告主企业的高度概括。正如品牌一样，其内涵可能涉及广告主企业的各个方面，为广告主企业所独有。例如：

没有愈合不了的伤口！（邦迪创可贴广告）

永远的绿色，永远的秦池！（秦池酒广告）

大家好，才是真的好！（好迪洗发水广告）

真诚到永远！（海尔电器广告）

四海一家的解决之道！（IBM 网络服务广告）

喝可乐，生活添味道！（可口可乐广告）

非常可乐，中国人自己的可乐！（非常可乐广告）

27 层净化。（乐百氏纯净水广告）

INTEL 奔腾处理器，给计算机一颗奔腾的"芯"。（Intel 广告）

农夫山泉有点甜。（农夫山泉广告）

好酒，可以喝一点。（板城烧酒）

突破渴望，敢于第一。（百事可乐广告）

（2）生动形象，意味深长。广告标语的语言总是力求生动有趣、真挚感人。几个字，一句话，即将产品特点栩栩如生地展现出来，令人称奇。这也正是广告标语的魅力所在。例如：

路遥知马力，日久见"跃进"。（跃进汽车广告）

滴滴香浓，意犹未尽。（麦氏咖啡广告语）

钻石恒久远，一颗永流传。（戴比尔斯钻石广告）

千里情意，一线相系。（AT&T 公司 10810 中文台广告语）

当太阳升起的时候，我们的爱天长地久。（太阳神口服液广告）

（3）准确定位，吸引目标受众。广告标语对广告商品信息的概括是建立在商品定位的基础之上的，语言、语气的运用均对此有所考虑，使目标受众产生接近感，易于接受。例如：

金利来——男人的世界。（金利来产品广告）

威力洗衣机，献给母亲的爱。（威力洗衣机广告）

只溶在口，不溶在手。（M&M's 巧克力豆广告）

牛奶香浓，丝般感受。（德芙巧克力广告）

晶晶亮，透心凉。（雪碧汽水广告）

新一代的选择！（百事可乐广告）

（4）相对固定，强化传播。广告标语与广告标题不同，应是相对固定的。因为广告标语总是与品牌联系在一起，形成品牌—标语—商品—企业这样一种联想。若随意改变，就会损害这一形象的完整性。企业应当增强对广告标语的宣传意识，在不同的场合，经常传播广告标语，加强公众对广告标语的记忆和了解，这将有助于企业形象的建立。

延伸阅读
广告口号
与社会变迁

3）广告标语创作的原则

（1）简洁明了。广告标语力求简洁、言简意赅。例如，"特步，飞一般的感觉！"又如，攀特牌涂改笔的广告语"一笔勾销"。

（2）朗朗上口。广告标语应易读、易记。例如，维维豆奶的广告语"维维豆奶，欢乐开怀"。又如，飘柔洗发水的广告语："头屑去无踪，秀发更出众。"

（3）阐明利益。广告标语应阐明受众关心的利益点。例如，蓝天六必治的广告语："牙好，胃口就好！"再如奥尔巴克百货公司企业形象广告语"百万的企业，毫厘的利润"。

（4）经久耐用。广告标语要考虑其时效性，最好能与品牌永久相伴。例如，"可口可乐，挡不住的感觉！"

4）广告标语创作的主要方法

（1）口语法。例如，雀巢咖啡广告语："味道好极了！"再如波导手机广告语"波导手机，手机中的战斗机"。

（2）夸张法。如格力空调广告语："从非洲到南极，一步之遥——格力空调。"又如，丰田汽车广告语："车到山前必有路，有路必有丰田车。"

（3）对仗法。例如，某燃气器具广告语："蓝蓝的火，浓浓的情！"又如绿野香波广告语"原野的清新，水晶的光洁"。再如华歌尔服装广告语"长夜如诗，衣裳如梦"。

（4）排比法。例如，某一公益广告语"选择宽容，就是选择对情感的珍视；选择宽容，就是选择对万物的眷恋；选择宽容，就是选择对他人最好的关怀"。

（5）双关法。例如，某理发店广告语"新事业从头做起，旧现象一手推平"。

（6）谐音法。例如，某酱菜广告语"'酱'出名门，传统好滋味"。又如，摩托车广告语"'骑'（其）乐无穷"。再如，李宁牌运动鞋广告语"步步为'赢'（营）"。还有某酒家广告语"举杯邀明月，对饮（影）成三人"。

（7）回环法。例如，"万家乐，乐万家"。

（8）对比法。例如，某臭豆腐广告语"臭名远扬，香飘万里"。

（9）顶针法。例如，"车到山前必有路，有路就有丰田车！"又如，"加佳进家家，家家爱加佳！"

（10）预言法。例如，三九胃泰的广告语："岁岁平安，三九胃泰的承诺！"

2. 广告附文的创作

广告附文是广告文案中的附属文字部分，是对广告内容必要的交代和进一步的补充说明。广告附文的作用主要有 3 点：一是能够对广告正文起到补充和辅助作用；二是能够促进企业销售行为的实施；三是能够帮助广告受众进一步加深对企业形象及品牌形象的认知。

广告附文主要由商品品牌名称、企业名称、企业标志或品牌标志、权威机构证明标志、企业地址、网址、联系方式、联系人、购买商品或获得服务的途径和方式以及特殊信息（如促销的赠品、领取赠品的方式）等组成。

广告附文一般不会将上述内容全部列出，应根据广告目标、媒体选择等有所取舍。

如大卫·奥格威为舒味思（Schweppes）奎宁柠檬水所做的广告文案附文：

如果你喜欢这一则广告但没有品尝过舒味思的话，请寄明信片来，我们会做适当的安排。

函寄：纽约市·东 6 街 30 号·舒味思收。

任务实训

1. 实训的目的

通过对李宁公司广告标语演变的分析，认识广告标语与企业发展历程的关系。

2. 实训内容及步骤

(1) 收集李宁公司广告标语变化的相关资料。
(2) 研究李宁公司提出不同广告标语时的企业发展背景。
(3) 探讨李宁公司标语的变迁与企业发展历程的关系。
(4) 撰写研究小论文，完成后提交给授课老师批阅。

3. 实训成果

小论文——《从广告语变迁看李宁公司的发展历程》。

------------------------------ 练习题 ------------------------------

一、单选题

1. 某台灯广告标题："用功读书时，灯光不足是最大忌讳，请保护你的眼睛"，使用的创作形式是（   ）。

　　A. 反衬式　　　　　B. 祈使式　　　　　C. 借喻式　　　　　D. 抒情式

2. 某酒店门牌广告标题："敝店素来出售的是一种掺水 10% 的陈年老酒，如有不愿掺水者，请预先声明，但饮后醉倒概与本店无涉"，使用的创作形式是（   ）。

　　A. 陈述式　　　　　B. 新闻式　　　　　C. 借喻式　　　　　D. 对比式

3. 下列属于直接式标题的是（   ）。

　　A. 力士香皂，国际著名影星的护肤秘密

B. 我探出了琼的底细

C. 我的朋友乔·霍姆斯，他现在是一匹马了

D. 热气腾腾，蒸蒸日上

4. 在广告文案中，注目率最高的是（　　　）。

    A. 标题　　　　　　B. 正文　　　　　　C. 附文　　　　　　D. 空白处

5. （　　　）是对广告内容必要的交代和进一步的补充说明。

    A. 正文　　　　　　B. 标题　　　　　　C. 附文　　　　　　D. 商标

二、多选题

1. 广告标题的作用包括（　　　）。

    A. 强化广告主题　　　　　　　　　　B. 概括广告表现

    C. 美化广告内容　　　　　　　　　　D. 引起受众注意

    E. 突出商品特征

2. 广告标题创作的原则包括（　　　）。

    A. 避免使用否定词　　　　　　　　　B. 长度适中

    C. 避免使用概括性很强的词语　　　　D. 尽量把新的内容引入标题

    E. 用否定之否定来强调肯定

3. 广告标语创作的原则包括（　　　）。

    A. 简洁明了　　　　　　　　　　　　B. 朗朗上口

    C. 阐明广告受众关心的利益点　　　　D. 经久耐用

    E. 富有文采

4. 创作广告正文的原则主要有（　　　）。

    A. 紧扣主题，围绕标题　　　　　　　B. 正面陈述，言简意赅

    C. 特性突出，具体生动　　　　　　　D. 语言热情，朴实真诚

    E. 极尽渲染，尽力夸张

5. 广告附文主要由（　　　）等组成。

    A. 商品名称　　　　　　　　　　　　B. 企业名称

    C. 最高经营者姓名　　　　　　　　　D. 企业地址

    E. 联系人

三、名词解释

1. 广告标题　　2. 间接式标题　　3. 广告正文　　4. 广告标语　　5. 广告附文

四、简答及论述题

1. 广告文案有哪些特征？

2. 广告标题创作的主要形式有哪些？

3. 广告标语主要有哪些特点？

4. 试论述广告正文的类型。

5. 试论述广告标语创作的主要方法。

案例讨论

穿"哈撒韦"衬衫的男人

被美国《广告时代》杂志评为"以创意之王屹立于广告世界中"的大卫·奥格威，1948年以6 000美元创业，如今他的公司已成为全世界十大广告公司之一，并在全世界40个国家设有140个分支机构。这位美国广告泰斗成功的秘诀就在"创意"。多年来，奥格威的点子层出不穷，他所企划的成功广告活动数不胜数，其中最脍炙人口的经典作品，莫过于哈撒韦衬衫广告。

哈撒韦是一家默默无名的小公司，每年的广告预算只有3万美元，与当时箭牌衬衫每年200万美元的广告费相比，真是少得可怜。当哈撒韦的老板杰得与奥格威洽谈广告代理时，奥格威不在乎广告预算太少，他在乎的是：必须把广告全权委托，不得更改企划案，连一个字都不得更改。杰得一口答应。

接下哈撒韦衬衫的广告代理后，奥格威内心盘算着：

——面对箭牌衬衫每年200万美元庞大的广告费，哈撒韦要打出知名度，非出奇制胜不可。

——哈撒韦的广告活动，必须是一个伟大的创意，否则必败无疑。

——为了提高哈撒韦的知名度，我必须先建立它的品牌印象。

根据调查证实，消费大众都是先看广告图案（相片），再看标题，最后才读文案。此种图案—标题—文案的架构，就是故事诉求法。此种诉求法，常令消费者无法抗拒，不过，"故事"的内容必须充实，而且图案（相片）必须能引起大众的好奇，才能吸引他们接着标准"文案"一路看下去。

——我要以何种图案为主题呢？啊！有了，以戴"眼罩"的中年绅士为主题。于是，一个伟大的创意出现了。

不久，一个戴着黑眼罩的中年男士，穿着哈撒韦衬衫出现在美国的报纸与杂志广告上（见图5-3）。在短短几个月内，那位戴眼罩的绅士表现出英勇的男子气概，风靡了全美国。

图5-3　报纸和杂志上的哈撒韦衬衫广告

哈撒韦衬衫的广告文案全文如下。

标题：穿"哈撒韦"衬衫的人

正文：美国人最后终于开始体会到，买一套好的西装而被一件大量生产的廉价衬衫毁坏了整个效果，实在是一件愚蠢的事。因此在这个阶层的人群中，"哈撒韦"衬衫就日渐流行了。

首先，"哈撒韦"衬衫耐穿性极强——这是多年的事。其次，因为"哈撒韦"剪裁——低斜度及"为顾客定制的"——衣领，使得您看起来更年轻、更高贵。整件衬衣不惜工本的剪裁，因而使您更为"舒适"。

下摆很长，可深入你的裤腰。纽扣是用珍珠母做成——非常大，也非常有男子气。甚至缝纫上也存在一种南北战争前的高雅。

最重要的是，"哈撒韦"使用从世界各个角落进口的最有名的布匹来缝制他们的衬衫——从英国来的棉毛混纺的斜纹布，从苏格兰奥斯特拉德地方来的毛织波纹绸，从英属西印度群岛来的海岛棉，从印度来的手织绸，从英格兰曼彻斯特来的宽幅细毛布，从巴黎来的亚麻细布。穿了件风格这么完美的衬衫，会使您得到众多的内心满足。

"哈撒韦"衬衫是缅因州的小城渥特威的一个小公司的虔诚的手艺人所缝制的。他家老老小小在那里工作了已整整114年。

您如果想在离你最近的店家买到"哈撒韦"衬衫，请写张明信片到"C. F. 哈撒韦"缅因州·渥特威城，即复。

问题讨论

为什么大卫·奥格威创作的"哈撒韦"衬衫广告文案至今仍被奉为经典？我们从中能得到哪些启发？

项目 5　广告文案

任务	熟悉广告文案的创作				
班级		学号		姓名	

本任务要达到的目标要求：
1. 了解广告文案的含义与作用。
2. 熟悉广告文案的构成。
3. 提升广告文案的创作能力。

能力训练

1. 你觉得广告文案与一般文案有何不同？

2. 广告文案由哪几部分构成？各部分的创作原则是什么？

3. 根据本项目所学知识，请为本校你最喜欢的食堂创作一篇广告文案（文案类型不限，500 字左右，要求有标题、正文、广告标语和附文）。

学生评述

完成任务的心得与体会：

教师评价

广告设计与制作

◆学习目标◆

【知识目标】

(1) 熟悉报纸广告的设计与制作要求。

(2) 熟悉杂志广告的设计与制作要求。

(3) 熟悉广播广告的设计与制作要求。

(4) 熟悉电视广告的设计与制作要求。

(5) 熟悉网络广告的设计与制作要求。

【技能目标】

(1) 能够与团队合作完成广告创意项目。

(2) 能够对企业的广告创意策略做出客观评述。

(3) 能够熟练掌握广告创意的表现技巧。

【素质目标】

(1) 培养学习广告设计与制作的兴趣。

(2) 树立正确的广告设计与制作理念。

(3) 遵守法律、法规，依法开展广告设计与制作活动。

项目情境导入

广告设计是广告活动的重要组成部分，是广告创意实现的前提和保证。对于广告设计的定义，学术界众说纷纭。一些学者认为"广告设计就是根据特定的宣传目标和指标要求，确定宣传方法、广告图样及广告词的过程"，这类观点夸大了广告宣传的范围，将广告策划、创意和艺术表现归于广告设计之中。还有一些学者将广告设计和广告制作混淆起来，仅将广告设计视为运用计算机创作出一定的广告画面。显然以上两种观点都不太全面，容易造成概念的混淆。

综合来看，广告设计是指广告设计人员根据预先确定的广告目标，对准备发布的广告信息进行创意构思和编排组合，并用视觉符号传达出来并产生影响的全过程。

与广告设计密不可分的一个重要概念是广告制作。所谓广告制作就是通过各种表现手法和技巧将观念形态的广告创意转化为具体、形象、直观的广告作品。广告设计与广告制作之间的关系可以表述为：没有广告设计，广告制作就无从着手；而不进行广告制作，广告设计只能是一纸空谈。简言之，广告设计是广告制作的前提，广告制作是广告设计实现的结果。

随着广告媒体的不断丰富和发展，广告制作也从原来单纯的平面制作拓展到广播、电视、网络等电子媒体的广告制作上来。但不管何种类型的广告媒体，其制作都需遵循一定的流程，都必须能够充分体现广告设计的理念，从而吸引目标受众关注，并最终实现促进销售的目标。

问题：随着网络与新媒体的不断发展，对广告设计与广告制作提出了哪些新的要求？

项目分析

广告设计与制作是广告活动中的一项重要内容，是广告理论与广告实践的具体反映和体现。因此，广告设计与制作的成功与否，直接影响到广告效果的好坏。广告设计、广告制作与广告媒体有着密切的关系。不同的广告媒体因传播特点不同，对广告设计与制作的要求也有所不同。因此在设计和制作广告时，应充分把握不同媒体的特点，使传播的内容与形式协调一致，以达到最佳的传播效果。

那么，广告设计和广告制作的具体概念是什么？不同媒体类型的广告在设计与制作方面的要求有哪些不同？针对不同类型的广告该如何设计与制作？本项目将对以上问题分别进行解答。

任务 6.1　掌握印刷媒体广告的设计与制作方法

任务引入

某日报集团实施多元化经营战略，在坚持办好原有报纸的前提下，接连创办了好几本女性时尚杂志。这些杂志的目标读者分别定位为都市现代职业女性、在校女大学生和职场女精英等。由于杂志的定位精准，内容精彩，很快就吸引了众多的忠实读者。随着杂志的影响力不断扩大，商家的广告也如约而至，因此集团决定成立杂志广告部。

获悉此消息后，在日报广告部从事报纸广告设计与制作工作的小芸大喜过望，她一向对时尚杂志很感兴趣，自认为如果去杂志广告部更能发挥自己的专长。但当小芸向杂志广告部领导申请转岗时却遭到了无情的拒绝。该领导对小芸说："报纸广告的设计与制作和杂志广告的设计与制作是两种不同的工作，我们杂志广告部刚刚成立，需要的是具有丰富经验的员工。你一直从事报纸广告的设计与制作工作，缺乏相关工作经验，我们暂时无法接受你的转岗要求。"

请问，你觉得杂志部主管拒绝小芸的理由成立吗？报纸广告与杂志广告在设计与制作方面到底有哪些不同？

相关知识

印刷媒体广告泛指以印刷品为传播媒介的广告，在电子媒体出现之前，印刷媒体是最重要的传播媒体，因而印刷媒体广告也一度成为最重要的广告形式。印刷媒体广告主要包括报纸广告和杂志广告两种，此外还有海报、招贴、产品宣传手册等。限于篇幅，本节仅介绍报纸广告和杂志广告的设计与制作。

1. 报纸广告的设计与制作

微课堂
报纸广告的
设计与制作

报纸是一种重要的广告发布媒体，曾与杂志、广播和电视一道被誉为四大广告媒体。报纸广告以文字和图片为主要视觉刺激，具有阅读方便、易于保存、不受时间限制等诸多优点。虽然近年来网络媒体异军突起，但报纸作为一种重要的信息载体在众多的广告媒体中依然占有重要的地位。

1）报纸广告的设计与制作程序

报纸广告的设计与制作程序如下。

（1）设计初稿。在这一阶段，广告制作人员要将酝酿好的广告创意用草图的形式表现出来，并加上一个醒目的标题，然后征求广告主的意见。经广告主同意后，广告制作人员再制作一个较详细的稿样；如果广告主不同意，就必须对初稿进行修改，直到广告主满意为止。

（2）选择字体。报纸广告中的字体是指文字的书写样式。字体的选择会影响广告的外观、设计及识别性。

报纸广告中的字体主要有印刷体、手书体、美术体3类。印刷体包括宋体、正体、黑体、隶书等多种。报纸广告标题运用最多的是黑体和宋体。手书体包括篆体、隶书、碑体、草体、行体、楷体，以及各种流派的手书体。美术体种类繁多，不胜枚举。

下面以一则广告标题为例，来说明上述几种字体所带来的不同视觉效果。

当太阳升起时，我们的爱天长地久（黑体）

当太阳升起时，我们的爱天长地久（宋体）

当太阳升起时，我们的爱天长地久（隶书）

当太阳升起时，我们的爱天长地久（楷体）

…………

广告制作人员在选择广告字体时，必须考虑以下几点。

① 易读性。报纸广告的字体要使受众容易接受，使他们一看就明白、了解。

② 适当性。字体的大小、位置等都要与广告文案正文及整体的特点相适应。

③ 外观协调。广告字体外观要与广告商品的特性、广告主题表现、广告的整体格调保持和谐，不能随意化。

④ 强调重点。广告字体的个性要能突出体现广告商品的特点，体现广告商品的文化附加值，使媒体受众一看就能感悟到广告商品的个性特征。

（3）选择色彩。色彩是影响读者注目率的一个重要因素，不同的颜色会让读者产生不同的心理反应。据调查，与黑白广告相比，彩色广告的注目率要高10%～20%，回忆率要高5%～10%。媒体受众对彩色广告的注目时间是黑白广告的2～4倍。在我国，随着经济的不断发展，广告主的经济实力不断增强，套色、彩色印刷广告也开始多起来，但报纸上的黑白广告仍占主导地位。

对于黑白广告，如果能恰当地运用黑白两色做对比衬托，也能取得很好的视觉效果。黑白广告要注意底、面的颜色对比，这是因为广告文字符号辨识的难易，在很大程度上依赖文字与背景的差异或对比程度。底色与面色越接近，辨识起来就越困难；反之，两者差异越大，辨识就越容易。不过，人们的阅读习惯和色彩的明暗度等因素也会影响色彩匹配的易读性。例如，同样是黑白两种颜色，白底黑字的匹配就比黑底白字易于识别。

随着现代印刷技术的发展，广告文字和底面的色彩匹配多种多样。美国广告学家卢基经过实验研究，列出了 13 种色彩匹配的易读性等级，其中黄底黑面的匹配易读性最高（许多交通广告都采用这种色彩匹配），绿底赤面的匹配易读性最差（见表 6-1）。对于色彩匹配的问题，广告制作人员应加以注意。

表 6-1 各种颜色匹配的易读性等级

颜色匹配	底色	黄	白	白	白	青	白	黑	赤	绿	黑	黄	赤	绿
	面色	黑	绿	赤	青	白	黑	黄	白	白	白	赤	绿	赤
等级		1	2	3	4	5	6	7	8	9	10	11	12	13

（4）画面设计。

报纸广告的画面设计要注意以下两点。

① 把握重点。报纸广告不同于电视广告，电视广告由于占满电视荧屏的全部画面，所以具有强迫性。但报纸广告除了整版广告外，大部分广告只是占据全部版面的一部分，因此读者阅读具有一定的选择性。为了吸引读者关注，需要采取精简的手法，广告画面不可放置太多的内容，否则容易导致读者厌烦。

② 掌握布局技巧。如何将广告的各要素（广告要素包括文案的量、插图或照片等的大小或形态、表现文案的字体等）放在最恰当的位置，以发挥最大的广告效果呢？这涉及广告画面布局的技巧问题。报纸广告画面布局的好坏直接影响广告的效果，下一小节将进行详细的介绍。

（5）制版。将设计好布局的画面稿送给有关部门制版，并印制清样。

（6）校对清样。将制版后的清样与原稿对照，以确保画面稿的质量，有时也可以对清样进行局部的修改与补充，以保证画面的整体效果。

（7）印刷。将校对无误的清样送交印刷厂印刷。印刷以后校对无误，就可投放市场。

2）布局报纸广告画面时应遵循的原则

（1）平衡对称原则。报纸广告画面布局平衡的参考点是视觉中心（optical center）。平衡对称就是将一定篇幅内的要素巧妙编排，使视觉中心以左部分与视觉中心以右部分对称，视觉中心以上部分与视觉中心以下部分对称。一般人的视觉中心大约在整体报纸版面中心上面的 1/8 处，或在底线上面的 5/8 处。一般来讲，有两种平衡对称形式，即规则性对称与非规则性对称。

纯粹的左右对称是规则性对称的关键。成对的要素置于中央轴的两边，使广告有相等的视觉分量。这种形式会给受众留下威严的、稳固的及保守的印象。

非规则性对称是指与视觉中心距离不等地放置不同尺寸、不同形状、不同颜色、不同明度的要素，但仍可呈现出视觉上的平衡感。如同一个摇摆物，接近中心点的视觉分量较重的物体，与距中心点较远的视觉分量较轻的物体相平衡。

大部分的报纸广告画面为非规则性对称，因为这样可使广告看起来生动而有趣，较富想象力。

（2）视觉移动原则。在制作报纸广告时，为吸引媒体受众的关注，可应用以下视觉移动原则。

① 借助广告中人物或动物模特的视线指引，使媒体受众的视线移动到下一个重要的要素上。

② 利用指示图形的设计，如利用方向标、长方形、直线、箭头等，引导媒体受众的视线从一个要素转移到另一个要素。

③ 利用连载漫画的故事情节或图片旁的简短说明，促使读者为了了解情节的发展，必须从头依次阅读下去。

④ 利用留白（white space）及色彩效果来强调主题。留白是指报纸广告画面中不编排任何要素的部分（甚至以黑色或其他颜色为背景而非白色）。利用留白可以使某一孤立的报纸广告要素显得更突出，可以使媒体受众更加集中注意力。如果能在报纸广告文案周围大量留白，广告要素看起来就如同位于舞台的中央，十分抢眼。

⑤ 按照读者阅读时的自然趋向，即目光由报纸广告版面左上角，从左至右、从上到下沿 Z 形移动到右下角，来安排从重要到不重要的广告信息。

⑥ 利用广告画面尺寸大小的变化来吸引受众的注意力。

（3）空间比率原则。报纸广告的各要素应基于其重要性，调和适当的空间，以形成完美的广告画面。不要平均分配每个要素所占的空间，以免造成画面单调乏味。

（4）要素对比原则。为使读者对报纸广告画面的特殊要素产生兴趣，设计者可充分利用颜色对比、尺寸对比或其他形式的对比，突出重点。例如，颠倒方式（反白色），或者为黑色、白色广告镶红边，或者是一个风格异乎寻常的广告，这些都可吸引读者对广告画面特殊要素的注意力。

（5）连续性原则。报纸广告画面设计中的连续性原则，是指采取相同的版式、相同的表现手法和风格，结合不同寻常的、独特的画面要素来进行设计。例如，在连续刊登的报纸广告中采用标准字体，重复出现卡通人物或容易记忆的标语等，以突出广告商品的特征。

（6）清晰简化原则。设计者在设计报纸广告画面时应注意，任何与广告内容无关的部分都应该删去，因为内容过多会造成广告画面混乱，使读者阅读困难，进而破坏广告的整体效果。

3）报纸广告的制作要求

（1）连续刊登。报纸广告要取得更好的效果，必须有计划地连续刊登，以适应报纸时效性较强的特点。连续刊登广告，可大大增加读者接触到广告的机会，从而扩大广告的受众范围。

（2）版面大小合理。版面大小对广告的效果有着直接的影响。一般情况下，版面越大，广告的注目率越高，但广告费也会随之增加。因此，广告主应依据自身的财力，合理地选择广告版面。

广告版面的选择，除了考虑费用，还应依据广告目标制定不同的策略。通常的做法是，

拓展知识
报纸广告的
各种版面
介绍

告知性广告使用大版面，提醒性广告使用小版面，节日性广告使用大版面，日常性广告使用小版面。

（3）位置安排得当。报纸的广告位置安排是指将广告登在报纸的哪一版位上。位置不同，广告效果会有所差异。例如，报纸正版（第一版）广告，最引人注目，效果最佳，但收费也最高。在两版之间的夹缝刊登广告，费用低廉，但容易被人忽略。

同一报纸版面内的不同位置，广告效果也不一样。版位越符合读者的视物习惯和视觉规律，其广告效果越好。依据读者的视物习惯，版位注意值如图6-1所示。

图6-1 版位注意值

（4）情境配合。报纸的不同版面会有不同的报道重点，广告内容要与该版内容相协调。例如，可以在报纸的时尚版刊登时装广告，在文艺版刊登文娱广告，在体育版刊登运动器材广告等。同类广告最好安排在一起，如将食品广告放在一起，从而方便读者选择阅读。广告应避免与能引起负面联想的内容放在一起，如刊有讣闻的版面不要刊登婚纱摄影广告等。

2. 杂志广告的设计与制作

杂志广告与报纸广告同属于印刷类广告，所以在设计与制作杂志广告时，可以借鉴报纸广告的设计与制作方法。但杂志广告有其自身的特点，在设计与制作时应与报纸广告有所区别。

1）杂志广告设计与制作要求

设计与制作杂志广告要力求做到以下几点。

（1）图文并茂。杂志具有发行周期长、专业性强、读者传阅率较高等特点。因此，杂志的印刷往往较为精美，设计与制作要求也相对较高一些。色彩鲜明的杂志广告图案能够逼真地再现广告商品（或服务）的特点和个性，从而引起读者的注意，激发其购买兴趣。同时，杂志广告中的文案要视具体情况灵活处理，可以简明扼要，也可以详细介绍。

（2）正确利用版面。位置与尺寸大小是杂志版面的两个重要因素。杂志的版面位置一般可以分为封面、封底、封二、封三、扉页和内页等。据调查，如果把最高注意度设定为100，则各版面位置的注意度如表6-2所示。

表6-2 杂志版面位置的注意度

版面位置	封面或封底	封二	封三或扉页	底扉或正中内页	内页
注意度	100	95	90	85	50

杂志上同一版面的广告位置和报纸一样，上比下好，中间比下面好；大比小好，横排字则左比右好，竖排字则右比左好。

（3）情景配合。杂志广告的情景配合与报纸广告的要求大体相同，即同类广告最好集中在一个版面内，内容相互影响的广告最好不要放在一起。

（4）采用多种形式。杂志广告的设计与制作要运用多种手段，采用各种形式，以使杂志广告的表现形式丰富多彩。杂志广告的设计与制作形式主要有以下几种。

① 折页广告。采取双折页、三折页、四折页等形式扩大杂志的页面，以适应某些广告的特殊需求。图 6-2 所示为四折页的杂志广告，它显然能够传递比单页广告更多的信息，也更为醒目。

② 跨页广告。这种广告的面积是单页广告所占面积的两倍。它的广告画面是一幅完整的图案，以充分展示广告商品的名称、品牌、功能以及价格等特点。

③ 多页广告。多页广告是指在一本杂志内，连续刊登同一企业的多页广告，以提高该企业的曝光率。

④ 插页广告。插页广告是指在杂志正文中插入的整页广告，如图 6-3 所示。

图 6-2 四折页的杂志广告

图 6-3 插页广告

⑤ 其他形式的广告。其他形式的广告如联券广告（见图 6-4）、香味广告、3D 立体广告（见图 6-5）和有声广告等。联券广告指杂志广告的底部附有礼品券、优惠券、竞赛券等，读者可以剪下，凭此券到指定地点兑现或领取赠品。香味广告是指杂志广告用有香味的墨水印刷，或者在杂志广告上喷洒香水。例如，有些化妆品广告就将特殊香水喷洒在杂志广告上。在一些大型广告的制作过程中，还要求采用立体形式，以增强广告的真实性和感染力。例如，利用立体的人像、动物、商品或风景照片等。有声广告是将一种很薄的录音带或唱片资料插入杂志广告中，读者在翻阅杂志时就能听到优美的音乐。

图 6-4 联券广告

图 6-5 3D 立体广告

思考题

同为平面广告，为何杂志广告的设计与制作要求同报纸广告有很大的不同？

2) 杂志广告布局设计的技巧

杂志广告布局设计的原则是求新求异，广告作品能够充分体现广告创意的内容，并将广告信息最大限度地传递给目标消费者。杂志广告的布局设计技巧主要有以下两点。

（1）突出杂志广告的主题。一则杂志广告成功与否，通常在媒体受众与广告主题接触的瞬间就已确定。因此，杂志广告布局设计的第一步就是分析广告主题。通过分析广告主题，了解广告商品的个性，确定杂志广告的诉求点，使布局设计围绕诉求点展开。第二步是将构成杂志广告的各要素按照与广告主题关系的紧密程度进行排位，并将它们结合起来，使其在画面布局设计中有序地体现出来。

（2）增强广告信息视觉传达的美感。视觉美感对杂志广告的效果会有较大的影响，因此在杂志广告布局设计时需注意以下3点。

一是注意文案的可视度、可读性。在杂志广告中，文案不论长短，字体不论大小，都必须以容易阅读为原则。

二是注意布局的美感和整体性。在设计杂志广告时，要浓缩广告内容，提炼主旨，然后将其具体视觉化。在制作技术方面，应根据要素的重要性来减少陈列单元的数量。例如，将商品名称、价格、企业名称、地址、品牌名称、标识物等作为一个单元。同时还要考虑画面中文案的摆放位置、字体、长度以及形态等，使它们相互间协调起来，构成一个艺术整体。

三是布局要新颖别致、有个性。杂志广告的布局设计要讲求"动感"，力求做到新颖别致，对媒体受众具有吸引力。

任务实训

1. 实训的目的

通过实际操作，掌握杂志广告的设计方法。

2. 实训内容及步骤

（1）在计算机中预装 Photoshop、CorelDRAW 等专业软件，自学这些软件的基本操作。

（2）打开专业软件，新建一个绘图文件。

（3）根据广告创意要求选择广告制作素材或绘制广告图片。

（4）进行广告文字的编辑和排版，之后进行图文结合编排。

（5）保存制作好的杂志广告版面。

（6）提交广告作品，完成此次实训任务。

3. 实训成果

实训小作业——某杂志广告作品。

任务 6.2 掌握电子媒体广告的设计与制作方法

任务引入

在广播电台广告制作部工作的小王最近跳槽去了电视台，工作部门仍然是广告制作部。小王在电台工作时业绩优秀，深受部门领导的器重和广告客户的好评，小王的职业前景一片光明。但小王始终觉得电台的广告业务根本无法与电视台相媲美，为了今后更好地发展，小王不顾单位的挽留和家人的劝阻毅然辞职去迎接电视广告制作业务的新挑战。然而"理想很丰满，现实很骨感"，小王在电视广告制作的岗位上难堪重任。小王常将广播广告的制作思维运用到电视广告的制作上，使得电视广告的表现力不足，客户颇有怨言，所在部门的领导也渐渐对他失去了信任。小王在跳槽之后没有迎来预期的职业大发展，反而是遭遇了空前的危机。

请问，小王在跳槽之后为何会遭遇如此职业窘境？小王当前最需要改变的是什么？

相关知识

电子媒体是指运用电子技术、电子技术设备及其产品进行信息传播的媒体，顾名思义，所谓电子媒体广告就是以电子媒体为传播媒介的广告。电子媒体广告主要包括广播广告、电视广告和网络广告3种，此外还有电影广告、电子显示屏广告等。本节将分别对3种主要电子媒体广告的设计与制作进行介绍。

1. 广播广告的设计与制作

1) 广播广告的构成要素与表现方式

广播广告的独特之处就是通过声音来传递广告信息，也就是"以声夺人"。广播广告中的声音包括语言（人声，就是广告词）、音响和音乐，它们就是广播广告的三要素。

（1）语言。广播媒体中的语言与平面印刷媒体中的语言有着本质的区别，印刷媒体中的语言是抽象符号式的文字语言，广播中的语言则只能是有声的口头语言。这是广告策划者必须加以区分的。广播广告的语言表现方式比较多，这里介绍一些常用的表现方式。

① 比喻法，即将广告产品间接地用其他东西做比喻。例如，在砂糖广告中，可以将砂糖比喻为白雪。又如，有一则牙刷广播广告为"××品牌牙刷，就是一毛不拔"。

② 逆向表达法，即不是从正向来看待事物，而是从相反的方向来考虑事情，以发现新的观点。

③ 暗示法，即利用一些大家熟悉的名言、格言、谚语等，来暗示某一事物。

④ 列举法，即将广告产品的成分、色泽、款式、价格等内容一一列举，分别向媒体受众展示。

⑤ 重复法，即重复运用广告中的关键词，以突出广告产品的品牌。例如，现代集团的广告"技术的现代，现代的技术"。

⑥ 定义法，即赋予广告产品新的概念。这种方法改变了广告产品原有的概念，使它与生活中的某一事件联系起来，使媒体受众形成一种有利于产品销售的联想。

⑦ 语源法，即运用一些有悠久历史的语句，以突出广告产品的经营历史或优异品质。例如，"车到山前必有路，有路就有丰田车"。

⑧ 现场报道法，以现场报道的形式描写整个过程，使媒体受众产生身临其境的感觉。

⑨ 修辞疑问法，是一种"无疑而问"的修辞性疑问形式。它通常是在语境或者语义明确的情况下故意设问，不要求广告受众回答，而是用来抒发感情，引人思考。修辞疑问句的答案寓于问话之中或问话的反意之中。

⑩ 否定诉求法。大多数广告常以产品的特点或优点为诉求主题，以期给媒体受众留下正面的印象。使用否定诉求法的广告则以产品的不足或缺点作为诉求点，从反面将广告产品的特征客观地告诉媒体受众，如果运用得当，这种方法比正面诉求更为有力。例如，"××品牌手表，48 小时内误差仅有 2 秒"。

⑪ 夸张法，即通过艺术的手法夸张广告产品的功能，增强广告产品对媒体受众的吸引力，如"鄂尔多斯羊绒衫，温暖全世界"。

夸张法与夸大不同，夸张法是一种艺术形式，而夸大则带有一定的欺骗性。运用夸张法不是指说假话，而是通过一定的艺术形式将广告产品的特征或功能渲染出来，以增强其视听效果。

⑫ 反复法，即反复地强调同样或类似的表现。例如，广告歌多出现在一则广播广告中，以加深听众对广告产品品牌的印象。

⑬ 双关语法，指在一定的语言环境中，利用词的多义和同音的条件，有意使语句具有双重意义，即言在此而意在彼的修辞方式。双关语可使语言表达得含蓄、幽默，而且能加深语意，给人以深刻印象。例如，东风汽车广告"万事俱备，只欠东风"。

广告策划者在运用广播广告语言时，除了灵活地运用一定的广播广告语言表现方式，还必须了解以下几点。

① 广播广告是一种"说的语言"。"说的语言"是用来听的，而汉语中有许多同音异义的字，特别是我国幅员辽阔、方言众多，稍有疏忽，就会使听众产生误解，这一点必须注意。同时，广播语言是人发出的声音，讲话者的形象、表情等都会借助语音、语调传达给听众。听众甚至还可以根据语速来体味说话者的心情。因此，广播广告可以通过听觉效果来调动听众某一方面的兴趣，使他们产生购买欲望。

② 广播广告要简洁明了。广播广告中所用语句要避免拖沓冗长，用简洁的词句将所要说的话表达出来。句子要尽量简短，段落要分明，层次要清楚，尽量少用形容词。

③ 忌用难懂的词句。在广播广告中，学术用语、专用术语要尽量少用，多采用浅显易懂的词句。

④ 情节要生动感人。广播广告是表现生活的片段，虽然持续时间较短，但情节要感人，有一定的趣味，这样才能使听众产生"继续听"的兴趣。

⑤ 多次反复。广播广告为了将广告产品的品牌、功能等信息如实传递给听众，有时需要不断地重复同样的内容，使听众明确了解广告产品的基本情况。反复不同于执拗，反复是将产品的名称多次列出；而执拗是纠缠，会使听众反感。

（2）音响。音响是指除了人声和音乐之外的一切声音，音响可以大大增强广播广告的表现力和感染力，因而是重要的表现手段之一。音响可以创造某种特定的环境，可以叙述或表现一个事件，也可以表现思想和情感。在制作广播广告时应注意音响的以下特征。

① 音响的叙事性。现实中一切事物都有自己独特的声音，如风声、鸟鸣、马嘶等。也就是说，声音总是和形象联系在一起的，这也正是声音能够令人产生视觉联想的前提。

广播广告中的人物不需要说他打破了盘子，听众只要听到陶瓷破碎的声音和感叹声就知道了。要表现喝饮料的过程，只需要展示打开瓶盖时"嘭"的一声，再加上喝饮料时"咕咚咕咚"的声音，最后展示喝过饮料后舒适的一声感慨"啊……"就可以了。同样，要表现火车站的环境，用现场的嘈杂声、车轮转动声和汽笛声就能把听众带到这个环境中去。

② 音响的表现力。音响的表现力主要是通过联想来实现的，而这种联想又是由独特的广告创意引发的。和视觉一样，音响也同样具有非凡的表现力。因此，对音响的巧妙使用，可以把许多无法或难以表现的信息轻而易举地传达给听众。例如，药品广告的效果一般在广播广告中很难表现出来，因为它无法像电视那样运用画面进行演示。而一则胃肠药品的广播广告却运用自然音响达到了这一目的，即雷声（约 5 s 的雷鸣）—雨声（倾盆大雨）—号角声（雨声停后约 2 s）—念出胃肠药品名，从而把服药后的效果表现得恰如其分。

③ 音响的个性化。现代企业大多比较重视企业形象识别系统的建构，以期通过设计独特的视觉形象为企业赋予个性，从而使本企业从众多的企业中脱颖而出。在广播广告中，企业可以创作出富有个性化特征的音响并作为自己的标志，使人们一听到这个音响就知道是什么产品或哪家企业。例如，美国的某品牌化妆品，用优美动听的门铃声作为自己的标志，把这种音响同产品紧紧地联系在一起，使之成为产品的象征。

（3）音乐。音乐是一种抽象的艺术形式，具有强烈的情绪性，对人的情感、态度、行为影响极大。音乐在广播广告中能发挥多种作用：一是它可以活跃广告的气氛，使广播广告的内容丰满起来；二是它能够增强广播广告的吸引力，引起媒体受众的注意，美好的音乐常能使听众沉浸在想象之中；三是有利于塑造广告产品的形象，突出产品的个性；四是特定音乐也可以成为广告产品的标志，使媒体受众轻易地将产品与其他产品区别开来。

广播广告中的音乐主要分为两种类型：一种是背景音乐，另一种是广告歌曲。

① 背景音乐。背景音乐主要用来烘托气氛，配合人声使用。例如，一则雪地鞋的广播广告，开头以《溜冰圆舞曲》缓缓混入并配合至终，听到这首优美抒情的乐曲，听众的脑海里马上就会浮现出欢乐的溜冰者在冰上翩翩起舞的场面。这首为人们所熟悉的乐曲和雪地鞋这种产品联系在一起，起到了很好的陪衬作用，从而加深了人们对这一产品的印象。

② 广告歌曲。这种形式就是把广告所要传递的重要信息，用歌曲的形式表现出来。它不同于电影插曲，不要求多样化和高技巧，只求易学易记、曲调活泼、歌词简短。广告歌曲创作的目的，是以优美的旋律和独特的音响，加深人们对广告产品特点的认识，强化记忆，并引发联想。

2）广播广告的设计与制作技巧

语言、音响和音乐作为广播广告的三要素，并不是简单地相加，而是相互融合。三者融为一体，变化无穷，魅力无穷，不仅能弥补单一的人声、音响或音乐的不足，而且可以发挥整合效能，从而产生强大的表现力，让听众产生身临其境的感觉。广播广告的设计与制作技巧主要有以下两点。

（1）突出语言的主导地位。在广播广告中，语言是传达信息的主要手段，也是使广播广告具备说服力和影响力的关键，音响和音乐也都是为这个目标服务的。一则广播广告可以没有音响和音乐，只要语言引人入胜，符合听觉规律，切合消费者心理需要，同样是一则好的广播广告。当然，音响和音乐的恰当使用会大大增添广告语言的魅力，加强广播广告的整体效果。但是，如果片面追求形式，在音响和音乐上过度雕琢，而忽略了对广告语言的精益求精，就会喧宾夺主，达不到广告的目的。

（2）采用灵活的三要素组合方式。广播广告的三要素（语言、音响、音乐）应采用灵活的组合方式，以求得最佳的广告传播效果或最低的广告设计制作成本。

① 只有语言，没有音响和音乐。这是广播广告中常见的一种。其优点是设计制作简单，成本低，广告诉求直接明了；缺点是广告表现方式单一，对听众缺乏吸引力。

② 音乐和语言相互配合。音乐和语言相互配合的方式又可进一步细分为以下4种。一是以音乐开头，然后音乐与语言混播；二是以语言开头，然后语言与音乐混播；三是音乐与语言同时播出；四是音乐和语言交替出现。使用音乐与语言相互配合的方式，可以使广播广告更具艺术表现力，从而增强对听众的吸引力，但这对广播广告的设计与制作者提出了更高的要求。

③ 音响和语言相互配合。与音乐和语言相互配合的方式相类似，音响和语言相互配合的方式也可细分为4种，分别是：以音响开头，音响与语言混播；以语言开头，语言与音响混播；音响与语言同时播出；音响和语言交替出现。音响的出现可以增强广播广告的表现力和感染力，给听众一种身临其境的真实感受。

④ 音响、音乐和语言的配合。这种配合分为以下3种形式：一是以音乐开头，穿插语言和音响；二是以音响开头，穿插语言和音乐；三是以语言开头，穿插音乐和音响。将广播广告的3种元素组合使用，能够同时发挥音乐、音响和语言在广告传播中的优势，从而达到较好的广告效果。

3）广播广告的制作类型

广播广告的制作类型主要有以下几种。

（1）直述式。直述式是指由播音员或演员按照写好的广告词，一字不变地读出，不加入任何演技，这是最基本的一种广播广告形式。

（2）独白式。"独白"一词本是戏剧用语，是指演员在舞台上自问自答，唱独角戏。独白式广播广告是指在使用广告产品的生活情景中，以广告中的个性人物独白的方式将广告产品的特点、功能、价格、生产厂商等信息传播给听众的一种广告广播形式。

广告中的个性人物，是指在广告中经常出现的，用以体现广告产品个性的人物或动物形象。出现在广告中的个性人物，能使广告更富有情趣，使商品的特征得以充分体现。

（3）对话式。对话式广播广告，是指在广告中利用母子、情侣、夫妇、兄妹等角色，通过对话，将广告产品的特征及使用情况告诉听众的一种广告广播形式。这种形式容易使听众产生亲近感或现实感，从而增加广告产品的可信度。如某品牌助听器的广播广告就十分幽默地突出了产品的功效，让听众难以忘怀。

服务员："大爷，您买啥？"

大爷："啥，减肥茶？不减，我这么瘦，再减就没了。"

服务员："……大爷，买什么您自己挑！"

大爷："咋的，还得上秤约①？"

服务员："大爷，您老耳背，我给您介绍一个新伙伴儿。"

大爷："啊？要给我介绍个老伴儿，不行啊，家里有一个啦。"

服务员："大爷，我给您介绍这个，保证您满意。"

大爷："啥，助听器？对，我就是来买助听器的。"

男声独白："××牌助听器，让听障人士不再打岔。"

（4）戏剧式。戏剧式是指编排一场戏剧，让剧中人物将广告产品的特征用戏剧台词告诉听众的一种广告形式。戏剧式广播广告具有较强的趣味性，但地域性比较强。这种形式只适用于地方性媒体。

（5）音效式。音效式广播广告是指利用音响效果，将广告产品的信息传输给媒体受众的一种形式。广播电台通过声音营造气氛的能力非常强，通过播放一段特殊的音乐，使媒体受众展开想象，将广告产品与某一事物联系起来，以达到塑造品牌形象的目的。

2. 电视广告的设计与制作

电视是一种集声音、图像和文字于一身的电波媒体，能够通过声波和光波信号直接刺激受众的感官和心理。电视的表现形式丰富，内容逼真，具有很强的冲击力和感染力，因此是一种极为重要的广告媒体。

1）电视广告脚本的构成

电视广告脚本也称电视广告文案，是电视广告创意的文字表达形式。广告脚本是体现广告主题、塑造广告形象、传播信息内容的语言文字说明，是广告创意的具体体现，也是摄制电视广告的基础和蓝图。电视广告脚本的构成要素主要有广告词、音乐与声响、画面等，其中前两项与广播广告有类似之处，但更有特色。

（1）广告词。广告词也称台词，包括解说、演词、字幕3种形式。

① 解说。解说是指随着广告画面的展现而做的讲解，又叫背景语言，用以加深观众对画面的理解。解说应简明扼要，突出个性。画面已表现清楚的不用多说，要让画面有更多表现的机会，不要说个不停。

② 演词。演词是指在戏剧性广告中人物的对话或独白，以剧中人物的话语来表达商品个性，比解说更为有趣，感染力更强。

③ 字幕。字幕是指直接在电视屏幕上打出的文字，如商品品牌名、企业名等。它们有的叠印在活动的画面上，有的在广告末尾打出，也有的用特定镜头通过放大商品的标签或品牌名进行展示，以加深观众的印象。

电视广告的广告词只是对视觉表达的补充，应比广播广告的语言更精练，有更多的停顿，以免影响视觉效果。

---

① "约"读 yāo，口语，指用秤称。

电视广告脚本的写作要求

电视广告独具蒙太奇思维和影视语言，电视广告脚本的写作既要遵循广告脚本写作的一般规律，又必须掌握电视广告脚本创作的特殊规律。具体要求如下。

第一，电视广告脚本的写作，首先必须分析研究相关资料，明确广告定位，确定广告主题。在主题的统帅下，构思广告形象，确定表现形式和技巧。

第二，电视广告脚本的写作，必须运用蒙太奇思维，用镜头进行叙事。语言要具有直观性、形象性，容易化为视觉形象。

第三，按镜头段落为序，运用语言文字描绘出一个个广告画面，必须时时考虑时间的限制。因为电视广告是以秒为计算单位的，每个画面的叙述都要有时间概念。镜头不能太多，必须在有限的时间内，传播出所要传达的内容。

第四，电视广告是以视觉形象为主，通过视听结合来传播信息内容的，因此电视广告脚本的写作必须做到声音与画面的和谐，即广告解说词与电视画面的"声画对位"。

第五，电视广告脚本的写作，应充分运用感性诉求方式，调动受众的参与意识，引导受众产生正面的"连带效应"。为达此目的，脚本必须写得生动、形象，以情感人，以情动人，具有艺术感染力。这是电视广告成功的基础和关键。

第六，写好电视广告解说词（也称广告词或广告语）。它的构思与设计，将决定电视广告的成败。

（2）音乐与音响。电视广告的音乐与音响能增强广告的节奏感，烘托意境。悦耳动听的音乐、惟妙惟肖的音响有助于加深观众对广告的印象。

（3）画面。电视画面是指用电子摄录系统拍摄和制作的，由电视屏幕显现的图像。画面是电视广告的主要构成要素，具有生动、直观、具体等特点，往往一个镜头就可以提供多种视觉信息。

2）电视广告的设计与制作要求

要设计与制作一则好的电视广告，必须注意下述几点。

（1）广播化。电视广告要配合活动画面的需要，充分发挥声音的功能，应像广播广告一样，使语言、音乐和音响达到逼真、动听、简明的效果。具体表现：语言要口语化、简短化和节奏化；音乐与音响要贴切、动人和协调。

（2）艺术化。电视广告集语言、人物、动作、画面、音乐等于一体，具有声像、视听兼备的优点。充分利用上述优点，采用艺术化的表现方式，电视广告能够达到报纸、杂志和广播媒体广告所不具备的传播效果。

（3）简短化。电视广告播出的时间受相关部门的严格限制，例如，2016年国家新闻出版广电总局（现国家广播电视总局）就规定单条食品、药品的电视广告时长不能超过1分钟。因此，电视广告必须简短有趣、主题突出、情节简单、语言精练，绝不能拖泥带水、杂乱无章。

（4）动作化。电视广告画面是活动的画面，可以通过各种动作表现帮助策划者实现广告的创意。

（5）多样化。电视广告在内容、情节、语言等方面要求简单明快，表现形式要求活泼多样，这样才能更好地发挥电视广告的效果。

　　电视广告的制作要求与方法对当前的网络短视频广告同样适用吗？请说明理由。

3）电视广告的摄制类型

电视广告的摄制类型有动画片、活动片、特殊效果片和纪录片等多种类型。

（1）动画片。动画片（animation），又叫卡通片（cartoon），它利用人的"视觉残留"原理，通过技术手段使静止的画面产生动感。动画片按照编导者、画家或设计家的意图，将一幅幅有顺序的图画，通过逐格拍摄、连续放映的方法，使形象活动起来。

动画片在艺术构思上，特别擅长表现夸张的、幻想的、虚构的题材和情节。它能使幻想与现实紧密地交织在一起，把幻想的东西通过具体形象表现出来，具有独特的感染力，这是动画艺术的特性。例如，动画片可让手表、电视机、电冰箱跳舞，让汽车、自行车在空中飞翔。

动画片中的主角人物或动物，往往也借助虚构情节加强渲染力。例如，为加深观众对商标的印象，商标中的动物图形从商标中走出来介绍商品。

例如，著名的米其林卡通人物"必比登"（在中国更名为米其林先生，见图6-6），早在100多年前就已出现，现在更是妇孺皆知。消费者一看到这个可爱的虫形卡通人物就会想到米其林轮胎。尤其是那则"米其林轮胎使刹车距离缩短1米"的广告，几乎能让所有人过目不忘。

图6-6　米其林卡通人物

由于动画片的这些特点，传达特殊广告内容或针对儿童等特殊目标消费者市场做广告时，动画片广告的效果比较好。但是针对成年人做动画片广告时要谨慎。因为一些成年人会把动画片广告内容理解为人为的表现，特别是过分的夸张反而容易引起观众的反感。

（2）活动片。活动片也叫写实广告片（live action），常用于拍摄真人、真物、真景，是常用的广告片，能够给观众以真实感和现实感。

（3）特殊效果片。特殊效果（special effects）片是指在音响、画面、镜头等方面加上特技，以营造气氛，从而对观众的视觉产生刺激并给其留下难忘印象的广告片。例如，在广告中，牙膏从盒里跳出来等。

（4）纪录片。纪录片包括现场转播与现场录像两种形式，如拍摄顾客盈门、产品实际操作、时装表演、名人推荐商品等。

4）电视广告画面的景别与构图

在电视广告的构成要素中，画面占主体地位。在画面的摄制过程中，要选择好画面的景别和构图。

（1）画面的景别。景别是电视广告语言的基本要素，电视广告就是利用不同的景别组合形成特有的"语言"来向观众传播信息。简单地讲，景别是指在焦距一定时，由于拍摄镜头与被摄物体的距离不同，而造成被摄体在镜头中所呈现出的范围大小的区别。通俗地说，景别就是摄影机在距被摄对象的不同距离或用变焦镜头拍摄的不同范围的画面。

景别的首要功能就是描述，摄影人员通过变换焦距及拍摄位置可以使受众看清广告的内容。景别还能通过营造特定的环境气氛，使媒体受众产生某一方面的心理效果。运用不同的景别可以产生不同的气势规模，形成某种特殊的氛围，突出强调细节布局等，从而向媒体受众传达画面以外的某种心理信息。

景别可具体划分为远景、全景、中景、近景和特写5种。

① 远景。远景是指表现广告人物周围的空间、环境、自然景色或众多人物活动场面的电视画面。远景的视野开阔，空间规模宏大，常用来突出展示广告主体与周围世界的关系。远景有利于展示宏大的场面，引发一种豪迈的情感。

② 全景。全景是指表现成年人全身或场景全貌的电视画面。在电视广告中，全景向媒体受众展示广告产品的全貌，使媒体受众对广告产品有一个完整的视觉印象。许多广告策划者在制作电视广告时，常用全景来展示广告产品的各个方面，以求给媒体受众留下一个清晰的产品印象。

③ 中景。中景是指表现成年人膝盖以上或有典型意义的局部场景的电视画面。中景可以用来表现广告主要情节和人物的情感交流，可使媒体受众看清广告中人物的动作姿态与感情变化。绝大多数以表现商品与消费者之间关系为内容的电视广告，基本上都是采用中景来展示广告创意的。

④ 近景。近景是指表现成年人胸部以上或局部的电视画面。近景可以用来表现广告产品的具体特征，如一些洗发水的广告就是用近景来显示头发柔顺飘逸的特征。化妆品的电视广告多用近景来展示广告产品的个性，因为近景能够产生较强的视觉效果，使产品的一些细微的特征得以充分展现。

⑤ 特写。特写是指表现成年人肩部以上或被摄物体局部状况的电视画面。特写能够产生强烈的视觉冲击力，使广告产品深深地留在媒体受众的记忆中。许多化妆品电视广告，如香奈儿唇膏广告（见图6-7）用特写来展示女性的娇美，从而激发目标消费者的购买欲望。

图6-7　香奈儿唇膏广告

特写可以细致入微地表现人物的神态表情，将广告事物的具体细节充分表现出来。如可以用特写来突出广告产品的品牌，也可以表现消费者在使用广告产品时的感受等。

（2）画面的构图。电视广告的画面是否有美感、是否有吸引力，在很大程度上取决于广告画面的构图。画面构图是指画面的结构，即通过把构成画面的各种要素进行艺术性的排列和组合，使其成为具有美感并体现特定销售主题的形态。电视画面构图具有以下特点。

① 固定的画幅比例。电视广告画面构图是一种"美"的创造，它的最大特点是有固定的画幅比例，一般为 16∶9。这就决定了电视广告画面构图必须在这个比例内进行。

② 画面构图的动态性。绘画、摄影中的画面是对客观物体的一种静态展现，它们体现了物体的瞬间美。电视广告画面是一系列不断变化的镜头，每一幅画面在变化的同时又有明显的承接性，因而电视广告画面构图具有动态性。

（3）画面构图的要求。电视广告画面构图一定要符合以下要求。

① 简洁完整。电视广告画面构图要使媒体受众一看就明白、一看就清楚。一幅画面只能反映一项内容，围绕一个销售主题展开，要给媒体受众一个完整的印象。

② 均衡统一。均衡就是画面布局符合人们的视觉习惯，上下、左右搭配合理，有稳定感；统一就是所有画面要素构成一个统一的整体，围绕一个主题，局部画面是整体构图的组成部分。

③ 突出主题。画面的各个要素要合理搭配，包括色彩的明度、线条的形状与走向等都必须以突出主题为中心。

3. 网络广告的设计与制作

1）网络广告设计与制作的特点

网络广告的分类繁多，形式多样，内容庞杂，如基于 Web 的网络广告类型包括网幅广告、企业网站广告、关键词广告、搜索引擎广告、电子邮件广告、网络游戏广告、网络广播广告、流媒体广告、富媒体广告；基于 Wap 的网络广告包括手机广告、微博广告、微信广告、短视频开屏广告等。此外还有一些创新形式的新媒体广告，如楼宇广告等。

不同类型的网络广告在设计与制作上差异很大，有些接近于报纸杂志广告；有些接近于广播电视广告，这些可以借鉴其他媒体的设计与制作原则、技巧和方法；还有一些新型的网络新媒体广告，在设计与制作方面具有一定的独特性，需要相关人员具有一定的专业知识并借助专门的设计与制作软件才能完成。

但无论何种类型的网络广告，在设计与制作时都需遵照如下的思路：首先是做好广告的构思；其次是设计好广告制作方案，包括文案设计、脚本设计等；最后是按照既定的制作设计完成广告作品。

案例分析

小米的新 Logo

在 2021 年 3 月底的小米新品发布会上，小米正式公布了新 Logo。据官方介绍，新 Logo 由日本国际著名设计师原研哉操刀设计共同打造，将小米品牌视觉融入东方哲学的思考，提出全新的设计理念——Alive，生命感设计。

但小米新 Logo 一经发布，就引发了大众的群嘲，因为这款新 Logo，和小米原来的 Logo 太过相似。小米的新旧 Logo 如图 6-8 所示。一时间，"小米换 Logo" 一事成为大众议论的焦点，大家的言论都围绕着小米新旧 Logo、设计师、雷军展开，吐槽派认为 Logo 丑、贵，甚至用变装的 Logo 开玩笑，支持派则认为新 Logo 代表了一种东方哲学，传递了品牌新理念。

新　　　　　　旧

图 6-8　小米的新 Logo 与旧 Logo

其实，小米此次换新 Logo 绝不是表面上这么简单，此次 Logo 换新实际上是一次事件营销造势，从表层上看是视觉美学的提升，从深层次看是品牌形象提升和公司战略变化的需要。

资料来源：搜图网。

案例评析

从传播的角度，这次换新 Logo 是一场拥有顶流配置的事件营销，为小米带来巨大的流量。小米利用原研哉所拥有的权威感与其设计的简单形成了高度反差，再加上雷军亲切互动的助力，通过一众意见领袖、超级传播者，引发了全网全民式讨论与狂欢，进一步传递了小米 Logo 背后的理念。在这次长达半个月持续发酵的事件里，每个人都成了小米故事的传播者。从设计本身的效果来看，这次 Logo 换新是一次美学和视觉的提升，给品牌增添了不少时尚感。Logo 由"方"到"圆"，消减了锐气，增添了不少灵动和活力。

2）网络广告设计的要求

（1）分析目标受众。目标受众是网络广告信息传播的对象，在广告设计之前，广告设计人员要对目标受众有一个充分的了解。网络广告的目标受众是由企业的目标消费者所确定，要使网络广告能有的放矢，设计人员应对目标受众的上网习惯、兴趣爱好、价值取向、心理需求、所感兴趣的网络内容、对信息的反应速度等有一个全面的了解。

（2）突出广告产品的特点。设计网络广告时要明确广告的主题，深入挖掘产品的特点，突出强调产品能够给用户带来的独特利益点。这样的广告容易得到网络用户的认可，也有利于塑造良好的企业品牌形象。在确定产品特点时，网络广告设计人员要与企业相关人员密切沟通，以获取更多的产品信息。

（3）广告的设计风格应与广告发布平台相适应。网络广告可供发布的平台众多，不仅有门户网站、企业网站等传统的平台，还有微博、博客、微信、短视频等自媒体平台，以及各种 App 等，加之每个平台的风格又千差万别，这就要求广告设计人员要对各平台的风格有所了解，以使广告作品适应平台的风格。以网络原创社区小红书为例，它的广告展现形式主要有开屏广告和信息流广告两种。其中开屏广告是在用户打开小红书 App 时自动展示，能够给用户带来较强的感官和视觉刺激，便于企业传递广告信息，提升品牌价值。小红书信息流广告则是基于用户感兴趣的内容展现。这种广告样式可以帮助品牌实现高效触及用户，满足品牌多种营销目标。主要的展现样式有笔记种草、直播卡片引流，还有用户主动搜索等形式。企业通过小红书广告找到意向客户，就比较容易实现企业的营销目标。例如，某母婴用品洞察小红书用户需求之后，借助专业育儿师讲解产品配方特点，从而借助小红书信息流文章在意向客户中推广种草。

2022 年，小红书上线特色广告产品"小红屏"，用全新广告样式，助力品牌实现开屏+信息流第二位的双重超级曝光，首次实现"原生种草"的广告样式，将信息流广告放大至开屏。用户不仅能在开屏看见大笔记（笔记是小红书里对发布内容的一种独特称呼），进入后还能看见信息流中的小笔记，视觉上的平滑过渡，实现了开屏广告与信息流广告的双重联动。完美日记、陌森眼镜、纯甄三大品牌已经对小红屏进行了投放，首次亮相就一鸣惊人，取得了优异的广告效果。完美日记小红屏广告如图 6-9 所示。

图 6-9 小红书上的完美日记小红屏广告

（4）高水平的广告设计创意。创意是广告的灵魂，网络广告自然也不例外。在进行网络广告设计时，要根据网络的跨时空性、交互性、实时性等特点，并结合网络用户的特征，创作出高水平的广告创意作品。在实践中，故事性创意、娱乐性创意和形象化创意被广泛应用。下面就简单介绍娱乐性创意在广告设计中的运用。

娱乐性网络广告可以通过以下 3 种方式来进行。一是把品牌或产品信息嵌入娱乐活动中，如果活动的内容或主题与产品信息产生联系，就能有效地吸引网络用户对产品的联想。二是把产品或相关信息作为道具或工具植入游戏中，把产品作为游戏的一部分，通过不断曝光，强化网络用户对广告产品的记忆。三是在活动中展示产品，借助虚拟现实技术，能够让用户仿佛置身于真实的场景中直接接触广告产品。

（5）适时更新广告设计。与传统媒体广告不同，网络广告发布后可根据需要随时更新广告设计。广告设计人员在完成广告设计之后，还要充分利用网络的互动性，及时收集广告受众的反馈信息对广告进行重新设计，以使广告达到更好的宣传效果。

（6）综合利用多种设计元素。网络广告表现形式丰富，集平面广告、影视广告、广播广告的表现方式于一身。网络广告设计人员在设计广告时应充分注重图文、影像和声音等各种元素的融合，通过数字技术充分调动观众的视觉和听觉，全方位提升网络用户对广告的关注度和认可度。

大放异彩的依云矿泉水"滑轮宝宝"

2009 年，一段法国依云矿泉水的视频广告在视频网站 YouTube 上引起轰动——一群穿着纸尿裤的可爱宝宝不仅玩起轮滑，还摆出各种酷酷的姿势，甚至大跳嘻哈。短短一周内，这个视频的点击率超过了 600 万次。这段长 60s 的视频，其实是法国依云矿泉水的一个创意广告，体现依云矿泉水"保持年轻"系列的宗旨。

视频共出现了 96 个用特效技术制作的轮滑宝宝，背景选在一座城市公园。视频一开始，随着说唱团体"糖山帮"（Sugar Hill Gang）的嘻哈单曲《说唱者的喜悦》的音乐声，几名穿着纸尿裤的宝宝脚踩轮滑鞋，隆重出场。别看他们人小，却拥有高超的轮滑技术，轮滑鞋在他们脚下如风火轮一般自如。他们忽而跳跃，忽而跳上栅栏，忽而翻跟头，忽而又大跳嘻哈（见图 6-10）。

图 6-10 依云矿泉水视频广告画面

宝宝们的轮滑技术让很多人惊叹不已，但有人质疑：这些连站都站不稳的宝宝为何有如此高超的轮滑技术？其实这都多亏了计算机技术。这段视频是在伦敦松林工作室制作完成的。视频中的宝宝们只需坐在绿色的幕布前，工作人员一边吸引宝宝们的注意力，一边跟着音乐拍子轻轻地前后摇动他们的身体，录制他们的表情等。与此同时，工作人员已拍摄好专业溜冰者的视频，然后将电脑生成的宝宝们的身体替换溜冰者。最后，工作人员再加上宝宝们的头像就大功告成了。

分析：

科学技术的飞速发展提高了广告制作的水平。在广告制作过程中应用高科技，往往能创造出不同凡响的广告作品。在本案例中，依云矿泉水广告借助计算机特技，将一群步履蹒跚的、还在穿着纸尿裤的小宝宝们打造成滑轮的旷世高手，让人惊叹不已。滑轮宝宝们精彩的

"表演"，引发了网民们疯狂的热捧和点击。依云矿泉水以较小的投入却取得了极好的广告传播效果。

3) 网络广告的制作

网络广告的形式多样，制作流程和方法也各不相同。受篇幅所限，本书选取在当前碎片化信息时代最具成长性的短视频广告，介绍其制作要点和流程，其他网络广告形式就不再一一赘述。

（1）短视频广告制作的要点。短视频广告要想在极短的时间里抓住用户，必须要在内容上贴近网络用户的生活。一部好的广告片通常是在潜移默化中改变用户认知，从而让用户认同产品和消费产品，但传统的视频广告大多是以贴片形式出现，广告插入较为生硬，很容易遭到用户的抵制。如果短视频广告能够克服传统视频广告的缺点，在内容上贴近用户生活，就很容易被用户接受。因此，在制作短视频广告时要注意广告内容原生、有趣、更加贴近用户的生活，同时要让短视频广告和内容处于界限模糊状态。此外，短视频广告还要有多样化的展现形式。短视频广告不同于传统的广告，在播出形式上更加自由、更加多样化。当前主流的短视频广告形式有真人口播、产品展示、情景剧、动画剧等。每种形式都有其自身独有的特点，例如，真人口播就可以结合产品特点最真实地展现产品的使用效果；情景剧则可以给用户带来沉浸的代入感，直击用户痛点。

（2）短视频广告的制作流程。短视频广告的制作过程一般分为以下3个阶段。

① 准备阶段。在准备阶段要首先建立创作团队，同时还要与广告主深入沟通，了解企业情况及产品情况，在此基础上确定好短视频广告的方向和选题。接下来做好文案策划和拍摄脚本撰写的工作。在此阶段，还要做好器材、道具和技术条件的准备工作，并制定拍摄方案和日程表。

② 拍摄阶段。拍摄工作是短视频制作的关键环节，在拍摄时要尽量抓住与脚本吻合的最具表现力和感染力的镜头，其间要注意摄影摄像技巧与用光技巧，要注意拍摄机位和拍摄角度，还要注意景别的变化。

③ 后期制作阶段。在短视频广告的后期制作阶段，首先要根据脚本及客户的意见进行粗剪、看片和细剪等工作，挑选最满意的视觉画面进行剪辑与特效合成；接下来要根据脚本及视频画面进行配音、配乐和制作字幕等工作。至此，短视频广告的制作工作全部完成。

延伸阅读

其他类型广告的设计与制作

1. 户外广告的设计与制作

户外广告历史悠久，中外史书上记载的最早的广告形式均是户外广告。虽然近年来新媒体不断涌现，但户外广告依然是传递广告信息的重要载体。有意思的是，我国网络发展的先驱者瀛海威公司的广告语"中国离信息高速公路还有多远？前方1 500米远"，就刊登在中关村的户外广告牌（见图6-11）上。

图6-11 瀛海威公司的户外广告

户外广告的种类较多，各有特点，因而在具体设计与制作工艺上会有较大的区别。但从设计与制作的指导思想上来说，不同类型的户外广告又有很多共同之处。户外广告的受众是行人或交通工具里的乘客，人们在广告前的停留时间一般较短，很少会注意到广告的存在。因此，户外广告要想吸引受众关注，必须具备较强的视觉冲击力。广告的设计与制作人员要根据距离、视角和周边环境3个因素来确定广告的内容、广告的大小和具体的表现方式。户外广告要着重创造良好的视觉效果，画面应尽可能简洁，标题与正文一般要合一，广告创意要有新意，利益阐述要清晰。

2．售点广告的设计与制作

售点广告的种类较多，且不同种类间的差异很大，如实物陈列与现场广播等，因此本书很难对其设计与制作进行统一的介绍。但不管是何种形式的售点广告，其根本目的都是突出商品的特色、展示商品的优点，从而刺激消费者采取购买行为。这是售点广告的设计者和制作者需要牢记的。

3．直邮广告的设计与制作

在设计和制作直邮广告时应该注意以下几点。一是要选择合适的投递对象，要根据目标受众的特征来制作有针对性的直邮广告；二是直邮广告的表现方式要精美别致，让消费者产生兴趣；三是配图时，多选择与所传递信息有强烈关联的图案，刺激记忆；四是多用询问式直邮广告，因其通常以奖励的方法鼓励消费者回答问题，能起到双向沟通的作用，比介绍式直邮广告更能引起消费者的兴趣。此外，直邮广告务必写清楚购买地址和方式方法，相关人员还要及时处理消费者的反馈信息等。

任务实训

1．实训的目的

通过模仿写作，学会撰写电视广告脚本。

2．实训内容及步骤

（1）阅读"伊利巧乐兹"电视广告脚本，然后按要求完成余下实训任务。

产品名：伊利巧乐兹

创意阐述：

巧乐兹面向的消费者不仅是喜欢雪糕、冰激凌的小朋友，还有青少年、恋爱中的情侣、时尚一族等。巧乐兹以坚果、蓝莓果、香草等独特口味与巧克力融合，体现了这个时代甜蜜、浪漫、动感、惊喜、新奇的气息，让你轻松感受"喜欢你，没道理"的快感。

巧乐兹的巧克力脆筒雪糕，不仅脆筒香甜酥脆，而且巧克力内涵特别丰富，三层多样口感美味的巧克力，搭配奶油口味雪糕，重重美味不断绽放，带给你无限惊喜。

长度：30 s

镜头序号：

"伊利巧乐兹"电视广告镜头序号如表6-3所示。

表6-3 "伊利巧乐兹"电视广告镜头序号

镜号	镜头景别	镜头角度及运动	画面	音效	音乐	字幕及效果
1	全景	慢推	女主角面带笑容走进大自然，四处寻找着什么	走路声，偶尔传来鸟叫声		台词："喜欢亲近大自然，喜欢神秘快乐气息"
2	特写	推	女主角手背在身后，手里拿着巧乐兹坚果脆筒，继续向前走，寻找		《喜欢你没道理》前奏起	画面和音乐结合，体现出寻找时神秘的气氛，但又充满欢乐
3	中近景	切换	一个小松鼠突然跳出来抢走女主角手里的脆筒，然后迅速跳到路旁的树上，女主角先是吃惊的表情，看到小松鼠后又开心地笑起来	小松鼠跳动时碰撞树叶的声音	在女主角笑起来时，音乐起《喜欢你没道理》高潮部分	歌词：恋爱ninety-nine久久延续的浪漫喜欢你没有道理好心情用不完
4	近景	切换	女主角和小松鼠面对面吃脆筒，女主角开心地笑	小松鼠叫声	背景音乐音量低于小松鼠的叫声	
5	中景	切换	好多小动物向女主角和小松鼠跑来，女主角既惊喜又开心	小动物欢乐的叫声	《喜欢你没道理》高潮部分音乐起	歌词：恋爱ninety-nine久久甜蜜在心坎品尝你温柔宠爱超完美的口感
6	中近景转特写	拉，移	中近景：小动物围着女主角吃脆筒，镜头拉近，移到女主角上半身特写，女主角开心地举着脆筒		背景音乐降低	台词：喜欢你，没道理，伊利巧乐滋

（2）模仿"伊利巧乐兹"电视广告脚本完成一则电视广告脚本的设计（注：广告不限广告主题，同学们可自主选择创作的对象）。

（3）完成广告脚本的最后撰写，交由授课老师评阅。

3. 实训成果

实训作业——某产品（服务）的电视广告脚本。

练习题

一、单选题

1. 报纸广告制作一般没有的要求是（　　）。

    A. 色彩明亮　　　　　B. 连续刊登　　　　　C. 版面大小　　　　　D. 位置安排

2. 一般人的视觉中心大约在整体报纸版面中心上面的（　　）处。

    A. 1/8　　　　　　　B. 1/5　　　　　　　C. 1/4　　　　　　　D. 1/3

3. 与黑白广告相比，彩色广告的注目率要高（　　）。

    A. 5%～10%　　　　B. 10%～20%　　　　C. 20%～25%　　　　D. 10%～30%

4. 美国广告学家卢基经过实验研究，列出了13种颜色匹配的易读性等级，其中（　　）的匹配易读性最高。

    A. 红底蓝面　　　　　B. 白底黑面　　　　　C. 绿底赤面　　　　　D. 黄底黑面

5. （　　）是指表现广告人物周围的空间、环境、自然景色或众多人物活动场面的电视画面。

    A. 近景　　　　　　　B. 中景　　　　　　　C. 远景　　　　　　　D. 全景

二、多选题

1. 以下属于印刷类广告的有（　　）。

    A. 报纸广告　　　　　　　　　　　　B. 杂志广告

    C. 电视广告　　　　　　　　　　　　D. 网络广告

    E. 广播广告

2. 杂志广告制作的要求有（　　）。

    A. 图文并茂　　　　　　　　　　　　B. 正确利用版面

    C. 情景配合　　　　　　　　　　　　D. 采用相似形式

    E. 有声有色

3. 广播广告的三要素是（　　）。

    A. 语言　　　　　　　　　　　　　　B. 文字

    C. 音响　　　　　　　　　　　　　　D. 音乐

    E. 广告歌曲

4. 电视广告画面构图一定要符合的要求有（　　）。

    A. 图文并茂　　　　　　　　　　　　B. 简洁完整

    C. 均衡统一　　　　　　　　　　　　D. 突出主题

    E. 有声有色

5. 网络广告的设计要求包括（　　）。

　　A. 分析目标受众　　　　　　　　B. 突出广告产品特点

　　C. 高水平的广告创意　　　　　　D. 适时更新广告设计

　　E. 综合利用多种设计元素

三、名词解释

1. 广告设计　　2. 印刷媒体广告　　3. 电子媒体　　4. 解说　　5. 演词

四、简答及论述题

1. 报纸广告制作的程序有哪些？

2. 布局报纸广告画面时应遵循哪些原则？

3. 试论述杂志广告布局设计的技巧。

4. 试论述电视广告的制作要求。

5. 试论述广播广告三要素的组合方式。

📚 案例讨论

康龙休闲鞋微电影广告制作

　　康龙是2001年成立的知名休闲鞋履品牌，该品牌秉持"时尚、简约、休闲、舒适、环保"的理念，致力于为消费者提供舒适、时尚、高性价比的产品。

　　康龙休闲鞋的这部微电影广告创意如下：一个跳伞男孩从天而降，不小心降落在了一片丛林里，并且落在一只恐龙身上（注：康龙的新Logo是一只昂首站立的小恐龙，见图6-12）。在男孩惊扰了恐龙并试图逃跑时，脚上的一双康龙休闲鞋引起恐龙的注意，这只可爱的恐龙把男孩从树上冲撞下来并把鞋子穿在自己的脚上开心地跑了，在一处风景秀美的地方跷腿休息，男孩跟踪之后偷偷潜伏，试图把鞋子偷回来……广告以幽默、拟人、轻松的方式表达了康龙休闲鞋舒适休闲的特点。

　　在制作方面，广告采用实拍和三维动画结合的方式，具体步骤如下。

图6-12　康龙的新Logo

　　1. 构思与撰写剧本。在前期沟通策划的基础上完成剧本创作。

　　2. 分镜头脚本的写作。此步骤的目的是后期拍摄和剪辑更加有条理。脚本要尽量细化，以便提高后期拍摄的效率。

　　3. 确定拍摄设备。一般微电影广告拍摄对器材的要求不高，有拍摄设备即可，但如果对画质要求较高，还需要灯光设备、收音器、轻型滑轨、稳定器、小摇臂车、航拍器等。

　　4. 组建剧组。组建由导演、演员、摄影师、剪辑师等构成的剧组。

　　5. 寻找拍摄场地。根据剧本确定场地，有些拍摄场所需提前预订。

　　6. 提前排练台词，根据分镜头脚本分场景拍摄以及进行对白、独白、音响效果录制。

　　7. 完成微电影中有关恐龙画面的三维动画制作。

　　8. 后期剪辑制作。根据前期的脚本和后期导演的灵感进行初剪、精剪，还需要对画面进行色调和特效处理，以及配音、配乐、字幕、片头和片尾制作等工作。

资料来源：改编自尚恒志. 网络与新媒体广告 [M]. 北京：北京大学出版社，2018：209-210。

问题讨论

结合案例谈谈微电影广告的创意与制作要求。

项目 6 广告设计与制作

任务	学习白加黑感冒药电视广告设计			
班级		学号		姓名	

本任务要达到的目标要求：
1. 熟悉电视广告的设计要求。
2. 提升广告设计的水平。

___
能力训练
___

扫描二维码阅读材料，然后回答问题。

白加黑电视广告的设计

1. 结合本案例谈谈电视广告的设计要求。

2. 请从广告设计的角度分析为什么白加黑的这则电视广告会被奉为经典?

学生评述

完成任务的心得与体会：

教师评价

学习目标

【知识目标】

(1) 理解广告效果的含义。

(2) 了解广告效果的类型与特征。

(3) 认识广告效果评估的意义。

(4) 熟悉广告效果评估的原则。

(5) 熟悉广告效果评估的内容。

【技能目标】

(1) 能够掌握广告效果评估的方法。

(2) 能够为企业制订广告效果评估实施方案。

(3) 能够对企业广告的效果进行全面评估。

【素质目标】

(1) 培养学习广告效果评估的兴趣。

(2) 树立正确的广告效果评估理念。

(3) 全面、客观评估广告的效果，注重对广告社会效果的评估。

项目情境导入

　　在高校任教的张老师看到电子商务物流认证培训非常火爆，也萌发了要办班的想法。张老师本人就是这方面的专家，经常受聘为校外的一些培训机构讲授电商物流的认证课程，很受学生欢迎，因此张老师觉得自己办班也是水到渠成之事。

　　张老师是个做事雷厉风行的人，有了想法就要尽快付诸实施。于是他拿起电话邀请好友刘先生和一名自己最信赖的学生商量办班事宜，没想到三人一拍即合，办班的事情就这样确定下来。当天晚上，三人第一次面谈就确定了培训班的办学课程、办学场地、办学资质（挂靠培训学校）和师资等问题。

　　一切似乎都很顺利。刘先生很快就与一家培训机构达成了挂靠协议并租下市中心的办班场地，张老师也凭借在电子商务物流培训圈里的人脉找好了培训教师。张老师的学生也没闲着，很快找广告公司制作了几百张招生海报，与刘先生一道贴满了所在城市30多所高校的校园。

然而，招生海报贴出后，来电咨询的学生寥寥无几，第一届仅仅招了不到 10 名学员，所收的学费还不够支付一个月的房租。张老师对此非常不解，培训班的师资堪称一流，办学场地也很不错，学费收得也比同行要低，为何没有大批学生前来报名呢？三人经过商议，决定加大广告投入，开始印制更多的广告招贴和宣传单，并在当地的报纸上做了几期招生广告。半个月过去了，培训班的招生情况依然没有好转，虽然陆续有学生来电咨询和报名，但办班庞大的开支使张先生他们三人根本无力承担。在匆匆办完一届之后，三人最终关闭了这个短命的培训班。

让张老师他们始料不及的是，在培训班停办一段时间之后，他们接到的报名咨询电话却日渐增多。张老师不禁陷入沉思之中。

问题：为什么通常广告发布后所产生的促销效果很难立竿见影？结合本案例请谈谈广告效果的基本特征。

项目分析

随着市场经济的不断发展，企业间的竞争日趋激烈。为了促进销售，提升市场占有率，也为了赢得相较于竞争对手的优势地位，企业不惜投入大笔的广告费用。这些广告费用的投入，到底能够为企业带来哪些收益？如何来评估广告在其中所起的作用？这是广告主极为关心的事情。因此，科学、客观地评估广告效果，已成为现代广告活动的重要组成部分。

那么，什么是广告效果？有哪些类型？它的特征是什么？广告效果评估应遵循什么样的原则和程序？广告效果评估的具体内容是什么？本项目将对以上问题逐一进行解答。

任务 7.1　认识广告效果

任务引入

某中端品牌化妆品曾经选用体育明星、影视明星为产品代言，花费了巨额广告费，但效果不佳。后来，该品牌改用企业职员、教师等工薪阶层为广告模特，反而收到了很好的广告效果。对此，NK 大学商学院的 L 教授解释道，新广告片中所展现的普通人的工作、生活场景对大多数消费者来说具有很强的相似性，容易引起目标受众的共情，因此觉得广告中的模特非常可信，进而乐于接受模特们在广告中所推荐的化妆品。

问题：你是怎样理解广告效果的含义的？广告效果具有哪些特征？你同意上文中 L 教授对某化妆品广告效果的解释吗？

相关知识

1. 广告效果的含义

广告效果是广告对受众所产生的影响以及由于人际传播所达到的综合效应。广告效果的表现是多方面的，如对广告产品销售状况的影响，对人们的消费观念和行为的影响，对广告受众心理的影响，等等。

对广告效果进行评估具有重要的意义，它不仅能够帮助企业改进广告的创意、设计和制作水平及帮助企业调整媒体策略，还能够为企业下一阶段的广告决策提供依据。

2. 广告效果的分类

按照不同的划分标准，广告效果可分为多种类型。

1）根据涵盖内容和影响范围划分

根据涵盖内容和影响范围，广告效果可分为经济效果、沟通效果（消费者心理效果）和社会效果。

（1）广告的经济效果。广告的经济效果又称销售效果，是指广告活动促进产品的销售或提供服务的增加程度，反映广告活动对企业利润增加的贡献程度。广告主通过付费的形式，利用各种传播媒介向目标受众传递产品、服务以及观念等信息，其最终目的就是通过广告活动刺激消费者采取行动来购买广告产品或接受服务，以促进销售。广告的经济效果是企业广告活动最基本、最重要的效果，也是广告效果评估的主要内容。

（2）广告的沟通效果。广告的沟通效果是指广告活动在消费者心理上的反应程度，表现为广告活动对消费者的认知和心理方面的影响。广告活动能够激发消费者对广告产品或服务的需求，唤起他们的购买欲望，使之产生购买动机，并培养其对广告产品或服务的信任和偏好。广告的沟通效果与销售并无直接的关系，但它可以间接地促进销售。

（3）广告的社会效果。广告的社会效果是指广告在社会伦理、道德、教育等精神文化方面的影响。广告的内容和表现手法都带有社会形态的烙印，因此，这种烙印必然会对广告受众产生影响。例如，广告所倡导的消费观念、道德规范、思想意识都会产生一定的社会影响。

2）根据广告产生效果的时间划分

根据广告活动产生效果的时间，可以将广告效果分为即时效果、近期效果和长期效果。

（1）即时效果。即时效果是指广告作品发布后立即就能产生的效果。例如，超市里的打折促销海报一张贴，往往很快就能吸引不少店内的顾客前来购买。

（2）近期效果。近期效果是指广告发布后在较短时间内产生的效果。时间通常是一个月、一个季度，最多不超过一年。在此期间，广告主的广告商品（服务）的销售额出现增长，品牌知名度、美誉度等会有一定程度的提高。大多数广告都追求近期的广告效果，它是衡量一则广告活动成功与否的重要标志。

（3）长期效果。长期效果是指广告发布后，在很长一段时期内仍然对消费者会产生影响的广告效果。我们小时候看过的一些电视广告，如娃哈哈 AD 钙奶电视广告中孩子们高呼"喝了娃哈哈，吃饭就是香"的画面，时至今日依然会浮现在我们的眼前。因此检验一则广告是否有效时，必须充分考虑到广告产生效果的时间因素，不能仅凭广告的即时效果和近期效果来评价广告的优劣。

3）根据广告产品所处的不同生命周期阶段划分

根据广告产品处于不同的生命周期阶段，可以将广告效果划分为导入期效果、成长期效果、成熟期效果与衰退期效果。

在广告产品生命周期的不同阶段，广告效果评估的重点分别是什么？

4）根据广告宣传活动的整体过程划分

根据广告宣传活动的整体过程，可以分为事前评估效果、事中评估效果与事后评估效果。这是一种常见的划分方式，其目的是随时了解广告的具体效果，并根据效果的不同不断调整和修改广告计划。

3. 广告效果的特征

1）时间的滞后性

广告活动的效果会受到多种因素的影响，如广告环境、企业营销策略、广告的创意和制作水平、广告媒介的影响力、广告发布的时机等。任何一个因素的微小变化，都会影响广告的效果。很多广告效果要经历一段时间才能产生，即广告对消费者的心理认知的影响以及诱导人们采取购买行动需要一定的时间，称为广告效果的时滞性。

时间的滞后性使广告宣传的效果往往不能很快、很明显地体现出来。因此，评估广告宣传的效果，首先要把握广告产生作用的周期，确定效果发生的时间间隔，区别广告的即时性和迟效性。只有这样，才能准确地预测某次广告活动的效果。

2）效果的积累性

广告宣传活动往往是反复进行的。某一次广告宣传由于其传输信息的偶然性与易失性，使得其效果很难立竿见影。因此，广告发布一般都是反复的，每一次广告发布都会在一定程度上加深消费者的印象，扩大消费者对广告产品的认知范围和认知强度。所以，某一时点的广告效果都是这一时点以前的多次广告宣传积累的结果。我们不能因为一则广告在发布一次之后未能促使消费者产生购买行为，就断定该广告无效。对某一次广告效果进行评估是不足取的。

媒体受众由于受多种因素的影响而没有产生购买行为，这段时间就是广告效果的积累期。针对广告效果的这一特性，广告主进行广告宣传时，应突出广告的诉求点，以鲜明的特色来打动消费者，使他们产生购买欲望，并最终达成交易行为。

如何证明自己在看奥运会——迎面走来的是拼多多代表队！

2021 年东京奥运会期间，众多观众直呼被拼多多的新广告（见图 7-1）洗脑了。于是网上流传着一个热"梗"，如何用一句话证明你正在看奥运会？我先来："迎面走来的是拼多多代表队！"这足以证明这则广告的影响力。

对于这则广告，有些人觉得很有意思，有些人则觉得很烦。

各种看法都有，网上一下子就炸开了锅，这也证明了它确实达到了一定的传播效果。

图7-1 拼多多的主题电视广告

1. 不断重复

短短15 s的广告，能达到如此效果，全靠拼多多在央视不断重复的广告。有网友计算，在奥运会转播期间，这个广告在半小时内就重复了6次，不管看哪个比赛项目，都逃不过结束以后那一句"迎面走来的是拼多多代表队"。最后的结果是，体育赛事记没记住不一定，观众倒是把"拼多多代表队"记得牢牢的。

2. 融入生活情境

要问这个广告究竟有多洗脑，有个网友的回答那真是相当精彩："每次听见这则广告的声音，就很想下楼做操。"相信不少网友都有同样的感受，这究竟是为什么呢？因为拼多多把生活的情境再现得很好，每每听见这个熟悉的旋律，我们都能想起曾经在操场上踏着整齐的步伐、喊着口号的场景。唤醒网友们这样的记忆后，拼多多再配上自己的广告标语"拼着买，才便宜"，让人想不注意都难！

3. "槽点"引发讨论

一则能够引发大范围传播的广告，总是有着各种各样的"槽点"。有"槽点"，才能有讨论，有讨论，自然就有热度。在全民都在关注奥运会的时刻，拼多多一遍一遍地重复着自己的广告语，引发了无数网友的吐槽，吐槽的同时，这也意味着拼多多品牌的广告语又被无数人记住了！

分析：

总体来说，拼多多的这则广告确实可以吸引用户的注意力、打造记忆点，是一次非常出色的宣传。但如果从广告沟通效果和广告社会效果的角度来看，它仍有一定的不足。一些网友在微博上调侃："我今天晚上做梦都会是'迎面走来的是拼多多代表队'""每次听到音乐前奏我都以为马上要开始比赛了，结果'迎面走来的是拼多多代表队'，这广告怎么这么烦人。"不过，"有槽点的广告"好过"平庸的精美"，至少"迎面走来的是拼多多代表队"这一广告语已给人们留下了深刻的记忆。

3）效果的复合性

广告效果具有复合性有两重含义。其一是，广告活动不过是企业营销体系的一个环节而已，决定产品销售业绩的因素很多，如产品开发策略、定价策略、渠道策略等；其二是，某一时期的广告效果也许是多种媒体广而告之的结果，鉴于不同的广告媒体具有不同的特点，广告主可以综合加以利用。在评估广告效果时，要分清影响广告效果或决定广告效果的主要因素，以确保评估的客观性与真实性。

4）效果的间接性

广告效果的间接性主要表现在两个方面。一方面，受广告宣传影响的消费者，在购买商品之后的使用或消费过程中，会对商品的质量和功能有一个全面的认识。如果商品质量好并且价格合理，消费者就会对该品牌商品产生信任感，就会重复购买。另一方面，对某一品牌商品产生信任感的消费者就会将该品牌推荐给亲朋好友，从而间接地扩大了广告效果。

5）效果的层次性

广告效果具有层次性，既有经济效果、认知效果和社会效果之分，又有立即效果、近期效果和长期效果之别。只有将上述效果很好地综合考虑，才能有利于广告主产品的销售以及塑造良好的企业形象与品牌形象。广告策划者在开展广告宣传活动时，不能只顾眼前利益而发布虚假广告，更不能只要经济利益而不顾社会影响。

4. 广告效果评估的意义

美国费城商人约翰·华纳梅克的一句名言："我知道我的广告费浪费了一半，但却不知道是哪一半浪费了。"这句话道出了进行广告效果评估的必要性。概括来说，广告效果评估的意义主要体现在以下几个方面。

1）广告效果评估是对整个广告活动经验的总结

广告效果是对整个广告活动的总结，是检验广告计划、广告活动合理与否的有效途径。在广告评估过程中，通过对广告结果与计划目标的对比，能够衡量广告的实现程度，并能够据此总结经验，吸取教训，为下一阶段的广告促销打下良好的基础。

2）广告效果评估是广告主进行广告决策的依据

在某一时期广告活动结束之后，广告主必须客观地评估广告效果，检验广告目标与企业目标、目标市场、营销目标的吻合程度，以正确把握下一阶段的广告促销活动。如果对广告活动的成效心中无数，就会使广告主在经营决策方面盲目行动，误入歧途。

3）促进企业改进广告的设计与制作

通过对广告效果的评估，企业可以了解消费者对广告作品的接受程度，鉴定广告主题是否突出，广告形象是否有艺术感染力，广告语言是否简洁、鲜明、生动，广告商品是否符合消费者的需求，广告传播是否收到良好的心理效果等。这些都为企业未来的广告活动提供了参考资料，并有助于企业改进广告的设计和制作，使广告宣传的内容和表现形式的结合日臻完美，从而使广告的诉求更加有力。

4）促进整体营销目标与计划的实现

广告效果评估能够比较客观地确定广告活动所取得的效益，也可以找到除广告宣传因素外影响企业产品销售的原因，如产品的款式、包装、质量、价格等问题。企业可据此调整生产经营结构，开发产品，生产适销对路的产品，实现经营目标，取得良好的经济效益。

5) 增强企业的广告意识

对广告效果进行科学的评价、评估，可以摒弃单凭经验、感觉来主观评判广告效果的做法，可以使企业的广告活动规范化、严密化和精细化，从而制定可行的广告决策。同时，通过对广告效果的评估，可以使企业切实感受到广告所带来的各种收益，增强其运用广告发展企业的信心，促进企业与广告业的共同繁荣。

任务实训

1. 实训的目的

通过了解广告对我们潜意识的影响，加深对广告效果的认识。

2. 实训内容及步骤

(1) 先阅读以下案例，然后按要求完成相关任务。

王先生在某市中心商业区的写字楼上班，单位位于写字楼的第28层，每天上下班王先生都会看到电梯里液晶显示屏上不断播放的广告。对于电梯广告，王先生通常会不经意地看上几眼，但从未特别留心过。尽管如此，在王先生的印象中，对在电梯里播放的广告总有些隐隐约约、模模糊糊的记忆。五一节期间，王先生去一家电商城打算给父母买一台新空调。面对众多的品牌，他一时不知该如何选择。王先生在卖场来回踱步，突然回忆起在电梯里曾看到过的某品牌空调的广告，他依稀记得该广告还特别强调空调静音效果好，非常适合老年人使用。于是王先生走到该品牌空调的专柜前认真挑选起来。

通过王先生的行为，我们不难发现，平时不被关注的广告也能发挥它的作用。

生活中，这样的例子不胜枚举。当我们随便翻开一本杂志，看见其中一个广告；打开电视机看见一个广告片段，我们潜意识中就已接受了广告的刺激，并留存一定的记忆，在将来需要时这些广告的效果就会得以体现。

从广告对我们潜意识的影响来看，广告即使未见效益（短时间内），广告费也未必就是浪费。

(2) 结合本案例，请回答如下问题：

为何平常我们不太关注的广告也能对我们的消费行为产生一定的影响？这对我们认识广告效果有何启示？

(3) 提交问题答案，交由授课老师批阅。

(4) 授课老师对本次实训作业情况进行点评，完成本次实训。

3. 实训成果

实训小作业——某电梯广告案例分析。

任务7.2 掌握广告效果评估的原则与程序

任务引入

某企业在评估电视广告效果时非常看重以下3个指标。一是回忆度，即消费者看完广告后的一段时间后，是否还记得这个品牌。二是有没有试用潜力，即消费者看完广告后有没有产生尝试购买的意愿。三是有没有说服力和独特性，即消费者是否相信广告的主张以及广告中的产品是否具有鲜明的特点。

该公司认为，如果消费者看完电视广告后回忆度高、有尝试购买的欲望，或是认为广告有说服力并且产品具有独特性，那么该这则广告就达到了较为理想的效果。

问题：你是否同意该公司的观点？请说出你的理由。

相关知识

1. 广告效果评估的原则

为确保广告效果评估的科学性和准确性，应遵循以下原则。

1) 针对性原则

针对性原则是指评估广告效果时必须有明确而具体的目标。例如，广告效果评估的内容是经济效果还是社会效果？是近期效果还是长期效果？近期效果中是企业的销售效果还是消费者心理效果？如果是心理效果，是评估态度效果还是认知效果？如果评估的是认知效果，是评估媒体受众对产品品牌的认知效果还是对广告产品的功能特性的认知效果？只有确定了具体的评估目标，才能选择相应的手段与方法，评估的结果也才能准确、可靠。

2) 可靠性原则

广告效果只有真实、可靠，才有助于企业进行决策，提高经济效益。在评估广告效果的过程中，要求抽取的调查样本具有典型性和代表意义；调查表的设计要合理，汇总分析的方法要科学、先进；考虑的影响因素要全面；评估要多次进行，反复验证。只有这样，才有可能取得可靠的评估结果。如果多次评估的结果都基本相同，说明该评估方法的可靠程度较高；否则此评估方法一定存在问题，有必要做进一步的修订。

3) 综合性原则

影响广告效果的因素多种多样，既有可控因素，也有不可控因素。可控因素是指广告主能够改变的因素，如广告预算、媒体的选择、广告刊播的时间、广告播放的频率等；不可控因素是指广告主无法控制的因素，如相关的法律法规、目标市场的经济发展水平、消费者的习惯等。对于不可控因素，在评估广告效果时要充分掌握它们对企业广告宣传活动的影响程度，做到心中有数。在评估广告效果时，除了对影响因素进行综合性分析，还要考虑媒体使用的并列性以及广告播放时间的交叉性。只有这样，才能排除片面性的干扰，取得客观的评估结果。

4) 经常性原则

由于广告效果具有时间上的滞后性，效果的累积性、复合性、间接性等特征，因此，企业不能抱有临时性或一次性评估的态度。本期的广告效果也许并不是本期广告宣传的结果，而是上期或者过去一段时间内企业广告活动共同作用的结果。因此，企业在评估广告效果时必须坚持经常性原则，要定期或不定期地评估，同时还要进行科学的分析，从而得出客观的结论。

5）简便易行原则

在制订广告效果评估计划时，必须坚持简便易行的原则。即在不影响评估要求和准确度的前提下，评估方案不仅要在理论上可行，还要在实施中具有较强的可操作性。

6）经济性原则

进行广告效果评估，所选取的样本数量、评估模式、地点、方法以及相关指标等，既要有利于评估工作的展开，又要从广告主的经济实力出发，考虑评估成本，充分利用有限的资源为广告主多办事、办好事，否则广告效果评估就会成为广告主的一种负担或成为一种资源浪费。为此，企业要做好广告效果评估的经济核算工作，用较少的成本投入取得较多的广告效果评估产出，以提高广告主的经济效益，增强广告主的经营实力。

2. 广告效果评估的程序

广告效果评估大体上可以划分为确定广告效果评估的具体问题，制订计划、组建广告效果评估小组深入调查、收集、整理和分析资料，对广告效果评估结果进行论证分析，撰写评估分析报告等程序。

（1）确定广告效果评估的具体问题。由于广告效果具有层次性的特征，因此用于评估广告效果的问题不能漫无边际，广告效果评估人员应事先决定研究的具体对象以及从哪些方面对该问题进行剖析。广告效果评估人员要把广告主宣传活动中存在的最关键和最迫切需要了解的问题作为评估重点，设立正式评估目标，确定评估问题。

（2）制订计划、组建广告效果评估小组深入调查。

① 制订计划。根据广告主与评估人员双方的洽谈协商，广告公司应该委派负责人，写出与实际情况相符的广告效果评估工作计划。该计划内容包括评估进行步骤、调查范围与内容、人员组织等。如果广告效果评估研究组与广告主不存在隶属关系，就有必要签订有关协议。按照评估要求，双方应在协商的基础上就广告效果评估研究的目的、范围、内容、质量要求、完成时间、费用酬金、双方应承担的权利与责任等内容订立正式的广告效果评估研究合同。

② 组建研究小组深入调查。在确定广告效果评估问题并签订评估合同之后，评估研究部门应根据广告主所提问题的要求和评估研究人员的构成情况，综合考虑，组建广告效果评估研究组。在研究组的组建中，应选择好负责人，然后根据相应要求群策群力地进行研究，认认真真深入调查，这样才能产生高质量的评估结果。

（3）收集、整理和分析资料。广告效果评估研究组成立后，要按照评估的要求搜集有关资料。企业外部资料主要是与企业广告活动有联系的政策、法规、计划及部分统计资料，企业所在地的经济状况、市场供求变化状况、主要媒体状况、目标市场上消费者的媒体习惯以及竞争企业的广告促销状况。企业内部资料包括企业近年来的销售状况、利润状况，广告预算状况。

整理和分析资料是对通过调查和其他方法收集的大量信息资料进行分类整理、综合分析和专题分析。资料归纳的基本方法有按时间序列分类、按问题分类、按专题分类、按因素分类等。在分类整理资料的基础上进行初步分析，筛选出可以用于广告效果评估的资料。

分析方法有综合分析和专题分析两类。综合分析是从企业的整体出发，综合分析企业的广告效果。例如，广告主的市场占有率分析、市场扩大率分析、企业知名度提高率分析等。专题分析是根据广告效果评估问题的要求，在对调查资料汇总之后，对广告效果的某一方面进行详尽的分析。

（4）对广告效果评估结果进行论证分析。广告效果评估论证通常采用论证会的方式进行，由广告效果评估研究组负责召开，对广告效果评估结果进行全方位的评议和论证。参与论证的人员包括广告主的代表、广告效果评估研究组的主要成员以及邀请的外部广告专家和学者等。

（5）撰写评估分析报告。广告效果评估分析报告由广告效果评估研究组完成，包括以下内容：前言，主要阐明评估广告效果的背景、目的和意义；广告主概况，主要说明广告主的人、财、物等资源状况，广告主广告活动的规模、范围和方法等；广告效果评估的调查内容、范围与基本方法；广告效果评估的实际步骤；广告效果评估的具体结果；改善广告促销的具体意见。

任务实训

1. 实训的目的

通过实地调查，评估楼宇视频广告的效果（注：楼宇视频广告是指用液晶电子显示屏在商业楼宇、高档公寓、办公大楼等场所播放的商业广告）。

建议采用如下两种评估方法。一是通过观察法调查样本中的每个楼宇视频媒体终端每天人流量情况，媒体受众的年龄结构、性别分布等，同时统计受众对楼宇视频广告的关注情况，如目光停留时间、专注程度等。二是设计调查问卷，通过网络调查，评估楼宇视频广告的效果。

2. 实训内容及步骤

（1）由课代表负责此次实训活动，以班级为单位完成实训任务。

（2）制订实训活动方案，并完成问卷设计工作。

（3）根据分工，班级成员分别完成实地观察和网络问卷调查任务。

（4）对调查收集到的资料和问卷进行整理、统计和分析，并撰写研究报告。

（5）提交研究报告，由授课老师对研究报告进行批阅和点评。

3. 实训成果

研究报告——《楼宇视频广告的效果研究》。

任务7.3　熟悉广告效果评估的内容

任务引入

20世纪八九十年代，有不少企业坚信：企业品牌是谁敢花钱谁就能做大，谁在权威电视台投入的广告费多谁就能卖得好。但曾经两度竞得央视广告标王的秦池酒业的失败案例告诉我们，这种想法并不现实。尤其是在移动互联网迅猛普及、数字媒体异军突起的当下，广告投入不是越多越好，而是越精准越好。正所谓，投得多还不如投得准。

有句话叫财大气粗，即使在当今媒体环境巨变的时代，依然有很多品牌不惜投入巨资砸广告。例如，某集团将30%以上的营收投入广告中去，而研发的投入还不到营收的2%。巨额的广告投入吞噬了企业的利润，使企业在研发、生产、品控方面的投入捉襟见肘，企业的经营不可避免地陷入恶性循环之中。

问题：为什么不少企业投入巨额广告费不仅未能达到预期效果还拖垮了企业？你认为该如何客观地评估广告的效果？

相关知识

广告效果评估涉及广告活动的各个环节，贯穿于广告活动的全过程。广告效果评估的内容包括广告信息评估、广告媒体评估和广告活动3个方面，其中广告活动评估是评估工作的难点。

1. 广告信息评估

广告信息评估是对广告作品传播的各方面的信息进行全面的测验和评定，要在广告作品发布之前检验广告作品定位是否准确，广告创意是否引人入胜，广告作品是否具有冲击力和感染力，广告能不能满足目标消费者的需要，激发起消费者的购买欲望。[①]

广告信息评估可分为广告主题评估和广告文案评估两种。

1）广告主题评估

广告主题是广告所要表达的中心思想，是广告内容和目的的集中体现和概况。广告主题评估是广告效果评估的首要环节，也是最为关键的一个环节。广告主题评估主要是看广告作品有没有充分体现广告主的广告诉求，目标受众是否认可和接受广告主题，以及是否利用充分的情感来渲染广告主题。

2）广告文案评估

广告文案评估包括对广告标题、广告正文、广告标语（广告口号）和广告附文（广告随文）的评估。广告标题评估主要是看广告标题是否充分反映了广告的主题，是否传达了受众关注的利益，是否使用了不当的语言，采用的标题形式是否恰当以及标题的长度是否适中等。广告正文评估主要是看广告正文是否紧扣主题，语言是否流畅简洁，内容对消费者是否有吸引力，是否突出了广告商品的卖点等。广告标语评估主要看标语是否形象生动，能否充分诠释企业的经营理念，是否能精准体现企业的产品定位，是否简洁明了易于传播等。广告附文评估主要是看广告附文对正文是否有补充和辅助作用，能否促进销售活动的实施及能否帮助广告受众加深对企业的认识等。

2. 广告媒体评估

广告媒体评估是指针对广告刊播载体的评估，这些载体既包括电视、广播、报纸、杂志、网络、电影、户外等大众媒体，也包括报纸、杂志、广播、电视、网络大众广告媒体，还包括如户外、车体、POP等小众广告媒体广告等。广告媒体评估的主要任务是评估各种

---

① 程瑶，张慎成. 广告效果评估. 合肥：合肥工业大学出版社，2009.

媒体的特征、目标受众接触广告媒体的情况、企业的广告媒体投放策略及方案等。具体评估内容如下。

① 广告媒体的影响力、口碑、目标受众、广告价格评估。

② 媒体上的广告投放效益评估。

③ 广告媒体近期的发行量、视听率、阅读率、点击率等变化情况评估。

④ 企业的广告媒体选择及广告费用分配评估。

⑤ 企业的广告媒体组合及组合策略评估。

⑥ 企业的广告媒体执行方案评估。

3. 广告活动效果评估

广告活动效果评估，是广告活动完成后对其所产生的销售效果、沟通效果和社会效果的评估。

1）广告销售效果评估

广告销售效果评估是指评估广告活动所引起的产品销售额和利润的变化情况。这里的"产品销售额与利润变化状况"包含两层含义：一是指一定时期的广告促销所导致的广告产品销售额，以及利润额的绝对增加量，这是一种最直观的衡量标准；二是指一定时期的广告促销活动所引起相对量的变化。

最常见的广告销售效果评估指标主要有广告费用比率、单位广告费用销售增加率、广告费用利润率、单位广告费用利润率、单位广告费用利润增加率、市场占有提高率等。

2）广告沟通效果评估

广告沟通效果评估，即对广告所产生的沟通效果，如目标受众对广告产品的品牌回忆率及知晓率、对广告内容和诉求点的理解程度；目标受众与广告界的接触情况；广告对目标受众消费意向的影响等。

3）广告社会效果评估

广告社会效果评估是指对广告在社会道德、价值观、文化教育等方面产生的影响所做的评估。广告的社会影响既包括正面的影响，也包括负面的影响。正面影响包括帮助消费者树立正确的价值观和消费观念以及培养良好的社会风气等。负面影响包括误导消费者盲目地追求物质消费；部分广告以虚伪、夸张的方式欺骗消费者，而这些不道德的广告会降低整个社会的伦理或道德水平。

微课堂
广告社会
效果评估

广告社会效果不同于销售效果或心理效果，一般无法用具体的指标来衡量，只能依靠社会公众长期建立起来的价值观念来对它进行评估。

📚思政园地

广告社会效果评估的原则

1. 真实性原则

真实性原则，即广告宣传的内容必须客观真实地反映商品的功能与特性，实事求是地向媒体受众传递有关广告产品或企业的信息。

广告传输的信息有单面信息和双面信息之分。单面信息是指只集中告知媒体受众有关广告产品的功能与优点，调动媒体受众的情绪，使他们产生购买欲望，但过分强调单面信息会使媒体受众产生逆反心理，有时甚至会对广告信息的真实性产生怀疑。

双面信息是指既告诉媒体受众产品的优点，同时也告诉他们广告产品存在的缺点或不足，使媒体受众认真对待。这种广告信息诚实可信，常能赢得消费者的好感。前一段时间，电视播放了一则有关微创疗法治疗甲状腺结节的广告，广告不仅谈到微创疗法的特点、原理和优点，同时也明确地告诉了患者该疗法的不足之处。该广告播出后，效果相当不错。随着消费者的不断成熟，一味地自吹自擂、"王婆卖瓜"式的广告今后会越来越遭到广大消费者的抵制。因此，广告宣传坚持使用双面信息，显然是一种明智之举。

2. 社会规范原则

广告策划者在评估某一广告的社会效果时，要以一定的社会规范为评判标准，来衡量广告的社会效果。如以法律规范、社会道德规范、语言规范、行为规范等作为衡量依据。

任务实训

1. 实训的目的

通过实训，加深对广告文案效果评估的认识。

2. 实训内容及步骤

（1）阅读下面一篇由广告大师伯恩巴克为奥尔巴克百货公司所创作的经典广告文案。

标题： 慷慨地以旧换新

副标题： 带来你的太太，只要几块钱……

我们将给你一位新女人

正文：

为什么你硬是欺骗自己，认为你买不起最新的与最好的东西？在奥尔巴克百货公司，你不必为买美丽的东西而付高价。有无数种衣物供你选择——一切全新，一切使你兴奋。

现在就把你的太太带给我们，我们会把她换成可爱的新女人——仅仅只花几块钱而已。这将是你有生以来最轻松愉快的付款。

广告标语： 做千百万的生意，赚几分钱的利润。

附文： 奥尔巴克　纽约·纽瓦克·洛杉矶

（2）根据前文提到的文案评估标准，从广告文案的主题、正文、广告标语和广告附文4个方面进行评估。

（3）撰写评估结论和心得体会，完成此次实训任务。

3. 实训成果

实训小作业——奥尔巴克百货公司广告文案效果评估。

📖 练习题

一、单选题

1. 广告的（　　）是企业广告活动最基本、最重要的效果，也是广告效果评估的主要内容。

    A. 沟通效果　　　　B. 经济效果　　　　C. 社会效果　　　　D. 心理效果

2. 广告的（　　）是指广告发布后在较短时间内产生的效果。时间通常是一个月、一个季度，最多不超过一年。

    A. 即时效果　　　　B. 近期效果　　　　C. 中期效果　　　　D. 长期效果

3. 影响广告效果的因素多种多样，既有可控因素，也有不可控因素。下列诸多因素中广告主可以控制的因素是（　　）。

    A. 社会文化　　　　B. 法律法规　　　　C. 经济环境　　　　D. 广告预算

4. 广告效果评估的首要程序是（　　）。

    A. 确定问题　　　　B. 收集资料　　　　C. 分析资料　　　　D. 整理资料

5. （　　）评估是广告效果评估的首要环节，也是最为关键的一个环节。

    A. 广告主题　　　　B. 广告内容　　　　C. 广告文案　　　　D. 广告信息

二、多选题

1. 广告效果是一个集合的概念，涉及诸多方面。广告效果具有与其他经济活动效果不同的特征，主要表现在（　　）。

    A. 时间的滞后性　　　　　　　　B. 效果的积累性

    C. 效果的复合性　　　　　　　　D. 效果的层次性

    E. 效果的间接性

2. 根据广告活动产生效果的时间来划分，可以将广告效果划分为（　　）。

    A. 导入期效果　　　　　　　　　B. 即时效果

    C. 近期效果　　　　　　　　　　D. 长期效果

    E. 成熟期效果

3. 根据涵盖内容和影响范围，广告效果可分为（　　）。

    A. 社会效果　　　　　　　　　　B. 沟通效果

    C. 近期效果　　　　　　　　　　D. 长期效果

    E. 经济效果

4. 广告信息评估可分为（　　）两种。

    A. 广告主题评估　　　　　　　　B. 广告文体评估

    C. 广告文案评估　　　　　　　　D. 广告媒体评估

    E. 广告活动评估

5. 广告销售效果评估指标主要有（　　）。

    A. 广告费用率　　　　　　　　　B. 单位广告费用销售增加率

    C. 广告费用利润率　　　　　　　D. 单位广告费用利润率

    E. 市场占有提高率

三、名词解释

1. 广告效果　　2. 广告的经济效果　　3. 广告的沟通效果　　4. 广告的社会效果

5. 广告媒体评估

四、简答及论述题

1. 广告效果评估的意义主要有哪些？
2. 广告效果评估的原则是什么？
3. 广告媒体评估的具体内容包括哪些？
4. 试论述广告效果评估的程序。
5. 试论述广告活动效果评估。

📖 案例讨论

2022 年卡塔尔世界杯上的亮眼广告

2022 年全球最重大的体育赛事非卡塔尔男足世界杯莫属了。足球被认为是全球第一运动，无数成功的案例早已证明重大足球赛事在推进企业品牌全球化过程中的硬实力。因此，在 2022 卡塔尔世界杯上展现品牌实力注定是各大企业无法放弃的良机。

卡塔尔世界杯尚未开始，已有像可口可乐、百事可乐、蒙牛、伊利等国内外知名企业以"世界杯"为题进行广告创作。

1. 可口可乐

2022 年的卡塔尔世界杯于 11 月 20 日正式开幕，大赛开幕之前第一个推出借势广告大片的是可口可乐。

本次可口可乐广告大片延续了在 2021 年新发布的品牌理念"real magic"，广告的营销主题为"Believing Is Magic"（相信就是魔法）。可口可乐这则不到一分钟的广告片，用一场"万人狂欢"表达了对这项赛事的期待和关注，通过画面快闪切换的形式展现了品牌的激情与活力。

2. 百事可乐

在老对手可口可乐率先推出广告大片之后，百事可乐自然也不甘示弱，携手梅西、罗纳尔迪尼奥、博格巴等足球名将推出名为 *Nutmeg Royale* 的广告短片。广告片以足球比赛中的花式技巧"穿裆"为核心（片名中的 nutmeg 就是穿裆过人的意思），上演了一场精彩的街头足球对抗。广告短片运用了许多直播和游戏的特效元素，营造了一个足球运动与游戏娱乐无缝切换的世界，再加上经典游戏 FIFA 足球 99 的背景音乐 *Rockafeller Shank*，引爆了社交媒体的狂欢。

3. 蒙牛

蒙牛在 2018 年的俄罗斯世界杯上成为世界杯史上首个来自乳业的官方赞助商，并在那届世界杯上凭借梅西"我不是天生强大，我只是天生要强"和梅西表情包"慌的一匹"梗成为当年世界杯营销的最大赢家。

在卡塔尔世界杯倒计时 40 天之日，蒙牛发布了世界杯回忆电视广告片，引发了两代球迷对于过往的 12 届世界杯的青春回忆。而此次在开赛倒计时 10 天之际发布的《要强出征》

广告片（见图7-2）中，蒙牛重温了一位位世界杯队长的高光时刻，向那些世界杯历史上的队长们致敬：贝肯鲍尔、阿尔贝托、马纳多纳、卡西利亚斯、梅西……一位位队长心怀梦想、秉承永不服输的要强精神，指挥进攻、组织防守、鼓励伙伴、乘胜追击……

图7-2 蒙牛卡塔尔世界杯《要强出征》广告片

4. 伊利

早在世界杯开赛之前，伊利就以"热爱"为思考点，签约了以C罗、内马尔、阿根廷等最受中国球迷喜爱的球星球队。无论从出街的物料，还是推出的创意视频，伊利都没有用笔墨来描述世界杯，甚至也没有聚焦比赛，而是纯粹地呈现球星球队们与足球运动之间单纯的热爱关系。

相较其他品牌强化赛事竞技的输赢成败，伊利则反其道刻画球队球星的精神世界，用一种更加松弛、更加普世的视角来引导人们全身心地享受比赛的乐趣，而非挑动球迷的比拼情绪和立场分化。例如，在世界杯开赛当天，伊利也针对自身的"梦之队"特别打造了"为热爱上场"的主题视频。

针对女球迷，蒙牛签下老球星小贝，诸神黄昏代表人物C罗。一个场外帅，一个场内酷。

针对关注梅罗大战的球迷，蒙牛签下阿根廷和葡萄牙，而这两个球队是话题的焦点。

在决赛到来前，伊利又发布了一则《诸神黄昏》为主题的品牌商业广告片。广告片把关于足球的回忆，抽象成球员球衣号码的传承。正如这支TVC始终贯穿的那句"诸神之所以被谈论黄昏，是因为他们曾像初升的太阳一样，照亮过我们的清晨"。

问题讨论：

案例中4家企业所做的广告哪一个给你留下的印象最深？请从广告信息的角度对其沟通效果进行评述。

项目7　广告效果评估

任务	学习广告效果评估的模式				
班级		学号		姓名	

本任务要达到的目标要求：
1. 提升学生的自主学习能力。
2. 熟悉两个重要的广告效果评估模式。
2. 能够运用以上模式评估广告效果。

能力训练

阅读以下两个重要的广告效果评估模式后回答问题。

1. 达格玛模式

1961年，R. H. 科利提出了著名的达格玛模式，即"知名—了解（理解）—信服（好感）—行动"的商业传播四阶段说，达格玛即英文 DDAGMAR 的音译，为"defining advertising goals for measured advertising resultes"的缩写，中文意思是为能够衡量广告效果而确定广告目标。达格玛模式如表7-1所示。

表7-1　达格玛模式

知名	知悉品牌名称
了解（理解）	理解商品特色、功能
信服（好感）	确立选择品牌信念
行动	索要说明、样本、访问经销店

达格玛模式要求在广告活动开始之前，先测定市场状况，以此作为评价的基准点，在广告活动实施开展中再定期反复实施同样测定，将所得结果与基准位点进行对比分析，其增减变化即传播效果，将传播效果与目标进行对比，检查目标计划完成程度。达格玛模式以传播扩散理论为基础，以传播的说服效果为评定的中心，对广告管理和随时监控是非常有用的。

达格玛模式在评价传播效果，测定消费者心理变化因素方面非常有效，同时，由于达格玛理论是围绕广告传播目标提出的，因此在实施目标管理上有着明显的优势。但达格玛理论是关于态度尺度的测定，这种测定需要有较好的心理素质，要求有高超的问卷设计能力和调查技巧。由于该模式在实际操作中具有极好的可操作性，在广告效果评估中是一种切实可行的测定模式。达格玛不仅是测定广告传播效果的一种模式，而且是一种经营观念，一种测定广告传播效果的有效方法。

2. AIDAS 模式

这一理论模式又称广告因果理论或有效广告理论，是由美国广告顾问白德尔提出来的。他认为广告有效是广告有关因素共同作用的结果，而这种作用过程正是通过强有力的刺激，引起消费者注意，激发消费者购买欲望，最终发生购买行为，并从中得到满足的过程，广告的效果在于促使这一过程的顺利完成。

这一模式为：

A 注意（attention）—I 兴趣（interest）—D 欲望（desire）—A 行动（action）—S 满足（satisfaction）

AIDAS 理论中，白德尔认为广告效果是由广告主体、广告活动、广告以外其他影响因素共同作用的结果。

广告效果=广告主体×广告活动×其他外界因素影响

白德尔提供了一种评价广告效果的思维方式，但是这一模式不适合于实际操作，同时，他的模式对广告效果要素采取了乘法模式，这就意味着广告活动的最终效果是来自产品、广告活动以及广告本身之外因素共同协作的结果，任一部门的不配合，都有可能使广告动力付诸东流，只要其中一项为零，广告效果也就为零。

问题：

1. 对上述两种广告效果评估模式进行对比分析。

2. 你更认同上述哪种评估模式？请说出你的理由。

3. 运用上述模式对你所熟悉的一则广告进行效果评估。

学生评述
完成任务的心得与体会：

教师评价

延伸篇

第4篇

导语： 本篇是对前两篇内容的补充和延伸，主要介绍广告模特与广告音乐、网络广告和广告监管3个项目。通过对本篇的学习，能够了解广告模特的作用，掌握广告模特的选择与使用策略；了解广告音乐的作用；熟悉网络广告的概念、分类与特点，掌握网络广告的策划、网络广告的预算与效果评估方法；熟悉我国广告监管的体系，掌握政府对广告的监管措施，以及了解广告行业自律及社会对广告的监督。

学习目标

【知识目标】

(1) 了解广告模特的概念。

(2) 熟悉广告模特的类型。

(3) 理解广告模特的可信性。

(4) 理解广告模特与产品之间的相关性。

(5) 认识广告音乐的作用。

【技能目标】

(1) 能够客观评价广告模特的效果。

(2) 能够为企业制订广告模特选择策略。

(3) 能够掌握广告音乐的使用策略。

【素质目标】

(1) 培养学习本项目课程的兴趣。

(2) 树立正确的广告模特使用理念。

(3) 客观评价广告模特的价值。

项目情境导入

美国前 NBA 巨星迈克尔·乔丹被誉为篮球之神，他在篮球这项运动的影响力举世无双，可谓前无古人，后无来者。乔丹在商业方面的成就也是空前成功的。尤其是为耐克的商业代言，更是至今仍让人津津乐道。

乔丹初出道时，正值 20 世纪 80 年代中期。当时的耐克公司还是很不起眼的小字辈，知道有这家公司的人不多。乔丹原本也一直钟情于阿迪达斯，但耐克以音乐和球场动作相结合的独特广告方式赢得了乔丹的青睐，他很快以每年 25 万美元的广告费与耐克签约，且一签就是五年。每年 25 万美元，这对当时已红遍北美大地的 NBA 头牌、错号"魔术师"约翰逊来说也无异于是一个天文数字。签约耐克公司后，乔丹的形象脱颖而出，耐克品牌随即深入人心，公司也日渐壮大。耐克的钱没有白花，心血没有白费。捧红乔丹的同时，公司也捞足大钱。耐克推出的"飞人乔丹鞋"当年的销售额就高达 1.3 亿美元；公司每年靠乔丹的广告至少挣得 2 亿美元，商标的无形资产更是无法估量。在乔丹的众多广告商中，耐克是最成功的一家。因为是广告塑造了乔丹的公众形象，同时也塑造了公司自身的形象，乔丹就是耐克的代名词。

乔丹与耐克签约可谓是一桩完美的体育与商业的联姻。

问题：耐克与乔丹的成功合作对我们有哪些启示？

项目分析

企业利用模特，尤其是名人模特推荐或代言产品，实质上是一种借势营销。借助这些模特的影响力，可以提高产品的身价，塑造产品的良好形象，进而带动产品的销售。所以，广告模特是广告研究领域一个非常重要的话题。

那么，什么是广告模特？广告模特有哪些类型类？广告模特该如何选择？广告模特若使用不当会有哪些危害？本项目将对以上问题进行解答。

任务 8.1　认识广告模特

任务引入

1996 年，木村拓哉接拍佳丽宝（Kanebo）的唇膏广告开启了男星代言口红的先河，广告中涂抹口红的木村拓哉带来了该款口红两个月卖掉 300 万支的销售神话。佳丽宝广告成功靠的不是木村拓哉涂口红的效果，而是木村拓哉个人魅力的表现。口红大卖的真实原因是，粉丝们认为"我们要买木村喜欢的东西"。

近年来，我国男明星代言彩妆护肤品日渐成为一种趋势。2015 年，SK-Ⅱ官博宣布某男性艺人为 SK-Ⅱ中国区品牌大使。紧接着在 2016 年，男明星 Y 成为娇兰中国区帝皇蜂姿系列与唇妆产品代言人。2016 年以后，越来越多的男明星加入了代言美妆护肤品的行列，如 W 成了兰蔻彩妆与香水大使，H 成了紫罗兰的彩妆大使，Z 成了完美日记的唇妆代言人。到了 2018 年，越来越多的男明星开始进入美妆品牌的代言领域。据统计，2018 年，有超过 18 个美妆品牌起用男明星代言，而到了 2019 年已有 24 个美妆品牌由男明星代言。一些男明星因为一部电视剧或一个综艺节目走红后，迅速与美妆品牌签约。

2019 年双 11 明星带货人气榜单的前 15 名中，有 12 个都是男明星或者团体，前 5 名全部都是男明星。纵观这些成功拿到大牌化妆品代言人身份的男明星，基本上都可以称为"流量明星"，流量明星的最大优势自然就是流量。比如，某大牌化妆品通过官方微博宣布知名演员 L 为该品牌亚太区护肤及彩妆代言人。该消息发布不久，网友的评论数就高达 3.4 万条，点赞将近 30 万次，转发量突破了 43 万次。

问题：你是如何看待性别逆向代言这一现象的？男明星代言女性化妆品，这正常吗？

相关知识

1. 广告模特的含义

所谓广告模特，是指为拥护企业、产品以及品牌而在广告上出现的人物或象征物。企业将模特作为信息的传递者，利用模特的形象、可信性、魅力、类似性等属性来提高广告的说服力，改变消费者对企业或产品的态度，从而形成消费者的友好态度。

广告模特的作用如下：模特增强了广告的可读性（或可看性、可听性），模特能够为企业或其产品带来肯定性的态度转变，模特的形象特点可与品牌形象联系起来。

在理解广告模特的概念时要注意区分其与广告代言人的区别。广告代言人是从企业营销战略层面提出来的概念，作为广告模特拍摄广告只是广告代言人工作的一部分。广告代言人的工作还包括对企业公关活动的支持、促销活动的参与以及在代言期内完成企业分派的其他任务等。广告代言人不仅要帮助企业促进产品销售，还要帮助企业树立良好的品牌形象。所以可以这样说，广告代言人是广告模特，但广告模特未必是广告代言人。

2. 广告模特的类型

广告模特有多种类型，除了人物模特，如名人模特、专家模特、典型消费者模特、最高经营者模特之外，还有非人物模特，如动物模特、动画模特、身体部位模特等。广告模特的类型如图 8-1 所示。

图 8-1 广告模特的类型

1）名人模特

在众多的模特类型中，名人模特应该是最引人注目的。他（她）们一个个身份不凡，或青春靓丽，引领时尚；或演技出众，迷倒众生；或运动天赋不同凡人，重大比赛业绩卓著；或学有所长，为某一领域之翘楚。不管到底属于哪一类名人，他们的一言一行都会得到众多粉丝或崇拜者的追捧。很显然，名人模特拥有其他模特难以企及的超高人气。

微课堂
名人模特

具体而言，名人广告模特的优点体现在以下几个方面。

（1）名人模特的优点。

① 名人模特能够提高广告的被关注程度。名人本身具有广泛的影响力和较高的知名度，一旦在广告中出现，就很容易引起广告受众的注意。名人广告正是利用人们喜欢名人、崇拜名人、模仿名人的心理，吸引广告受众。

② 名人模特能够迅速提升产品的形象。由于大多数名人都具有特殊的地位和高端的生活水准，所以名人往往被定义为具有高档生活品质的人。名人模特代言的产品档次和形象也会因此得以大大提升。

③ 名人模特更易为消费者所信赖。名人在特定的范围或领域当中往往具有相当的权威性，从而易于获得消费者的信赖。例如，篮球明星斯蒂芬·库里代言安德玛之后，这个原本寂寂无闻的小众品牌很快就得到了无数球迷的认可，并迅速成长为全球知名的运动品牌。

④ 名人模特有助于塑造产品的个性。当企业的产品属性或功能与竞争产品类似时，利用名人模特做广告，可有效借助名人的个人魅力和形象赋予企业产品独特的个性，从而与竞争产品区别开来。

📖 **案例讨论**

华为签约梅西开拓全球市场

2016年3月18日，华为正式签约梅西为全球品牌形象大使及其商务旗舰 HUAWEI Mate 8 代言人。按照华为的说法，之所以聘请梅西作为其产品的形象代言，源于梅西与 Mate 8 在 security（安全）、energy（能量）、speed（速度）三方面拥有高度的一致性。

security——比赛场上值得信赖的可靠队友、超低失误过人、进攻助攻全能王。

energy——永远能量满满、表现强劲的"十号先生"。

speed——绿茵场上的速度之王。

自签约以来，梅西就成了华为手机忠实的用户。梅西经常使用华为手机拍照，并在个人社交软件上分享这些照片。其中，阿根廷球迷俱乐部官方微博发布了一张照片，正是巴萨罗那足球俱乐部获得西班牙足球甲级联赛冠军后，在返程的飞机上梅西和朋友的合影。照片抓拍的瞬间，梅西手上拿的正是华为 P9 手机。

虽然梅西的身体条件并不是球员中最顶尖的，但他一直力争上游的精神以及在球场上的王者气质，与华为打造世界领先的顶尖技术型企业目标高度吻合。足球是世界第一运动，梅西作为世界上最顶尖的球员之一广为人知。华为选择梅西合作，不仅能够有力推动品牌的国际化，更能将华为努力进取、不断突破的精神传递到世界各个角落。

从实际效果来看，与梅西的合作也的确推动了华为走向世界。截至2016年11月28日，华为手机在拉丁美洲地区的零售就突破了1 000万台。与梅西签约的当年，华为在阿根廷的手机销售数量同比增长了60%，市场占有率达到了8%。这一优秀的表现，让华为在2016年度阿根廷手机市场的供应商排名中超过微软（诺基亚）和阿尔卡特（Alcatel）上升到第四位。

案例评析：

梅西作为享誉世界的当世球王，在社交媒体上拥有数以亿计的粉丝。梅西球技精湛，性格坚毅，形象阳光，深受全世界绝大多数球迷们的喜爱。超高的人气，使得梅西具有强大的品牌号召力和全球影响力。签约梅西为全球品牌代言人，不仅大大提升了华为的全球形象，同时也为华为赢得了丰厚的市场回报。

⑤ 使服务类产品形象具体化。服务类产品又称无形产品，该类产品没有确定的形态，只能使用语言和思维理解来把握。其无形化的特点使得消费者很难直观感受到产品的品质，这也为该类产品的形象定位增加了难度。在做此类广告时，可以借助名人模特的独特形象，为服务类产品赋予具体的形象与特点。

（2）名人模特的缺点。名人广告是一把双刃剑，有优点也有缺点。其缺点主要有以下几个方面。

① 喧宾夺主，广告为名人做了嫁衣。名人模特往往富有独特的魅力，当他们在广告中出现时，消费者往往更加关注广告模特而不是广告产品本身。最后的结果是，消费者记住了广告模特，却记不住广告产品，造成广告投入的浪费。例如，我们能记住某些明星，并不是因为他们有多么好的作品，而是我们天天都能在广告中见到他们——是企业的广告帮助明星提高了知名度，而不是明星帮助企业提高了产品的知名度。企业花了钱，却为这些广告明星们做了嫁衣。

📎 延伸阅读

如何避免使"名人广告"变成"广告名人"

名人广告除了具有诸多优点外，也存在一定的不足和风险。其中"名人广告"变为"广告名人"现象就是其中较为常见的一种。为了避免这种情况的出现，企业需要掌握一定的策略。

1. 注重形象代言人与品牌个性的关联性

如果形象代言人不符合品牌的个性，则会造成品牌的稀释。因此，在选择形象代言人时，我们有必要了解代言人与品牌个性之间的关联性。品牌的管理者应该清楚地知道，品牌要迎合哪一类型消费者的喜好，要找什么样的"意见领袖"来做品牌的代言人。只有品牌个性与人物联想对应，才能对品牌产生加法甚至乘法效果；否则，只会对品牌产生副作用，甚至将已有的品牌个性稀释殆尽。

2. 考察形象代言人是否"重婚"

在挑选形象代言人时，应该尽量去寻找那些还没有被过度开发的对象。找一个以前没有代言过其他品牌的人，这样就能唤起人们清新的感觉，企业就可以利用这种感觉与所宣传的品牌建立联系。而像刘德华，其代言的品牌数不胜数，这样的代言人对企业而言，就失去了独特性，消费者想起这个人，但不能想起什么产品。在这种情况下，代言的效果就会降低，代言人甚至会引起消费者的反感：你一会儿说这个好，一会儿说那个好，是不是真的？如果是做过水广告的，再去做酒广告，或者做过药广告，再去做食品广告，可能会引起消费者的心理不适，效果也会适得其反。

3. 不要单纯只看知名度，更要注重美誉度

对于很多企业而言，考虑得最多的是形象代言人的名气、人气大小，至于其是否适合为本企业、本品牌做广告，却不在考虑之列，这是非常错误的。

形象代言人的知名度无疑是他们最大的财富，他们的名字就是一块招牌，可以帮助企业省下大量的广告费用。有研究表明，消费者对于自己喜欢的名人所推荐的产品，会更加信任。但是，仅有知名度是不够的，还要具备美誉度。由于形象代言人大多为影视明星、歌星，而其所处的娱乐圈容易出绯闻，这些名人的名气稳定性不好。打个比方说，某形象代言人尽管名气很大，但如果名声不好，吸毒、赌博无所不为，这样的明星肯定不会受到消费者欢迎。如果说他有名的话，也是属于臭名远扬。

其实企业选择形象代言人就像炒股票一样，如果能够选中目前还不是很红但潜力很大的明星，会用最少的费用达到最好的效果。

4. 系列形象代言人之间的选择要有策略性、针对性和连续性

如果企业之前已经用过形象代言人，那么在选择新的形象代言人之前，一定要考虑新旧形象代言人之间的连续性，让人感觉一脉相承。

蓝马啤酒曾经用腾格尔做形象代言人；2004年，蓝马启用新的形象代言人胡兵。我们知道，腾格尔是一位来自内蒙古草原的歌手，其粗犷的外形与激越高昂的歌声，让人体会到的是纵马飞驰、豪情盖天的草原风情。蓝马啤酒通过腾格尔建立的是粗犷豪爽的形象；而胡兵与腾格尔的差别实在太大，胡兵有俊朗的外形与阳光男孩的气质，让人感受到的是健康、明朗的气息。这与蓝马从前建立的形象大不相同，如果蓝马坚持改变形象，那么以前的广告等于全部浪费，并产生负面作用。

5. 掌握形象代言人的风险规避策略

对风险要事先合同约定，事中密切跟踪，事后迅速更换。

目前，"形象代言人出了事怎么办"已经成为一个世界性难题。在国外为了防范类似风险，一般企业在与明星签约时都有附加条款。例如，约定在明星发生丑闻或诉讼案件时，合同自动终止，或约定企业此时有权停付代言费用甚至要求赔偿。

6. 要确保形象代言人广告的真实性

欧美一些国家均视形象代言人广告为"证言广告"和"明示担保"，消费者可据此担保索赔；美国更要求广告的形象代言人必须是此产品的直接受益者和使用者，一旦查出不实，就要处以重罚，而且已有好莱坞影星被罚50万美元的事例。

如果按照欧美国家的标准，那么我们所见到的大多数形象代言人广告，恐怕都难逃被罚的下场。目前，明星的假证言广告已经引起消费者的普遍反感。国家的有关立法限制只是时间问题，因此，企业在拍摄代言人广告时，应该把握分寸，避免引火烧身。

② 消费者对名人的看法不一。对同一个名人，消费者反应（或反响）并不一致。因此，企业请名人代言广告产品时，一定要清楚这一点。无论名人模特的名气有多大、声望有多高，也总会有人不喜欢，甚至是深感厌恶。最坏的结果是，讨厌该名人模特的人恰恰是广告产品的目标消费者，这样的广告还不如不做。

思考题

2020年5月31日，娃哈哈官宣将此前已为娃哈哈纯净水代言二十余年的某明星替换为新的广告代言人，由此引发了消费者的广泛热议，其原因是什么？企业在更换广告代言人时需要注意哪些问题？

③ 容易让消费者产生认知不协调的感觉。如果名人模特的形象与所代言的产品不匹配，容易让消费者产生认知不协调的感觉，进而影响广告效果。例如，某企业邀请了一位年过四旬的女明星为一款新潮的少女服饰代言，虽然该女明星在广告中装酷扮小，模仿时尚少女也惟妙惟肖，但目标消费者可能并不会接受和认可。对于大众来说，名人模特的形象是特定的，年过四旬的女明星不管如何"逆生长"，为少女服饰代言都是不合时宜的。

④ 名人模特出事会波及所代言的品牌。当名人模特出现性丑闻、吸毒、逃税等负面事

件时，会对所代言的产品形象造成极大的伤害。例如，一位女星因为代孕、弃养等事件被曝光之后，"人设"崩塌，遭到各路媒体的口诛笔伐。为防止这位女星身上的负面新闻危及品牌，该女星代言的品牌也第一时间站出来，在微博宣布与这位女星终止所有合作关系。因此，企业在选择名人模特代言时，一定要注意事先采取防范措施，以尽可能规避与名人合作可能带来的风险。

2）专家模特

"专家"一词并没有确切的定义，但人们普遍认为专家是对某一门学问有专门研究的人，是擅长某项技术的人，也是知道如何找到解决问题方法的人。因此，在大众的心目中，专家往往具有一定的权威性和较高的可信度。我们去医院看病不惜花高价挂专家门诊，正好说明了这一点。

由于消费者对专家有着较高的信任，专家模特在说服消费者方面往往具有更好的效果。专家模特尤其适合代言技术壁垒高、工艺复杂、价格高昂、同类之间难以辨识优劣的产品或服务，如药品、医疗服务、汽车等。

需要注意的是，广告中的专家模特一定要是真正的专家，请演员在广告中扮演专家是一种欺骗行为，需承担法律责任。还需注意的是，当某一专家在广告中的主张与其他专家群体的主张不一致的时候，可能会引起消费者对该产品或该专家的不信任感。例如，2017年，一位名叫刘洪滨的"老专家"被发现多次出现在各大电视台的"健康医药"节目中，参与推广的药品、功效也是五花八门。有时是苗医传人，有时是蒙医传人，偶尔还会客串一下北大专家和医院退休的老院长……数年间，"老专家"刘洪滨在电视台节目中语出惊人，以权威身份"打包票"推销治疗多种不同疾病的药品，这些药品所治疗的疾病包括咳嗽、糖尿病、痛风、祛斑、心脑血管疾病、失眠等。由于刘洪滨出现在电视画面中的身份完全不同，也被网友戏称为"虚假药品广告表演艺术家"。

3）典型消费者模特

典型消费者模特是指那些对广告产品没有特别知识的普通消费者所充当的模特。利用典型消费者模特做广告的目的，在于通过消费者知觉的类似性来提高广告产品的可信度。就是说，利用典型消费者模特时，企业主要考虑的因素就是这些典型消费者模特与受众之间的类似性。图8-2是海尔所做的一则洗衣机广告的画面，画面中一家三代人幸福祥和，给人的感觉既温馨又真实。

图8-2 海尔的洗衣机广告画面

4）最高经营者模特

最高经营者模特又称 CEO（chief executive officer，首席执行官）模特，是较为常见的一类广告模特。在 20 世纪八九十年代，广告的创意还比较贫乏，很多企业都是由厂长或经理直接出现在广告中介绍产品，广告基本上不会使用明星之类的模特。当前，最高经营者充当模特的情况也不少见，我们比较熟悉的是格力电器董事长董明珠，如图 8-3 所示。

图 8-3　格力电器董事长董明珠为公司代言

企业的最高经营者作为广告模特亲自出现在广告中，有助于利用权威和地位提高产品或企业的可信度。但是，利用企业最高经营者模特做广告时需要注意的是，不要突出最高经营者个人的特点，而是要强调企业的理念和产品的质量，从而使消费者的注意力集中在企业或产品上。

5）动物模特

在广告中利用动物模特可以使广告内容富有趣味而引起更多关注。但利用动物模特时要注意的是，由于动物缺乏像人一样的表达能力，因此在广告拍摄过程中可能需要利用特殊的装备，并且为预防意外发生，要配备一定数量的备选动物。还需注意的是，消费者可能只记住了动物模特有趣的表现，而忘记或忽视了对广告产品本身的关注。

6）动画模特

除了人物和动物，广告中还可以使用动画（animation）模特。这些动画模特能体现产品或企业的性质或特点，把产品的特性具体化，如动画模特七喜小子 FiDo DiDo（见图 8-4）。

7）身体部位模特

有时广告模特只需展示身体的一部分，以强调或者表现产品的特点，如苗条的曲线、柔顺的头发（见图 8-5）等。利用身体部位模特做广告，不仅可以节省模特费用，还能够把身体某一部位突出展示，因而更容易汇聚消费者的视线。但利用身体部位模特做广告时，应注意不能违反相关规定，如不能暴露隐私部位等。

图 8-4　可爱的七喜小子 FiDo DiDo

图 8-5　飘柔洗发水广告

任务实训

1. 实训的目的

了解广告模特的概念，熟悉广告模特的分类，通过对比分析近年来名人广告的成功与失败案例，加深对广告模特作用的理解。

2. 实训内容及步骤

（1）将全班同学划分为若干实训任务团队，各团队推选一名小组长负责此次实训活动。

（2）各实训团队搜集有代表性的成功与失败的名人广告案例各3个。

（3）各实训团队对每个案例进行分析，然后作对比研究。

（4）各实训团队总结名人广告成功与失败的原因，并对名人广告的利弊进行分析。

（5）各实训团队提交分析报告，并做成PPT在班级汇报。

3. 实训成果

实训作业——《基于实例的名人广告利弊分析》。

任务8.2　掌握广告模特的选择策略

任务引入

大学生小康远在河北青县的二叔是当地远近闻名的农民企业家，他有一家500多人的服装生产企业。以前都是为其他服装企业贴牌生产，虽然产值不低，但实际利润微薄。因此，小康二叔决定创立自己的品牌，目标消费者定位为小镇青年。小康二叔虽然对服装生产很在行，可做品牌还是门外汉。于是他打电话找到小康，希望小康能在品牌建设方面给予帮助。

小康思索了一晚后，建议二叔先通过广告来塑造品牌形象，最好请小镇青年喜欢的明星做广告模特，然后通过网络与新媒体广告来做市场推广。小康二叔听完后表示赞同。他给小康布置了一项新任务，让小康尽快给他推荐最适合的广告模特。

请问，如果你是小康，你将如何帮助二叔找到最适合的广告模特？

相关知识

1. 考察广告模特的可信性

广告模特的可信性（credibility），是指影响广告受众接受广告信息传递者的肯定主张的特性。通俗地说，就是我们相信广告模特及其在广告中向我们传递的信息。消费者只有信赖广告模特，模特在广告中的代言才具有说服力。下面从几个方面考察广告模特的可信性。

（1）真实性。真实性（trustworthiness）是指信息接受者对信息传递者的信赖程度。我们可以用友好倾向、接受、心理上的安全等词汇来解释真实性的结果。广告受众对广告模特真实性的信赖程度越高，就越能够接受模特所代言的企业或产品。

（2）专业性。专业性（expertise）是广告接收者对广告模特的专门技能或者专门知识等特性的知觉。专业性一般与权威、能力等密切相关，消费者对模特专业性的知觉取决于模特所具有的专业特长以及技能、知识和经验。广告模特的专业性越高，就越能够对消费者的消费意向产生影响。

（3）魅力性。魅力性（attractiveness），是指广告受众对广告模特的迷人外表（attractive appearance）与个性（personality）的知觉。广告模特的魅力性可以成为广告受众判断广告产品的一个重要线索。所以大部分企业在选择广告模特时，都会关注模特的魅力性，尤其是在化妆品行业这种情况更为常见。例如，我们所熟知的香奈儿5号香水广告，长期邀请世界知名的大牌女星，如奥斯卡影后妮可·基德曼（见图8-6）等为其代言。模特非凡的魅力，对于塑造香奈儿5号香水顶级品牌的形象起到了积极的推动作用。

图8-6　妮可·基德曼为香奈儿5号代言的广告

魅力性在很大程度上取决于消费者的主观判断，所以要正确地把握广告模特的魅力性，还需要调查消费者对广告模特魅力性的认知程度。

（4）类似性。类似性（similarity）是指广告模特与广告产品的潜在使用者之间的类似程度。与广告受众类似的模特在传递信息时，更容易被认可和接受。例如，在油漆广告中，利用普通消费者模特可能比专家模特效果更好。

2. 考察广告模特与产品之间的相关性

在选择广告模特时，还要考察广告模特与产品之间的相关性。如果模特的形象与产品的内在属性不吻合，不仅难以起到树立品牌形象及促进销售的作用，而且还可能适得其反，对企业的产品造成不利的影响。因此，在选择广告模特时一定要谨慎行事。具体来说，应从以下几个方面来考察广告模特与产品之间的相关性。

（1）同一化与内在化。同一化是指广告受众产生的，有与广告模特类似感觉的过程。因为有这种类似的感觉，消费者很容易就会顺应或支持模特的意见和主张。内在化是指由于广告模特有可信性或专业性，出于对广告模特的肯定态度，广告受众会接受他们在广告中的意见和主张。

（2）名人模特与产品卷入度。利用名人模特可以提高受众对广告或产品的关注度——但是对于高卷入产品，如商品房等，名人模特的影响力会大打折扣；而对于低卷入产品，如饮料、洗发水等，利用名人模特的广告效果往往较好。这也很好地解释了为什么可口可乐、百事可乐、宝洁等公司愿意一掷千金请名人来做产品代言。

（3）专家模特与产品特性。对于知识较为复杂、技术壁垒较高的产品而言，选择专家模特代言是较为恰当的。此时消费者对专家的信赖就会转化为对产品的信赖，从而愿意购买专家所推荐的产品。

（4）典型消费者模特与产品特性。广告受众在接触与自己类似的信息源的时候会有亲切的感觉，因而典型消费者信息源具有较强的说服力。利用典型消费者做广告模特的时候，消费者与这些典型消费者之间的类似性容易引起消费者的仿效性购买。当广告产品为洗衣粉、肥皂等日常生活用品时，利用典型消费者模特做广告将会起到较好的效果。

（5）外国模特与产品特性。外国模特一般具有以下优势。一是强化与用外语来表示的产品或品牌名称之间的联结感。目前在我国，有不少外国品牌是直接用外语来表示的，外国品牌名称与外国模特可以形成一致性。二是利用外国模特做广告可以形成比较强烈的冲击效果，异国形象能够加深消费者对产品的记忆。三是可以提升产品的国际形象。

课堂讨论

哪些产品使用外国模特会带来更好的广告效果？请阐述理由。

但在广告中使用外国模特也存在一定的弊端。一是外国模特的气质和形象往往不适合国内企业或产品。二是外国模特的形象过于强烈的时候，会阻碍消费者对产品的记忆。三是外国模特有可能误导消费者，让消费者将国内产品视为国外产品。

所以，利用外国模特的时候，企业要充分考虑自身和广告产品的特性，并通过预先调查与评价，正确把握外国模特的特点及形象。

利用外国模特的时候，也要注意符合我国广告审查标准，因为一些广告主曾利用外国模特欺骗或误导消费者。我国《国家工商行政管理局广告审查标准》规定："国内产品广告，用外国人做模特的，应能够识别为国内产品；国外产品广告，用中国人做模特的，应能够识别为国外产品。"

3. 考察名人模特是否存在多家代言情况

当前名人广告出现的最大问题是一个名人往往会同时代言若干个产品，这时广告受众就会有无所适从的感觉，甚至会怀疑这些名人见钱眼开，随意代言。一个名人代言众多产品后，名人效应就会减弱，甚至会引起目标消费群体识记的混乱和对名人广告的不信任。

事实上，选择一个代言产品数量很少的名人，其广告效果可能会优于选择那些有强烈吸引力但已被过度使用的名人，而且还能大大节省广告费用。

阅读资料

盘点明星 L 曾经代言过的产品

电子类产品：爱立信手机、金立手机、杰科（DVD 播放机）、三星（VCD 播放机）、铁达时（手表）、东亚银行（信用卡）、司马表、CYMA 表、LG 手机……

服饰类产品：贵人鸟服装（运动鞋）、Baleno（班尼路）（休闲服饰）、天蚕衣（Super

Warm）（内衣）、罗蒙（西服）、NIKE、阿迪达斯运动鞋……

其他类产品：百事可乐、首乌洗发水、旭日升冰茶、精通天马摩托、雅马哈摩托、SUMTORY（威士忌酒）、奥尼（洗发水）、雪亮（眼镜）、胃康（牙膏）、太阳活力（旅社）、雀巢（咖啡）、道地（茶饮料）和成卫浴、名人（洗发水）……

有研究指出，如果企业制定的是塑造长期品牌形象的战略，最好不要使用那些在其他广告中频繁出现的名人代言，因为选择这些模特不利于维持品牌独特、持久的形象。但对于那些产品生命周期较短，或是仅流行于一时的产品，这些模特还是可以使用的，也能起到一定的短期效果。

任务实训

1. 实训的目的

通过实训，了解广告模特电视广告中的运用情况。

2. 实训内容及步骤

（1）以小组为单位，组成任务实训团队。

（2）团队各成员分工记录央视一台、央视二台、湖南卫视、江苏卫视和浙江卫视 5 家电视台一周 19:30—22:00 刊播的广告。

（3）各实训团队统计各电视台广告中出现的模特类型、对应的广告产品以及采取的广告诉求方式。

（4）各实训团队对统计结果进行分析，并撰写分析报告。

（5）各实训团队提交分析报告，并做成 PPT 进行展示。

3. 实训成果

研究报告——《广告模特在电视广告中的运用研究》。

任务8.3　了解广告音乐

任务引入

"甜甜的，酸酸的，天天喝，真快乐。妈妈我要喝——娃哈哈果奶"。20 世纪 90 年代，娃哈哈的这首广告歌曲成为大江南北孩子们最喜欢的童谣。时至今日，当歌曲旋律再度响起时，仍能引发众多"80 后""90 后"幸福的儿时回忆。彼时的一首广告歌曲，让娃哈哈果奶风靡全国，成为那个时代孩子们喜爱的饮品。

请问，在你的记忆中，哪首广告音乐让你最难以忘怀？这首广告音乐对你的购买意向产生了怎样的影响？

相关知识

1. 广告音乐的含义与作用

1) 广告音乐的含义

广告音乐是指媒体传播在广告宣传过程中所使用的音乐。广告音乐既有一般音乐艺术的审美特征，也包含了广告艺术的某些特性。广告音乐的主要功能与作用是在广告宣传过程中作为背景音乐来衬托画面，从而大大丰富了广告艺术的表现力，也加强了广告诉求的感染力。

2) 广告音乐的作用

具体来说，广告音乐具有以下作用：一是辅助画面和解说词，营造出某种情感气氛；二是引起受众的注意；三是强化广告受众对广告信息的记忆；四是产生迁移效果，即消费者可能因为对广告音乐的好感而把这种好感迁移到广告或广告产品上，从而对广告产品产生好感或购买欲；五是给消费者愉悦的感受，娱乐观（听）众。

但是，在有关音乐是否影响消费者的信息处理过程的问题上，人们有不同的看法。戈恩（Gorn）基于经典条件反应理论指出，如果广告中的音乐是消费者喜欢的音乐，那么，这些音乐有助于消费者形成肯定态度。另外，明德（Milliman）通过研究在超市里调节背景音乐是否会影响销售额与消费者循环的问题，发现节奏快的音乐比节奏慢的音乐更能增加销售额，也更能加快消费者循环的速度，由此得出背景音乐可以影响消费者购物行为的结论。但是帕克（Park）和杨（Young）的研究结果则相反，他们调查了在广告中卷入程度不同的情况下，即在高卷入与低卷入以及情感性卷入（affective involvement）等情况下音乐对消费者品牌态度形成的影响，得出在有背景音乐的情况下，消费者对语言信息的回忆度会下降的结论。

综合这些研究结果可以看出，背景音乐在情感性卷入程度高而认知性卷入（cognitive involvement）程度低的产品，如宝石、休闲运动服、化妆品、啤酒等产品的广告中是有效的；相反，在认知性卷入程度高的产品如汽车、电子产品、个人计算机、保险、照相机的广告中，背景音乐并不一定有效果。

如果广告制作者已决定在广告中加入音乐，那么是制作适合广告产品的新音乐，还是使用消费者一般熟悉的音乐或者是消费者非常熟悉的流行音乐呢？如果使用流行音乐，可能会引起消费者更多的注意，但或许会导致消费者过分关注音乐而忽视广告内容。如果在广告中使用尚未广泛流行的音乐，就要充分利用音乐与情感表现的关系。音乐的情感表现特性如表8-1所示。

表8-1　音乐的情感表现特性

音乐因素	情感表现								
	严肃的	悲伤的	欣赏性的	平稳的	幽默的	幸福的	兴奋的	庄严的	惊讶的
音系	长调	短调	长调	长调	长调	长调	长调	长调	短调

音乐因素	情感表现								
	严肃的	悲伤的	欣赏性的	平稳的	幽默的	幸福的	兴奋的	庄严的	惊讶的
速度	慢	慢	慢	慢	快	快	快	一般	慢
音调	低	低	中间程度	中间程度	高	高	中间程度	中间程度	低
音律	一定的	一定的	流水似的	流水似的	流水似的	流水似的	不规则的	一定的	不规则的
合成	合成音	合成音	合成音	合成音	合成音	合成音	非合成音	非合成音	非合成音
音量	中间程度	柔和的	柔和的	柔和的	中间程度	中间程度	大的	大的	变化多样的

2. 广告歌曲

广告歌曲是广告创作中普遍使用的元素，可以有效地唤醒消费者和影响消费者情感。一些广告歌曲广为流传，被奉为经典。比如，1984 年江苏盐城无线电厂（燕舞电器集团前身）所做的燕舞收录机广告，时至今日仍让人回味无穷。广告中，燕舞小子又跳又唱，"燕舞、燕舞，一曲歌来一片情"红遍大江南北，燕舞收录机也凭借此广告在国内一炮打响，此后连续 8 年销量居全国收录机行业首位。

> **思考题**
>
> 为何当年燕舞收录机能凭借这则"燕舞之歌"广告迅速打开市场？其背后深层次的原因是什么？给我们的启示有哪些？

目前还没有一个受到广泛认同的机制来解释为什么把信息用歌曲唱出来能够帮助人们记忆。概括起来，学者们的观点主要有以下 3 种。

第一种，由于歌曲具有结构特征，旋律的结构可以辅助歌词的学习和记忆。华莱士认为，音乐作为一个框架，决定了每句歌词的长度，设定了被强调的和不被强调的音节，并突出了歌词的某些特定元素，使旋律与歌词紧密配合，让每首歌成为一个连贯的整体。鲁滨也得出一致的结论，认为听者回忆歌曲时，是为某段特定的旋律填进与之相搭配的词。因此，音乐不仅仅是信息，也是一个综合的、一体的框架，因此会辅助人们对歌词的学习和记忆。

第二种，基尔戈、雅各布森和库迪指出，信息以歌曲形式呈现时，向听者输出信息的速度会减慢。也就是说，语言内容被唱出来比说出来时的发音更慢，这是促进记忆的关键因素。基尔戈、雅各布森和库迪通过实验证明，当把信息内容唱出来的持续时间控制为与说出来的持续时间一样时，信息回忆效果一样。这充分表明，唱出来比说出来时的发音速度慢是歌曲容易学习和记忆的关键原因。

第三种，舒尔坎德的研究表明，由于大多数人喜欢听或哼唱音乐，听到歌曲会反复哼唱，因此这种充分的练习和复述对记忆会起到明显的促进作用。

上述研究结论也受到不少问难。一些实证研究表明，语言信息被说出来比唱出来更能帮助听者理解和记忆信息内容。因此，关于广告语是说出来好还是唱出来好的争论还将持续下去。

📖 练习题

一、单选题

1. （ ）是指那些对广告产品没有特别知识的普通消费者所充当的模特。

A. 最高经营者模特　　 B. 典型消费者模特　　 C. 动画模特　　 D. 名人模特

2. （ ）尤其适合代言技术壁垒高、工艺复杂、价格高昂、同类之间难以辨识优劣的产品或服务。

A. 名人模特　　　　　 B. 专家模特　　　　　 C. 动画模特　　 D. 动物模特

3. （ ）是指广告模特与广告产品的潜在使用者之间的亲切程度。

A. 魅力性　　　　　　 B. 专业性　　　　　　 C. 类似性　　　 D. 真实性

4. 格力电器董事长董明珠为自己的公司代言，在这里董明珠属于（ ）。

A. 典型消费者模特　　 B. 最高经营者模特　　 C. 专家模特　　 D. 名人模特

5. 对知识较为复杂、技术壁垒较高的产品，选择（ ）代言是比较恰当的。

A. 最高经营者模特　　 B. 名人模特　　　　　 C. 专家模特　　 D. 典型消费者模特

二、多选题

1. 非人物广告模特包括（ ）。

A. 动物模特　　　　　　　　　　　　　 B. 最高经营者模特

C. 动画模特　　　　　　　　　　　　　 D. 身体部位模特

E. 典型消费者模特

2. 人物广告模特包括（ ）。

A. 名人模特　　　　　　　　　　　　　 B. 专家模特

C. 身体部位模特　　　　　　　　　　　 D. 典型消费者模特

E. 企业家模特

3. 考察广告模特与产品之间相关性的内容包括（ ）。

A. 同一化与内在化　　　　　　　　　　 B. 名人模特与产品卷入度

C. 专家模特与产品特性　　　　　　　　 D. 外国模特与产品特性

E. 专业性与魅力性

4. 广告音乐的作用主要有（ ）。

A. 营造气氛　　　　 B. 引起受众注意　　　 C. 强化受众对广告信息的记忆

D. 产生迁移效果　　 E. 娱乐观（听）众

三、名词解释

1. 广告模特　　 2. 典型消费者模特　　 3. 动画模特　　 4. 最高经营者模特

5. 广告音乐

四、简答及论述题

1. 广告模特的作用主要有哪些？

2. 广告代言人和广告模特的概念有何不同？

3. 在广告中使用外国模特的弊端有哪些？

4. 试论述名人模特的优、缺点。

5. 试论述选择广告模特的策略。

案例讨论

阿里 AI 造模特

"给衣服拍个正面照和背面照并上传至后台，选择想要的模特形象，最快 1 天左右就能生成 8 张模特图，商家还可以选择想要的模特的脸……"

试用 AI 虚拟模特 3 个多月后，在淘宝经营着一家潮牌店的李珊（化名）仍惊叹于它的效率和效果。如果不是在后台亲自操作，她大概率和其他人一样，被展示出来的这些模特的颜值给"骗"了。

这项自主研发的技术，是阿里创新技术与机制、保护原创和知识产权的尝试之一，有一个"时尚"的名字——"塔玑"。塔玑被称为国内首款 AI 虚拟模特。经过系统迭代优化，塔玑不断成熟，服务了诸多商家。

"塔玑"诞生

主打街头年轻潮流服饰，"圈叉潮品服饰"天猫旗舰店的首页，展示了清一色的高颜值模特。如果不是店主李珊告诉记者，这些模特中有部分是"AI 虚拟模特"，很难从这些"俊男美女"中辨出真假。

"塔玑"的名字取自 Target Face 的谐音，原理是利用算法技术在目标人脸（Target Face）模块基础上，生成上万种五官组合，塔玑就是 Target Face 比较时尚的谐音名字。阿里的研发团队希望它能为商家带来更时尚、便捷的经营体验。

2020 年 12 月，塔玑在阿里巴巴原创保护平台正式上线，淘宝、天猫、1688、速卖通和阿里巴巴国际站的商家都可以申请免费。阿里巴巴方面提供的统计数据显示，自塔玑上线测试以来，已有上万家店铺主动申请试用。

李珊正是其中之一。4 月中旬，李珊开始试用塔玑，"给衣服拍个正面照和背面照并上传至后台，选择想要的模特形象，3 天左右就能生成 8 张模特图，直接下载就可以用了，商家还可以在后台自己选择想要的虚拟模特人脸"。李珊说，店铺上新节奏很快，每周约 10款。现在，若来不及拍模特图，她就会使用塔玑。

开网店卖服装离不开拍模特图。通常来说，拍模特图需要多个步骤：找模特、找拍摄团队、搭建场景、模特换装、拍摄、修图等。整个过程可能长达两周，而且需要支付高额的模特费和拍摄费。对于一些小本经营的商家来说，并不划算。

2020 年 8 月，在一次商家访谈中，有商家称拍模特图的成本太高，使得他们不得不选择从第三方网站下载。阿里巴巴调研发现，这可能会导致一个"双输"的局面：拍图方因图片侵权遭受损失，侵权人也同样因为平台处罚而损失惨重。

为此，阿里巴巴技术团队研发了塔玑。塔玑能够通过算法技术在目标人脸模块基础上，生成成千上万种五官组合，形成全世界"独一无二"的虚拟人脸，同时利用算法技术将服装平铺图转化成 3D 图"穿"在模特身上，降低商家上新的人力和财力成本。阿里"塔玑"生成虚拟模特的技术原理如图 8-7 所示。

图 8-7　阿里"塔玑"生成虚拟模特的技术原理图

省钱的 AI 模特

淘宝店啊啦柏 ALABO 店主方钟宏是塔玑的第一个试用用户。

在他看来，请模特和摄影团队拍图，确实是一笔不小的经营成本。"请优质模特一年需要近百万元。"据他估算，作为服装商家，若使用塔玑，一年可以节约数十万元费用。

李珊也算了一笔账。每拍一个款的费用是 700 元左右，一个图案款式可能至少要找一男一女两个模特拍多个颜色。如果上新 40 款，单是拍摄费用就至少要 5 万元，拍完还要等至少 14 天。出于拍摄费用等考虑，以前，她一般会凑齐 40 个款式一起拍摄。但"如果有款式突然在市场上火爆，很难单独拎出这一件两件来拍"。

速卖通商家番茄经营着一家名为 GONTHWID 的潮牌店铺，主要客户群体是荷兰、法国、德国等欧美国家 20 岁左右的年轻人。她也曾使用真人模特，但成本较高。

"我们请的模特都是外国人。后来他们回国了，而国内其他有经验的模特价格很高，100 件衣服谈下来的拍摄单价在 220~280 元一件，而有经验的外国模特每件还要贵上 100~500 元。"番茄说。

时间久、效率低也是困扰番茄等店主的问题。"国内还是夏季时我们就要上新冬装了，发 100 件衣服给到拍摄公司，要等 2~3 周才能收到成片，我们一周可能会出个几百款甚至几千款，这个时间太长了，我们根本等不起"。

试用塔玑后，番茄发现，"效率和性价比都很高"。和番茄想象中的 AI 模特相比，塔玑的 AI 模特几乎没有生成痕迹，"我第一眼看到时就震惊了，完全看不出是生成的，而且这些外模都很符合西方的审美"。她也发送了部分模特展示图给外国客户，"他们完全看不出来这是虚拟模特"。

问题讨论

1. AI 模特的优点有哪些?

2. AI 模特会取代真人模特吗? 请谈谈你的观点。

项目8　广告模特与广告音乐

任务	分析广告模特的价值				
班级		学号		姓名	

本任务要达到的目标要求:
1. 提升学生分析问题的能力。
2. 分析广告模特的价值。

能力训练

阅读如下材料后回答问题。

作为当今世界足坛闻名的足球明星，C罗备受广告商的青睐。C罗代言的产品种类包括饮料、食品、电子产品等，英国《每日邮报》将这些产品都巧妙地用在了C罗的身上，从图8-8中，我们可以清楚地看到这位足坛当红明星都为哪些产品做了代言。

这张图中，C罗的头发用的是其代言的清扬洗发水，嘴里含着的是为日本公司代言的瘦脸"神器"，右手举着的是一个按摩工具，同时这只手还拿着一款他代言的实况足球游戏，左边胳膊上有代言的阿联酋航空的Logo。

C罗的左手腕戴着代言的泰格豪雅手表，拎着代言的嘉实多润滑油，夹着运动健身营养品，脖子上则挂着代言的丰田汽车的钥匙，腰间别着三星智能手机，另外还有一张葡萄牙银行的银行卡，内裤则露出了代言的阿玛尼及其自创的CR7品牌商标。

C罗脚上穿的是代言的耐克足球鞋，旁边放着代言的肯德基食物以及一瓶烁可力（soccerade）运动饮料。

图8-8　C罗代言的产品一览图

根据2021年《福布斯》全球运动员收入排行榜，C罗以1.15亿美元排名第三，仅次于同是足球运动员的梅西和NBA篮球运动员詹姆斯。作为足坛顶尖巨星，C罗的吸金能力毋庸置疑，除了俱乐部支付的高额薪水外，C罗的广告代言收入也是高得惊人。凭借自己帅气健康的形象，C罗备受广告商的青睐。他从头到脚都是名牌，穿着的都是自己代言的产品，这些都会给C罗带来不菲的代言费用。仅2020年C罗的广告代言收入就高达4 500万美元。除此之外，他和耐克公司达成了一份10亿美元的终身代言合同，此前，耐克公司只和乔丹、詹姆斯签订了10亿美元的终身代言合同。2018年C罗转会加盟意甲尤文图斯俱乐部之后，带动俱乐部会员人激增，推动球队股价迅速上升。尤文图斯俱乐部也赚得盆满钵满。

C罗在社交媒体上的人气同样无人能及，到2023年1月4日他的Instagram粉丝数量已经突破5.2亿，仅次于Instagram官方账号粉丝数。从全球的角度来讲，这是唯一一个拥有5亿粉丝的个人Ins账号。

2022 年 12 月 31 日 37 岁的 C 罗正式加盟沙特利雅得胜利足球俱乐部，C 罗在利雅得胜利的年薪最高将达到 2 亿欧元（约合 13.8 亿元人民币），合约至 2025 年 6 月。签约 C 罗后，利雅得胜利获得 C 罗社交账号管理权，这无疑会大大提升俱乐部的影响力。在签 C 罗前利雅得胜利官方账号粉丝才 80 万，此后以每天超过 200 万的速度激增，该俱乐部的粉丝数很快就超过了意大利罗马等知名俱乐部。而 C 罗的专属 7 号球衣也获得热卖，预计年销售将高达 100 万件，销售额 1 亿欧元，利雅得胜利俱乐部将从中获利至少 1 000 万欧元。

问题：

1. 为什么说 C 罗的身体是"寸土寸金"？

2. 企业不惜一掷千金邀请大牌明星代言的原因是什么？

3. 你觉得什么样的产品适合找国际大牌明星代言？

学生评述

完成任务的心得与体会：

教师评价

项目9 网络广告

学习目标

【知识目标】

(1) 理解网络广告的概念。
(2) 熟悉网络广告的特点。
(3) 熟悉网络广告的类型。
(4) 熟悉网络广告的发布方式。
(5) 理解网络广告的预算与效果评估的含义。

【技能目标】

(1) 能够掌握网络广告策划的方法。
(2) 能够掌握网络广告实施的策略。
(3) 能够掌握网络广告预算的方法。

【素质目标】

(1) 培养学习网络广告的兴趣。
(2) 树立正确的网络广告策划理念。
(3) 弘扬正气,自觉抵制不良网络广告作品。

项目情境导入

第三方机构 QuestMobile 发布的 2022 全景生态年度报告显示,2022 年 1—10 月,抖音、微信(朋友圈)、快手、今日头条、百度、微博 App 位居互联网广告收入前六位。这其中短视频平台的表现最为优异,排名第一的抖音广告营收占比高达 28.4%,排名第三的快手占比 12.6%,快手也即将赶超占比为 13% 的微信(朋友圈)广告营收。

截至 2022 年 10 月,微信、支付宝、百度等超级 App 流量优势显著,月活用户分别为 10.36 亿、8.66 亿、6.43 亿,带动小程序生态持续发展,整体(微信小程序+支付宝小程序+百度智能小程序)月活总量 9.97 亿,同比增长 6.8%;其中,生活服务类小程序依旧是各平台主要活跃类型,在微信、支付宝、百度的 TOP 100 小程序中占比分别达到 43%、52%、26%。

问题:近年来我国的互联网广告市场发生了哪些变化?这种变化产生的原因是什么?

项目分析

随着互联网的兴起与迅猛发展，数字媒体已成为继语言、文字和电波之后新的信息传播载体。数字媒体的发展极大地改变了人们的生活，也对传统的广告活动产生了深远的影响。广告领域的变化主要体现在网络广告异军突起，逐渐取代传统广告成为最主流的广告形式。

与传统广告相比，网络广告具有传播迅速、形式多样、费用较低、能够与目标受众实时互动等诸多优势。从 2016 年开始，我国网络广告的营业额就已超过传统四大媒体的营业额的总和，而且领先优势还在继续扩大。

那么什么是网络广告？网络广告如何分类？网络广告有何特点？如何开展网络广告策划？如何进行网络广告预算？如何对网络广告效果开展评估？本项目将对以上问题分别进行解答。

任务 9.1　认识网络广告的特点

任务引入

广告专业的大学毕业生小董在天津一家广告公司已经工作 5 年了，其间他见证了公司发展由盛到衰的没落过程。小董所在的这家公司业务较为单一，主要是做传统媒体的广告代理，网络广告的异军突起使得传统媒体广告对客户的吸引力越来越小，业务很难开展。为此，小董打算向老板赵总建议开拓网络广告业务。

赵总是小董所在公司的创始人，以前在报社工作，算是老一代的媒体人。他对网络广告不是很感兴趣，即使是在当前业务不好的情况下也没想到要做转型。小董觉得，要说服赵总不是一件容易的事，但为了公司的发展，小董决定尝试一下。

问题：如果你是小董，你将如何说服赵总？

相关知识

网络广告是指以数字代码为载体，以国际互联网为传播媒介，以文字、图片、音频、视频等形式发布的广告。通俗地讲，网络广告是指广告主为了实现促进商品交换的目的，通过网络媒体所发布的广告。网络广告诞生于美国，1994 年 10 月 14 日，美国著名的 Wired 杂志推出了网络版的 Hotwired（www. hotwired. com），其主页上开始有 AT&T 等 14 个客户的广告横幅。这是广告史上一个里程碑式的标志。虽然网络广告与传统广告一样，其最终的目标都是为了实现商品的交换，但与传统广告形式相比，网络广告是以数字代码为载体，采用先进的电子多媒体技术设计制作的，通过互联网广泛传播，因而具有良好的交互功能。与其他类型的广告相比，网络广告主要具有以下八大特点。

1. 非强迫性

传统广告具有一定的强迫性，无论是通过广播、电视还是报纸杂志等发布的广告，均要千方百计地吸引受众视觉和听觉上的注意力，将有关信息强行灌输给受众。而网络广告属于按需广告，接受与否的主动权掌握在受众手里，这有效避免了受众注意力集中的无效和被动。

2. 实时性与交互性

网络广告的另一个突出优点是能按照需要及时变更广告内容，包括改错。而对于在传统媒体上发布的广告而言，广告一旦播（刊）出，就很难再变。例如，某促销商品价格发生了变化，如果在互联网上更改广告信息瞬间就能完成，并且更改成本可以忽略不计，这是传统广告无法做到的。网络广告的实时性可以帮助企业做到广告变化与经营决策的变化同步，从而有助于增强企业经营决策的灵活性。

网络广告是一种交互式的广告，查询起来非常方便。网络广告的载体基本上是多媒体、超文本格式文件，只要受众对某件产品感兴趣，仅需轻按鼠标就能由一般受众感兴趣的问题，一步一步深入，获取更多更为详细、更为生动的信息，从而亲身"体验"产品与服务。

3. 广泛性

网络广告的广泛性表现在以下几方面。一是传播范围广，无时间地域限制。网络广告通过互联网可以把广告传播到互联网所覆盖的所有区域，受众浏览广告不受时空限制。二是内容详尽。传统广告由于受媒体的时间和版面的限制，其内容也必然受限；网络广告则不存在上述问题，广告主可根据需要将广告做得十分详尽，以便广告受众进一步了解相关信息。三是形式多样。网络广告的表现形式包括动态影像、文字、声音、图像、表格、动画、三维空间、虚拟现实等，广告主可以根据广告创意需要对广告的形式进行任意的组合，从而有助于最大限度地调动各种艺术表现手段，制作出形式多样、生动活泼且能够激发消费者购买欲望的广告。

4. 易统计性和可评估性

运用传统媒体发布广告，评价广告效果比较困难，广告人员很难准确地知道有多少人接收到了所发布的广告信息。而对于在互联网上发布的广告，广告人员可通过权威公正的访客流量统计系统，精确统计出每个客户的广告被多少个用户看过，以及用户浏览这些广告的时间分布、地理分布等，从而有助于广告主和广告公司正确评估广告效果，审定广告投放策略。

5. 检索性和重复性

网络广告可以将文字、声音、画面、视频等完美地结合之后供用户主动检索，重复观看。

6. 视听效果的综合性

随着多媒体技术、网络技术及编程技术水平的提高，网络广告可以集文字、动画、全真图像、声音、三维空间、虚拟现实等于一身，为广告受众创造出身临其境的感觉，既满足了浏览者搜集信息的需要，又提供了视觉、听觉的享受，增强了广告的吸引力。

7. 经济性

与传统广告相比，网络广告更具经济性。广告主可以根据自身预算的多少选择不同的广告平台和投放方式，从而控制广告费用。此外，网络广告还存在按效果付费的方式，即只有当广告被点击或转化时才需要支付费用，这种付费方式可以让广告主更加精准地控制广告费用。

8. 广告发布方式的多样性

传统媒体广告的发布主要是通过广告代理制实现的，即由广告主委托广告公司实施广告计划，广告媒介通过广告公司来承揽广告业务，广告公司同时作为广告客户的代理人和广告媒体的代理人提供双向的服务。而在网络上发布广告对广告主来说有更大的自主权，广告主既可以选择自行发布，又可以选择通过广告代理商发布。

任务实训

1. 实训的目的

通过实训，加深对网络广告的认识。

2. 实训内容及步骤

（1）每位同学选择家中闲置的二手物品作为广告发布对象。

（2）为该物品设计广告文案，要求有文字和图片（如果是视频广告，要求设计广告脚本并拍摄视频）。

（3）通过微博、微信、短视频平台等渠道发布广告，并在发布后截图发至本课程学习群。

（4）网络广告发布后统计反馈信息。

（5）对本次实训活动进行总结，撰写实训作业。

3. 实训成果

实训作业——××网络广告活动的实施过程与总结。

任务 9.2　熟悉网络广告的类型与发布方式

任务引入

赵总在小董的建议下决定尝试开展网络广告业务。但他觉得自己作为公司老总，还应该对网络广告有一个更为深入的认识。他让小董尽快写个汇报材料，将不同网络广告形式的特点、优势、劣势、适用情况等做个比较分析。要求要言简意赅，一目了然，而且要附上实例，以便他今后做决策时参考。

问题：网络广告的分类有哪些？各自的特点都是什么？如果你是小董，你觉得该怎样写这个汇报材料？

相关知识

1. 传统的网络广告类型

（1）旗帜广告。旗帜广告是常见的网络广告形式，又名横幅广告，是互联网上最为传统的广告形式。网络媒体在自己网站的页面中分割出 2 cm×3 cm、3 cm×16 cm 或 2 cm×20 cm 的一个区域（视各媒体的版面规划而定）用以发布广告，因其像一面旗帜，故被称为旗帜广告（见图9-1）。旗帜广告允许企业用简练的语言、图片介绍自己的产品或宣传企业形象。

图 9-1　旗帜广告

旗帜广告分为非链接型和链接型两种。非链接型旗帜广告不与广告主的主页或网站相链接；链接型旗帜广告与广告主的主页或网站相链接，浏览者可以单击，进而看到广告主想要传递的更为详细的信息。为了吸引更多的浏览者注意并单击链接，旗帜广告通常利用多种多样的艺术形式，如做成动画跳动效果或做成霓虹灯的闪烁效果等。

（2）企业网站广告。企业网站广告是指企业在自建的网站上所发布的广告。企业在自建网站上发布广告不受第三方媒体的限制，因此拥有完全的自主权。企业可以根据需要在网站上发布企业形象广告和产品/服务广告等，从而让受众全面地了解企业及企业的产品/服务。海信官网主页广告如图9-2所示。

图 9-2　海信官网主页广告

（3）文字链接广告。文字链接广告以一个词组或一行文字的形式展现，用户单击后可以进入相应的广告页面。文字链接广告的位置灵活，它可以出现在页面的任何位置，可以竖排呈现，也可以横排呈现。这是一种对用户干扰最少的网络广告形式，但对用户的吸引力有限。文字链接广告如图9-3所示。

图 9-3　文字链接广告

（4）电子邮件广告。电子邮件广告是指广告主通过互联网将广告信息发送到目标用户电子邮箱的一种网络广告形式。电子邮件广告具有推送目标精准、推广成本低、运作简单且广告内容不受限制等优点；但广告主需注意不能滥发，否则电子邮件广告很容易被用户当作垃圾邮件删去。

（5）搜索引擎广告。搜索引擎广告是指广告主借助搜索引擎，通过关键词搜索和数据库技术，把用户输入的关键词和广告信息相匹配的一种网络广告形式。目前，竞价排名是搜索引擎广告所采用的主要模式。用户在搜索栏中输入关键词之后，搜索引擎广告即可在搜索结果中按竞价的高低顺序显示。搜索引擎广告如图 9-4 所示。

图 9-4　搜索引擎广告

2. 创新的网络广告类型

（1）流媒体广告。流媒体广告是指广告主借助流媒体技术在网络上发布广告的一种网络广告形式。流媒体技术可将一连串的媒体数据压缩，通过分段发送数据，在网上即时传输影音，从而实现媒体数据边传送边播放，因此大大节省了下载等待时间和存储空间。根据广告所传达的内容分类，流媒体广告可以分为静态广告和动态广告。静态广告指的是图文结合或高品质动画形式的广告，比旗帜广告更具观赏性。动态广告又可分为音频流广告和视频流广告两种表现形式，这两种广告可分别认为是传统的广播广告和电视广告在网络媒体上的再现。

（2）富媒体广告。富媒体广告是基于富媒体技术的一种用浏览器插件或其他脚本语言编写的具有视频效果和交互功能的网络广告形式。其实富媒体并不是一种真正的媒体，而是指目前在网络上应用的一种高频宽带技术。借助富媒体技术，网络广告能够突破网络带宽的限制，实现流畅播放。同时，富媒体广告自身通过程序设计就可实现调查、竞赛等相对复杂的用户交互功能。此外，相较于传统的网络广告，富媒体广告的表现形式更为丰富，不仅有视频广告、扩展类广告和浮层类广告等，还包含地址栏广告、网页背景广告等表现形式。

（3）网络游戏广告。网络游戏广告是以网络游戏为载体，将广告植入游戏之中，以网络玩家为目标受众的一种网络广告形式。网络游戏广告将广告变成游戏的一部分，使广告与游戏紧密结合，让玩家在游戏的状态下体验产品的特性，从而大大增强了广告的传播效果。网络游戏中的 OPPO 和 vivo 广告如图 9-5 所示。

图 9-5　网络游戏中的 OPPO 和 vivo 广告

（4）网络视频广告。网络视频广告是目前较为流行的一种广告形式，可分为传统的视频广告和用户自发制作的视频广告。传统的视频广告是指直接在线播放广告主提供的网络视频，相当于将电视广告放到网上。而用户自发制作的视频广告是用户自制的原创广告，通过网络平台尤其是移动端网络平台进行展示，以传播广告信息，我们在微信和各类短视频平台上经常可以看到这种类型的广告。抖音 App 上的必胜客广告如图 9-6 所示。

图 9-6　抖音 App 上的必胜客广告

（5）OTT 广告。OTT 是 over the top 的缩写，是指通过互联网向用户提供各种应用服务，现在泛指互联网电视业务，一般包括智能电视、各类机顶盒终端。OTT 广告则是通过 OTT 终端对用户进行投放的广告，如图 9-7 所示。OTT 广告实现了"互联网广告+电视广告"的叠加溢出效果，OTT 给电视大屏带来诸多互联网元素，使之媒体属性更加丰富。

图 9-7　雪佛兰 OTT 广告

OTT 具备可寻址、可用户画像等特点，平台覆盖海量人群标签，为其开展精准营销奠定了基础。目前各平台根据品牌需求，支持人群圈选和定向投放。具体来看，可以实现精准人群/城市/社区定向，将创新的广告内容分时段进行定向投放，精准触达目标消费人群。

（6）移动广告。移动广告是以智能移动终端（智能手机、平板电脑等）为载体发布的广告，具有针对性和交互性强、送达率高等特点。近年来，随着移动网络用户的不断增加，移动广告开始受到广告主的青睐。移动广告的表现形式丰富，不仅包括传统的图片、文字、插播广告、链接广告、视频广告等，还有各种 App 和小程序上出现的创新广告形式，如开屏广告、插屏广告等。喜马拉雅 App 上的开屏广告如图 9-8 所示。

图 9-8　喜马拉雅 App 上的开屏广告

3. 网络广告的发布方式

网络广告有多种发布方式，企业既可通过内部网络平台进行发布，也可利用现有的外部网络平台来发布；既可通过传统的PC端发布，也可通过新兴的移动端（如平板电脑、智能手机）等发布。其中，内部网络广告发布平台包括企业网站、企业博客账号、企业微博账号和企业微信公众号等；外部网络广告发布平台包括搜索引擎网站或内容网站、专类销售网、友情链接、虚拟社区和公告栏、网上报纸或杂志、新闻组、网络黄页等。此外，PC端发布的广告形式和移动端发布的广告形式有很大的不同。到底采取哪一种或哪几种网络广告发布方式，取决于企业自身的实力和具体的业务需要。

课堂讨论

你知道的创新网络广告形式还有哪些？它们的特点是什么？

任务实训

1. 实训的目的

了解我国移动端网络广告的发展情况。

2. 实训内容及步骤

（1）以小组为单位，组成任务团队。

（2）登录艾瑞咨询、艾瑞网、网经社、中国互联网信息中心等网站，搜集我国移动端网络广告发展的相关资料。

（3）各任务团队撰写研究报告。

（4）提交最后的研究报告，并做成PPT在班级进行展示。

3. 实训成果

研究报告——《我国移动端网络广告发展现状》。

任务9.3 掌握网络广告的策划流程

任务引入

小董的公司实施网络广告业务后，谈成的第一个客户是一家在当地颇有名气的农家院。该农家院位于风景优美的盘山脚下，地理位置得天独厚。农家院干净整洁，设施一流，提供的美食也很有特色。以前竞争对手少，该农家院的生意非常火爆，经常是一房难求。但随着竞争对手越来越多，生意已大不如从前。该农家院发现竞争对手通过网络广告把客户都吸引过去了，因此决定找小董的公司做一下尝试。

因为是第一个网络广告客户，公司上下都非常重视。赵总为此还召集各部门经理和小董一块开了一个碰头会。在会上，赵总决定由小董制定网络广告策划方案并负责实施，其他部门必须全力配合。

小董接到任务后深感责任重大，虽然业务不大，但毕竟是公司开展网络广告业务后的第一笔业务，他下决心一定要设计出一套完美的网络广告策划方案，争取实现开门红。

问题：如果你是小董，你该如何做好这套策划方案？

相关知识

网络广告策划是根据互联网的特征及网络目标受众的特征对广告活动进行的运筹和规划，在本质上与传统的广告策划思路相似，包括确定网络广告目标、确定网络广告的目标受众、选择网络广告的发布渠道、打造网络广告创意、选择网络广告发布平台等一系列活动。

1. 确定网络广告目标

网络广告目标是一定时期内广告主期望通过在网络上发布广告而实现的广告活动成果，如促进商品销售，提高商品知名度、美誉度，改变消费者认知，加强与目标消费者的互动，增强市场竞争能力等。因此，网络广告目标不是单一的，而是多元的。

确定网络广告目标的目的是通过信息沟通，使消费者对品牌产生认识、情感、态度和行为等方面的变化，从而实现企业的营销目标。在确定网络广告目标时应遵循以下原则：①广告目标要符合企业的营销目标；②广告目标要切实可行；③广告目标要明确具体；④广告目标要有一定弹性；⑤同一企业前后发布的广告的目标要有协调性；⑥广告目标要考虑公益性。

2. 确定网络广告的目标受众

广告的目标受众（target audience）即广告转播的诉求对象。目标受众决定了广告媒体的选择和传播策略，也决定了广告文案的内容。因此，企业发布网络广告必须根据广告的营销目标确定目标受众，这样所做的广告才具有针对性。

艾瑞咨询认为，网民在广告接受态度较理性的情况下，希望能够看到与自身需求相关的广告。以目标受众为核心的网络广告能够精准定位用户需求，提升用户体验并增强广告效果，因而日益受到广告主的重视。

> **课堂讨论**
>
> 如何确定网络广告的目标受众？可采取的方法主要有哪些？

3. 选择网络广告的发布渠道

企业发布网络广告的渠道有多种，广告主可根据自身的需求，本着广告效应最大化的原则从中选择一种或几种。

（1）企业主页。主页不但是企业良好形象的载体，也是进行产品宣传的绝佳窗口。在互联网上发布的网络广告，无论是旗帜广告，还是按钮广告，大都可快速链接至企业主页，所以，企业建立自己的主页是非常有必要的。企业主页是企业在互联网上进行广告宣传的主要形式。如今企业的主页地址已经与企业的名称、商标、品牌一样，成为企业独有的标志，是企业重要的无形资产。

微课堂
网络广告的
发布渠道

（2）博客、微博、微信等自媒体平台。随着微博、微信等自媒体平台的兴起，网络广告拥有了新的发布渠道。企业通过自建的博客账号、微博账号和微信公众号来推送广告，目标定位准确，针对性很强，受关注程度较高。

（3）搜索引擎网站或门户网站。搜索引擎是仅次于即时通信应用的第二大网络应用，截至2020年3月，我国的搜索引擎用户规模高达7.5亿，占网民整体的83%。百度、搜狗、360、神马等搜索引擎是网民检索信息的主要工具，每天的访问量巨大。在搜索引擎网站上投放广告，覆盖面广、针对性强、目标精准，而且其按效果收费，性价比高。百度搜索引擎网站上的激光打标机广告如图9-9所示。

图9-9 百度搜索引擎网站上的激光打标机广告

广告主也可以选择与门户网站合作，如搜狐、网易、新浪等，它们提供了大量的互联网用户感兴趣并需要的免费信息服务，包括新闻、评论、生活、财经等方面。因此，这些网站的访问量非常大，是网上最引人注目的站点。目前，这样的网站是网络广告发布的主要阵地，并且发布广告的形式多种多样。

（4）专类销售网。专类销售网是指汇聚某一类直接在互联网上进行销售的产品的网站。以汽车之家网站（见图9-10）为例，消费者只要在一张表中填上自己所需汽车的类型、价位、制造者、型号等信息，然后单击搜索，网页上马上就会出现满足其需要的汽车信息，当然还包括从何处可以购买到此种汽车的信息。另外，消费者在考虑购买汽车时，很有可能先通过此类网站进行查询。所以，对于汽车代理商和销售商来说，这是一种很有效的网络广告形式。

图9-10 汽车之家网站主页

（5）友情链接。利用友情链接，企业间可以相互传播广告信息。建立友情链接要本着平等的原则，这里所谓的平等有着广泛的含义，网站的访问量、在搜索引擎中的排名、相互之间信息的补充程度、链接的位置、链接的具体形式（图像还是文本方式，是否在专门的Resource网页介绍，或单独介绍你的网站）等都是必须考虑的因素。

（6）虚拟社区和公告栏。虚拟社区和公告栏（BBS）是网上比较流行的交流渠道，任何用户只要注册账号，都可以在虚拟社区或公告栏上浏览、发布信息，发表与企业产品相关的评论和建议，这可以起到非常好的口碑宣传作用。

（7）网上报纸或杂志。在互联网日益发展的今天，新闻界也不甘落于人后，一些世界著名的报纸和杂志也纷纷触网，在互联网上建立自己的主页。更有一些新兴的报纸与杂志，干脆脱离了传统的"纸"媒体，完完全全地成为一种"网上报纸或杂志"。

（8）新闻组。新闻组也是一种常见的网络服务，它与公告栏相似。人人都可以订阅它的信息，并可成为新闻组的一员。成员可以在其上阅读大量的公告，也可以发表自己的公告，或者回复他人的公告。新闻组是一种很好的讨论与分享信息的方式。对于一个企业来说，选择在与本企业产品相关的新闻组上发表自己的公告是一种非常有效的传播自己的广告信息的方法。

（9）网络黄页。网络黄页是指互联网上专门提供查询检索服务的网站，代表性的网络黄页如中国黄页（见图9-11）。这类站点就如同电话黄页一样，按类别划分，便于用户进行站点的查询。采用这种方法的好处，一是针对性强，查询过程都以关键字区分；二是醒目，广告处于页面的明显位置，易于被用户注意。

图9-11　中国黄页网站主页

（10）短视频平台。短视频相较于文字和图片，表现方式更为直观，对受众的刺激更为强烈，而且在内容上更为有趣。随着移动互联网技术的发展，网速越来越快，视频播放也越来越流畅，同时，手机流量资费的大幅下降使得资费因素对用户的限制越来越小，这为短视频的爆发式发展奠定了坚实的基础。如今，短视频App已成为时下互联网上最热门的应用之一，抖音、快手等短视频平台的用户规模数以亿计，因此成为商家投放网络广告的重要平台。

4. 打造网络广告创意

网络广告策划中极具魅力、最能体现水平的部分就是创意。它包括两个方面：一是内容、形式、视觉表现、广告诉求的创意；二是技术上的创意。网络广告的创意主要来自互联网本身，互联网是一个超媒介，它融合了其他媒介的特点。因为有不同的传播目的、传播对象，互联网可以承载不同的广告创意。同时，互联网是计算机科技和网络科技的结合，注定具有高科技特性，这也带来了更加多变的表现方法，为网络广告创意提供了更多的方向。

案例讨论

网易严选"双11"广告短片不走寻常路

网易严选于2021年推出了广告短片《离了吧，11·11》（见图9-12），从消费者视角对"双11"复杂的套路来了一次"吐槽"，玩的虽然还是"反套路"风格，但剧情依旧让人直呼"想不到"。

广告中，女主角的名字是"买家美少女壮士1991"，代表广大买家；而男主角的名字则是"11·11"，代表那个曾经"单纯"但现在"套路"满满的"双11"，在他们的"婚姻生活"中，妻子想要轻松愉快地买东西，丈夫想的却是自己的业务增长逻辑……

资料来源：鸟哥笔记App。

图9-12 网易严选广告短片《离了吧，11·11》截图

案例分析

网易的这则广告短片表面上是控诉"感情危机"，实际上剑指"双11""套路营销"的行业陋习，网易作为"双11"的一股清流，既输出了网易严选"回归真实生活，拒绝套路"的消费观念，也为品牌从消费者好感度到产品销量的转化埋下了伏笔。

网络广告要吸引用户，就应该是生动、有趣味的，能够抓住人的视线，邀请人们参与并且是让人无法拒绝的。网络广告要形成突破，必须依靠卓越的创意。在打造网络广告创意的过程中，要注意以下关键点。

（1）打造强有力的视觉冲击效果。网络信息浩如烟海，如果广告不具有强

延伸阅读
网络广告
创意的原则

大的视觉冲击力，必然不能为目标受众所关注。因此，广告创意者一定要创作出能瞬间吸引受众注意的广告作品，以便引起受众的兴趣。

（2）传递简单易懂而又有趣的信息。当今社会生活节奏加快，网络用户的时间越来越碎片化，如果广告内容冗长、晦涩难懂或平淡无奇，实在是难以吸引网络用户。事实上，简单易懂而又有趣的广告更容易被受众所关注。为什么抖音上的很多广告都不让我们反感？这是因为这些广告时长很短而又非常有趣，很难让我们产生厌烦的感觉。当然，这也与抖音强大的后台算法有关，它可以根据用户的喜好，进行精准的广告推送。

（3）适度的曝光率。网络用户的一个基本特点是喜新厌旧，即用户的关注度会随着广告上网时间的增加而降低。因此，当某一则广告的曝光率达到某种程度，并且出现下降倾向时，广告创意者就必须考虑更换该广告。

（4）发展互动性。随着网络技术的研究和发展，未来网络广告必定朝着互动性方向发展。网络广告如果能增加游戏活动功能，则点击率会大大提高。索尼在线娱乐站发布的凯洛格仪器公司的网络游戏广告，以一组游戏为特色，用户在参加其中一个游戏后有机会赢得一盒爆米花。发布这则广告后，凯洛格仪器公司主页的访问者增加了 3 倍，访问时间增加了 2 倍，该广告的浏览率高达 14.5%。

5. 选择网络广告发布平台

选择网络广告发布平台应注意以下问题：该平台用户是否与广告目标受众一致，该平台是否有足够多的活跃用户，平台是否具备流量和数据优势，平台的管理水平如何，广告计价是否合理，平台支持哪些广告形式，平台在审核方面是否有特殊要求，等等。

阅读资料

快手的广告形式

短视频平台快手目前有两种广告形式。一种广告形式是快手粉丝头条，主要针对快手视频进行推广，如果用户拍摄了快手视频，并且有推广的需求，即可申请开通推广服务。该项服务按 CPM 计费，即按曝光量收费。快手粉丝头条适用于增加视频曝光量、增加快手粉丝量等推广需求。因为其推广的素材为快手视频，并且快手粉丝头条有严格的审核标准，对于不适合使用快手粉丝头条服务的视频，平台将会拒绝用户使用该服务进行推广。

另一种广告形式是快手开辟的专门的视频信息流广告，快手"发现""同城"频道页的第 5 个位置是一个广告位，广告主可以通过官方的广告后台投放符合需求的广告。该广告形式支持视频、图片及超链接等，相较于粉丝头条，该广告形式可以更好地满足广告主的宣传需求。

任务实训

1. 实训的目的

了解网红品牌的网络广告策略。

2. 实训内容及步骤

（1）以小组为单位组建任务实训团队。

（2）各任务团队在广泛搜集资料的基础上，对江小白、卫龙辣条和喜茶 3 个网红品牌的网络广告创意进行分析。

（3）撰写分析报告，并做成 PPT 进行展示。

（4）由教师给出实训成绩，作为本课程的平时成绩之一。

3. 实训成果

实训作业——基于实例的网络广告创意分析。

任务 9.4　掌握网络广告预算与效果评估方法

任务引入

小董所在公司的网络广告业务开展了一段时间之后，市场部的王经理向赵总反映，由于销售人员不太了解网络广告的预算与网络广告效果方面的知识，一旦客户问及上述问题他们就很难回答，因此失去了不少业务。王经理请求赵总安排一次公司内部培训，以帮助销售人员更好地开展业务。赵总同意了王经理的建议，委托小董来负责此次培训。

问题：假定你就是小董，你该如何设计本次培训方案？具体的培训内容包括哪些？

相关知识

1. 网络广告预算

1）网络广告预算编制的方法

目前常用的网络广告预算的编制方法主要有以下几种。

（1）期望行动制。这种原则或编制方法是指以购买者的实际购买行动为参照来确定广告费用。一般做法是，先预期一个可能的购买人数的范围，再用它乘以每一单位购买行动的广告费用，取其平均值就得到广告预算结果。预期的购买人数一般参照同类产品以往年份的统计数字，每一单位的广告费用可根据产品及企业的目标来定。这种方法尤其适合农产品、大众消费品、家用电器等有较稳定购买量的产品。

（2）产品跟踪制。这种预算的编制方法通常只确定每一单位产品用多少广告费，再根据实际成交量来确定预算，常常使用以往的数据，具有时滞性。其好处是便于操作，具有一定的客观性。

（3）阶段费用制。这是广告预算编制中最常用的方法之一，就是根据企业营销计划要达到的阶段性目标来制订广告预算。这种方法能够根据变化的市场环境和产品生命周期的广告要求，及时调整广告费用投入，因而被普遍采用。

（4）参照对手制。这种预算的编制方法主要是参照竞争对手的广告投入情况来制订广告预算，不仅具有较强的针对性，也较为灵活。

（5）市场风向制。这种广告预算的编制方法是依据商业环境的变化而制订广告预算的，在商业环境恶化时，一般采取加大广告力度、增加预算的措施，这有助于乘机扩大市场。但这时打开市场往往要有较大的预算投入力度，并且效果要在商业环境改善后才能有所表现。在市场繁荣、产品销售情况好时，广告预算则可以适当减少。

（6）比例提成制。这种预算的编制方法是根据销售比例或盈利比例来制订广告预算。按销售额计算的方法是先确定销售额基数，然后根据一定的广告投入比率得出广告预算。这种方法简便易行，制订预算的过程也不复杂，有一定的科学性。

2）网络广告的付费模式

（1）千人成本。在传统媒体的广告业中，通常以千人成本作为确定该媒体广告价格的基础。由于各网站可以精确地统计其页面的访问次数，所以这种收费模式更为适用。

（2）每千次点击成本。每千次点击成本（cost per thousand click-through，CPC）是以网页上的广告被点击并链接到相关网站或详细内容页面 1 000 次为基准的网络广告收费模式。

（3）每行动成本。每行动成本（cost per action，CPA）是按广告投放的实际效果，即按回应的有效问卷或订单来计费，而不限广告投放量的广告收费模式。CPA 广告收费模式对于网站而言有一定的风险，但若广告投放成功，其收益也比 CPM 广告收费模式要大得多。

（4）每购买成本。每购买成本（cost per purchase，CPP）是广告主为防范广告费用风险而采用的一种广告收费模式，也称销售提成收费模式，即广告主在广告带来产品的销售后，按销售数量付给广告网站较一般广告价格更高的费用。

（5）按业绩付费。按业绩付费（pay-for-performance，PFP）是从 CPM 转变而来的一种收费模式。基于业绩的定价计费标准有点击次数、销售业绩和导航情况等。

2. 网络广告效果评估

网络媒体具有较强的机动性和可调整性，一旦网络广告效果不佳，广告主就应该对其进行调整，如调整曝光次数、修正广告内容等，一般检测期为一周或 10 万次曝光后。

对网络广告效果的评估，较准确的评价指标是曝光次数（impression）及广告点击率（click through rate，CTR）。曝光次数是指有广告的页面被访问的次数，即广告管理软件的计数器上所统计的数字。点击率是指访客单击广告的次数占广告曝光次数的比率。

评估广告效果还要考虑事先设定的广告目的或目标，不同的目的将导致不同的结果。例如，当广告的目的是建立品牌形象时，点击率并不是主要的评价指标，优质的、有效的曝光次数才是评估的重点。

为了获得公正的网络广告效果评估，广告主除了运用网站自身的广告管理软件和稽核工具，还可以利用第三方认证机构。

任务实训

1. 实训的目的

熟悉网络广告的付费模式，并分析不同付费模式的优、缺点。

2. 实训内容及步骤

（1）以小组为单位组建任务实训团队。

（2）收集相关资料，分析不同网络广告付费模式的优、缺点。

（3）撰写分析报告，并做成 PPT 进行展示。

（4）由教师给出实训分数，作为本课程的一次平时成绩。

3. 实训成果

分析报告——《不同网络广告付费模式的比较分析》。

-------- 📖 练习题 --------

一、单选题

1. （　　）的一个突出优点是能按照需要及时变更广告内容，包括改错。

　　A. 杂志广告　　　　　B. 网络广告　　　　　C. 报纸广告　　　　　D. 电视广告

2. （　　）是常见的网络广告形式，又名"横幅广告"，是互联网上最为传统的广告形式。

　　A. 按钮广告　　　　　B. 分类广告　　　　　C. 旗帜广告　　　　　D. 视频广告

3. （　　）可以将文字、声音、画面结合之后供用户主动检索，重复观看。

　　A. 杂志广告　　　　　B. 网络广告　　　　　C. 电视广告　　　　　D. 报纸广告

4. 网络广告策划首要关注的是（　　）。

　　A. 确定网络广告目标　　　　　　　　B. 进行市场调研

　　C. 确定网络广告的目标受众　　　　　D. 选择网络广告的发布渠道

5. 在（　　）上投放广告，覆盖面广、针对性强、目标精准，而且按效果收费，性价比高。

　　A. 网络黄页　　　　　B. 企业主页　　　　　C. 门户网站　　　　　D. 搜索引擎网站

二、多选题

1. 网络广告的主要特点有（　　）。

　　A. 非强迫性　　　　　　　　　　　　B. 实时性与交互性

　　C. 广泛性　　　　　　　　　　　　　D. 易统计性和可评估性

　　E. 视听效果的综合性

2. 网络广告的广泛性表现在（　　）。

　　A. 内容详尽　　　　　　　　　　　　B. 形式多样

　　C. 传播范围广，无时间地域限制　　　D. 传播速度快

　　E. 经济性

3. 以下属于传统网络广告的有（　　）。

　　A. 网络游戏广告　　　　　　　　　　B. 网络视频广告

　　C. 电子邮件广告　　　　　　　　　　D. 企业网站广告

　　E. 搜索引擎广告

4. 网络广告的发布渠道包括（　　）。

　　A. 企业主页　　　　　　　　　　　　B. 博客、微博、微信等自媒体平台

　　C. 搜索引擎网站或门户网站　　　　　D. 专类销售网

　　E. 友情链接

5. 目前常用的网络广告预算的编制方法包括 (　　)。

A. 期望行动制　　　　　　　　　　B. 产品跟踪制

C. 阶段费用制　　　　　　　　　　D. 参照对手制

E. 市场风向制

三、名词解释

1. 网络广告　　2. 移动广告　　3. 网络游戏广告　　4. 网络广告策划

5. 网络广告目标

四、简答及论述题

1. 在确定网络广告目标时应遵循哪些原则？

2. 网络广告创意包括了哪两个方面？

3. 选择网络广告发布平台需注意哪些问题？

4. 试论述网络广告发布的发布方式。

5. 试论述网络广告的策划流程。

📖 **案例讨论**

接地气的淘菜菜广告短片

或许，对于很多人来说，买菜是生活中的小事，琐碎而繁杂，甚至一地鸡毛。但会生活的人，总能从一餐一食的人间烟火气里收获满满的幸福感。

在我国消费升级大背景下，下沉市场用户也不再仅仅追求价格，而是对商品品质、丰富品类和品牌信誉有了更多的关注。而且相对一线城市，下沉市场的人们，生活节奏慢，更关注生活本身的乐趣。

基于上述消费市场洞察，阿里巴巴旗下社区电商平台淘菜菜整合盒马集市和淘宝买菜，开启全新的品牌升级。从与消费者强关联的"生活"出发，打出"会生活，淘菜菜"的广告口号，将买菜和幸福生活的智慧巧妙相连，助力用户消费升级，重塑平台心智。

此次淘菜菜品牌升级，瞄准的是下沉市场用户群体，目的是让他们的买菜场景从传统菜市场转到线上。针对这群特殊的大众家庭买菜决策用户，如何打破他们固有的认知？

淘菜菜通过短片所呈现的 4 个生活场景，延伸出"好牌靠好运，好菜凭好价""舞伴不常有，好货常在手""好女婿难找，好菜任你选""远亲上门难，鲜货易达"，传达出平台优价好菜、鲜货直达和好货任选的差异化优势。

短片中的 4 组人物群像，正是淘菜菜精准沟通的目标人群。而短片营造的极具烟火气和人情味的生活场景，和他们生活十分契合，再加上人物用方言沟通，增强用户的代入感，引发情感共鸣，进而打破他们对传统买菜的固有认知壁垒。

淘菜菜的广告短片通过市井烟火气生活，以及平台买菜的价值点露出，传递人间真实的生活幸福感，无形中增强了用户对"会生活，淘菜菜"的广告口号的价值认同，淘菜菜也由此树立了充满烟火气和温情的品牌形象。

问题：结合本案例，请谈谈网络广告创意的关键点。

项目 9 　网络广告

任务	熟悉主流短视频平台的广告发布			
班级		学号		姓名	

本任务要达到的目标要求：

1. 提升学生分析问题的能力。
2. 提升学生运用文献研究资料开展研究的能力。
3. 掌握在短视频平台发布广告的策略。

能力训练

1. 在短视频平台发布广告的形式主要有哪些？

2. 在抖音平台发布广告有何要求？

3. 在快手平台发布广告有何要求？

4. 你觉得企业该如何在短视频平台发布广告？

学生评述

完成任务的心得与体会：

教师评价

项目10　广告监管

学习目标

【知识目标】

(1) 理解网络监管的含义。
(2) 熟悉网络监管的体系。
(3) 了解广告监管的行政部门。
(4) 了解我国广告法的主要规定。
(5) 熟悉社会对广告的监督途径。

【技能目标】

(1) 能够掌握政府对广告实施监管的手段。
(2) 能够掌握我国广告法的基本内容。
(3) 能够对企业广告的效果进行全面评估。

【素质目标】

(1) 培养学习广告监管的兴趣。
(2) 树立广告法律意识，自觉履行法律义务。
(3) 履行广告监督职责，积极举报违法广告。

项目情境导入

2021年，知名羽绒服品牌加拿大鹅频频翻车。由于宣传羽绒服填充物时，在羽绒产地、保暖性能方面对消费者存在误导，被上海市黄浦区市场监管局认定构成虚假广告，罚款45万元。11月，"加拿大鹅处罚决定书简直是羽绒服购买指南"这一话题冲上热搜。紧接着，加拿大鹅又因退货搞"双标"再登热搜。央视网微博还专门发文对该企业的"双标"行为进行了斥责（见图10-1）。

央视网 ✔
12月02日 10:53 来自 微博视频号
【#央视评加拿大鹅双标#：#不尊重中国消费者必将被抛弃#】一边吃着中国市场的红利，一边对中国大陆和国际市场"双标"对待，不仅退货期限相差3周之久，就连反馈质量问题的选项都将中国排除在外，作为一个国际知名品牌，加拿大鹅的吃相未免太不体面。而一边改口一边又拒不接受退货，谁给了加拿大鹅如此 展开∨

第一时间 双标的加拿大鹅
要看好中国市场 就必须尊重中国消费者
7:44

图 10-1 央视网微博截图

上海市消保委约谈后，加拿大鹅终于在 12 月 1 日发表声明，称"在符合相关法律规定的情况下，所有中国大陆地区专卖店售卖的产品可以退货退款"。

问题：结合本案例，请谈谈你对我国广告监管体系的认识。

项目分析

广告活动和其他经济活动一样，要受到一定的约束和限制。广告管制规定了广告活动过程中必须遵守的行为规范、义务和权利，这对广告业的健康发展具有重大的意义。尽管我国有较为规范的广告审查制度和严厉的违法广告惩治体系，但违法广告现象却是屡禁不止，从传统的电视、报纸、广播、杂志四大媒体到新兴的网络媒体，违法广告几乎无处不在。现阶段我国对广告活动的监管依然是任重而道远。

那么，我国广告监管的体系由哪些部分组成？我国政府对广告实施监管的手段有哪些？我国广告法的主要法律条文有哪些？我国广告行业自律有哪些特点？社会对广告的监督途径有哪些？本项目将对以上问题进行解答。

任务 10.1 熟悉政府对广告的监管

任务引入

广告监管是市场监督管理部门、各类广告组织、社会和消费团体等，依照一定的广告法规、组织章程，对广告行业和广告活动实施监督、检查、控制和指导，以达到保护合法经营、取缔非法经营、查处违法广告、维护广告行业正常运行的目的。广告活动本质上是商业活动，为防止企业间的不正当竞争，保护消费者的合法权益以及树立良好的社会消费风尚，必须对广告活动进行监管。

但长期以来，违法广告屡禁不止，已对整个社会造成了严重的危害。这其中，医疗、医药和保健品行业更是虚假违法广告的重灾区。几乎每次市场监管部门曝光典型违法广告案例，上述 3 个行业都是当仁不让的主角。

问题：为何医疗、医药和保健品行会成为虚假违法广告的重灾区？针对该行业广告违法乱象，该如何监管？

相关知识

1. 广告监管体系

由于不同国家在经济与社会发展方面存在较大的差异，因此，广告监管的方式或领域也是不同的。但一般来说，广告监管的体系主要由政府监管、广告行业自律和社会监督 3 个部分组成，如图 10-2 所示。

图 10-2　广告监管的体系

（1）政府监管。政府监管也叫他律监管，包括法律监管和行政监管。法律监管是指市场监管部门和其他部门依据《中华人民共和国广告法》（以下简称《广告法》）及其他政策、法规对参与者进行监督、检查、控制、协调、指导、规划和提供服务的过程。行政监管是以行政手段对广告活动所进行的管理、监督、审查等。

（2）广告行业自律。广告行业自律是由广告主、广告经营单位、广告媒体等自发成立的民间性行业组织，通过自行制定的广告行业自律章程、公约和会员守则等一系列规则，对自身从事的广告活动进行自我约束、自我协调和自我管理。

广告行业自律是广告业发展到一定时期的产物，是广告行业的自我监管，具有非强迫性、道德约束性和灵活性的特点。

> **课堂讨论**
>
> 有人说杜绝违法广告最好的手段就是广告行业自律，你认可这种说法吗？

（3）社会监督。广告的社会监督，是指社会各界和消费者组织，按照国家广告管理的法律、法规，对广告活动进行日常监督，对违法广告进行举报与投诉，并向立法机关提出有关广告监管的立法请求和建议。社会监督的目的在于制止或限制虚假、违法广告对消费者权益的侵害，以维护广告消费者的正当权益，确保广告市场健康有序地发展。

广告的社会监督包括社会团体（如消费者协会、残疾人联合会等）监督、群众监督和新闻舆论监督。

案例分析

"五个女博士"广告惹争议

2023 年 4 月，美容品牌"五个女博士"投放的一则电梯广告引发广泛争议。广告中一位女性面目狰狞，握拳嘶喊"老公气我，喝""熬夜追剧，喝""又老一岁，喝""喝五个女博士，都是你们逼的！"，广告画面如图 10-3 所示。该广告引起了不少网友的不满和反感，有网友称其"宣传了女性的负面刻板印象""贩卖性别焦虑"。

图 10-3　"五个女博士"电梯广告画面截图

"五个女博士"主营补充胶原蛋白肽的功能性饮品，由北京大学五个女博士联合创立。不过在宣传上却屡打擦边球，在此次电梯广告引发关注前，还曾被北大医学部官方"辟谣"。"五个女博士"曾以北京大学、北京大学医学部及相关专家教授的名义为其产品进行宣传，但北大医学部网站早在 2020 年就发表声明，表示"五个女博士"与北大医学部无任何投资及科技成果转化关系。宣传中涉及的公共卫生学院营养系教授李勇也明确表示，其本人与该企业无合作、无授权，不存在对其研究成果进行成果转化事宜。

有网友评论："广告看了让人不舒服。"也有法律博主表示该广告涉嫌低俗宣传。

随后，网友的不满也从广告转移到了品牌。"姐妹们不要买，做出这样广告的产品都是智商税。""这牌子刚开始在抖音直播的时候，是几个女老板自己播，也没啥流量，很像三无产品……"

案例分析：

当下公众的社会责任及文明意识不断提高，对涉女性营销内容也变得更加敏感。"五个女博士"目标客户是女性群体，却制造容貌、年龄焦虑。"女博士"在大众眼里本是智慧、刻苦、理性的学术女性形象，利用当下社会崇尚高学历的心理，这则广告却打着"女博士"的名头，刻意刻画出焦虑愤怒、歇斯底里的女性形象，令人不适与厌恶。

企业找到噱头增加卖点，可以短暂提高知名度，但如果过度营销，不尊重消费者，会引起广大消费者的反感；依靠概念炒红产品，引导消费者为未经证实的功效买单，则会降低公众对品牌的信任。

2. 政府对广告实施监管的手段

（1）制定和颁布广告法律法规。政府对广告实施监管，首先要根据广告活动的特点和社会公共利益的要求，制定和颁布广告法规，使广告活动有法可依、有规可循，这是广告监管的首要任务。

广告监管是广告发展的必然要求，所以广告监管的发展程度与广告的发展水平紧密联系在一起。中华人民共和国成立以后，广告业赢得了良好的发展契机。当时经济基础较好的上海、重庆、天津、西安等城市，均先后发布了地方性的广告监管法规。

根据广告业发展的需要，1982年，国务院颁布了我国第一部全国性广告法规《广告管理暂行条例》。后来，国务院于1987年发布了《广告管理条例》，使广告监管法治建设又进了一步。20世纪90年代，我国经济建设进入一个新的快速发展时期，广告业更是发展迅速，因此国家需要将广告法规地位提高，并且进一步完善有关内容。在这种发展形势下，全国人民代表大会常务委员会（以下简称全国人大常委会）于1994年10月27日审议通过了《广告法》，该法自1995年2月1日起正式施行。2015年4月24日第十二届全国人民代表大会常务委员会第十四次会议审核通过了新版的《广告法》，该法于2015年9月1日起正式施行。2021年4月29日第十三届全国人民代表大会常务委员会第二十八次会议通过了对《广告法》作出修改的决定，删去第二十九条中的"并向县级以上地方市场监督管理部门办理广告发布登记"；删去第五十五条第三款、第五十七条、第五十八条第三款中的"吊销广告发布登记证件"；删去第六十条。

（2）确立专门的广告监管部门。有了广告法律法规，还必须组建专门的广告监管机构对广告活动进行管理和监督。虽然广告活动是集信息传播活动、经济活动、社会活动、文化活动于一身的综合性活动，但是其最终还是为经济发展服务，因此，广告监管属于工商管理的范畴。我国1982年颁布的《广告管理暂行条例》首次规定了由各级工商行政管理部门代表政府对广告进行管理，标志着我国广告监管部门的正式确立。

（3）对违法广告行为进行查处。广告监管机关的任务虽然涉及多个方面，但是，其中最重要的是要对违法广告行为进行查处，以维护广告业的正常秩序，使广告业健康发展。所以，广告监管机关要利用广告法律法规赋予的权力，监督社会上的广告活动，对出现的违法广告行为，按照广告法律法规和其他相关法规予以处理。只有经常不断地对违法广告行为进行查处，才能净化广告运营环境。

查处违法广告行为是保护消费者和社会公众利益的重要手段，也是预防违法广告行为发生、保护合法广告行为的重要措施，尤其要把查处虚假广告和违法经营广告作为重点。

3. 广告法规

（1）广告法规的范围。广告法规是广告监管部门行使监督职能，对广告宣传、广告经营、广告发布等涉及广告的活动和行为实施监管的各种法律、行政法规及行政规章的总称。广告法规规定所有从事广告活动的当事人，哪些行为是必须的，哪些行为是许可的，哪些行为是禁止的。它是广告监管部门依法管理、依法办事的依据，也是广告主、广告经营者和广告发布者从事合法广告活动的法律保障。

广告法规不是单指某一部具体的法律，而是所有约束广告行为的法律规范的集合。它包括以下几个方面。

① 法律。法律是国家最高权力机关根据立法程序制定和颁布的规范性文件，在我国是专指全国人民代表大会以及全国人大常委会制定和颁布的规范性文件。例如，《中华人民共和国刑法》《中华人民共和国商标法》《广告法》等。法律是仅次于宪法的规范性文件。《广告法》是专门规范广告行为的法律。此外，与广告监管相关的法律有《中华人民共和国消费者权益保护法》《中华人民共和国产品质量法》《中华人民共和国食品安全法》《中华人民共和国反不正当竞争法》《中华人民共和国商标法》《中华人民共和国烟草专卖法》《中华人民共和国未成年人保护法》《中华人民共和国环境保护法》等。

② 行政法规。行政法规是国家行政管理机关为执行法律和履行职能，在其职权范围内，根据宪法和法律赋予的权限，所制定和颁布的规范性文件。在我国，国务院是制定和颁布行政法规的最高行政机关，有权根据宪法和法律，规定行政措施，制定行政法规，颁布决定和命令。1982 年的《广告管理暂行条例》和 1987 年的《广告管理条例》都是国务院制定和颁布的行政法规。

③ 行政规章。行政规章是指国务院市场监督管理部门会同有关部、委、办、局联合制定的部门规章。这些行政规章数量众多，涉及多个领域，且几乎每年都会有新的内容颁布和实施。如仅医药行业就有《药品广告审查办法》《医疗器械广告审查办法》《药品广告审查办法》《医疗广告管理办法》等多个行政规章。

（2）《广告法》的基本内容。2021 年修改后的《广告法》共六章七十三条，分为总则、广告内容准则、广告行为规范、监督管理、法律责任、附则 6 个方面。

"总则"一章阐述了制定《广告法》的目的，界定了广告活动、广告主、广告经营者、广告发布者、广告代言人等基本概念，把真实、合法、诚实、健康、不得欺骗和误导消费者等作为从事广告活动的根本原则。

"广告内容准则"一章则对广告内容和广告表现形式做了详细的规定，并对医疗、药品、医疗器械、保健食品、农药、兽药、饲料、烟草、酒类等特殊广告的发布做出了明确的规定。

"广告行为规范"一章对所有从事广告活动的当事人的资格、条件和必须遵守的义务做了详细的规定，并对需要禁止的广告活动做了界定。

"监督管理"一章对医疗、药品、医疗器械、农药、兽药和保健食品广告，以及法律、行政法规规定应当进行审查的其他广告做了规定，并规定了市场监督管理部门履行广告监督管理的职责和职权。

"法律责任"一章对广告的各种违法行为进行了界定，并给出了相应的处罚规定。

"附则"一章指出，国家鼓励、支持开展公益广告宣传活动，传播社会主义核心价值观，倡导文明风尚。大众传播媒介有义务发布公益广告。广播电台、电视台、报刊出版单位应当按照规定的版面、时段、时长发布公益广告。公益广告的管理办法，由国务院市场监督管理部门会同有关部门制定。

案例分析

微信上发布的烟草广告被查处

原北京市工商行政管理局朝阳分局互联网烟草广告监管专项机构在开展日常监测时发现，××公司（以下称当事人）涉嫌利用微信公众平台发布烟草广告，相关机构随即根据此线索立案调查。

经查，当事人于2015年4月27日在微信公众平台申请注册了一个公众号。该公众号于2015年8月19日发布"世界上你最爱的十款卷烟大排名""No.1品牌名称：××。所属公司：××公司。特征：极高的品质和勇于冒险的自由精神""看来全球的烟民中很多是××迷，Mr.××很高兴自己朋友遍布全世界"等内容，同时配有××香烟烟盒图片；于2015年11月20日发布"大牌驾到！原来他也是×迷""金装××是社交界的宠儿，在一些社交场合经常会见到金装××，这也正是××需要经常出席的场合，而金装××柔顺的口感又契合了他那认真谦逊的性格""完全诠释了金装××在××中所代表的卓越领导风范"等内容，同时配有××揣着××烟盒的图片；于2016年5月5日通过该公众号发布"在这些刺激和快感面前，男人永远是个孩子""Mr.××的最爱，当然是那部红××涂装的摩托车，经典还是经典"等内容，同时配有印有××商标的××摩托车及由××香烟烟盒拼成的××摩托车的图片。

案例评析

烟草危害是我国面临的最突出的公共卫生问题之一。为全面推进烟草控制工作，保护公众健康，我国先后出台多部控烟法律法规及相关政策。自2015年起施行的《广告法》明确规定"禁止向未成年人发送任何形式的烟草广告"，并禁止在大众传播媒介、公共场所、公共交通工具、户外发布烟草广告，禁止变相发布烟草广告。自2016年9月起施行的《互联网广告管理暂行办法》进一步明确全面禁止利用互联网络发布烟草广告。

本案例当事人通过微信公众平台发布含有烟草广告的行为，违反了《互联网广告管理暂行办法》第五条"禁止利用互联网发布处方药和烟草的广告"的规定。有关部门可依据《互联网广告管理暂行办法》第二十一条转至《广告法》第五十七条对当事人进行查处。

4. 广告监管的行政部门

根据《广告法》第六条的规定，国务院市场监督管理部门主管全国的广告监督管理工作，国务院有关部门在各自的职责范围内负责广告管理相关工作。县级以上地方市场监督管理部门主管本行政区域的广告监督管理工作，县级以上地方人民政府有关部门在各自的职责范围内负责广告管理相关工作。

广告监管机关由国家市场监督管理部门，省、自治区、直辖市市场监督管理部门，地区、市市场监督管理部门，县市场监督管理部门组成网络，按照分级管理和属地原则对广告活动实施监督和管理。

所谓分级管理，就是按照广告活动的性质和设计的范围，由不同级别的市场监督管理部门实施管理。例如，对涉及国际、国家级的广告活动，如在我国境内举办的国际性运动会等的广告活动，需由国家市场监督管理局监督管理或授权给有关省区市市场监督管理部门监督管理；对一般性广告活动，则由所在地的市场监督管理部门监督管理。

所谓属地原则，即由广告发布地区的市场监督管理部门负责对当地的广告活动实施监督管理。如果发生违法广告行为，不论其广告主、广告经营者、广告发布者具体隶属关系在哪里，均由广告发布地的市场监督管理部门负责查处。

任务实训

1. 实训的目的

通过案例讨论，认识电子商务时代网络广告监管面临的挑战与对策。

2. 实训内容及步骤

（1）阅读案例，然后分组讨论。

案例材料： 某年 12 月 13 日，成都新都区居住的熊先生通过网络电商平台购买护肤品，由中通快递从北京寄往成都，17 日晚，熊先生拿到快递，第一眼看到的不是快递单号，而是快递上红白相间的优惠券广告，上面印有醒目的私人电话。熊先生向护肤品卖家询问，对方表示不清楚此广告。

熊先生说："在没有得到授权的情况下，我的快递被张贴了广告，我觉得我的私人财产受到第三方侵犯。"熊先生回到家后发现，同小区里也有其他业主的快递上也被张贴了广告，印有"妇科诊疗专业"等字样。熊先生并不要求快递公司和广告商家赔偿，"只是呼吁快递公司，保护消费者隐私"。

（2）以小组为单位，对案例进行讨论。重点讨论以下问题。

快递包装上出现广告是否违规或违法？其法律依据是什么？在电子商务时代，网络广告监管会遇到哪些新问题和新挑战？如何解决这些问题和挑战？

（3）各小组对案例进行充分的讨论，然后将最终的讨论结果做成 PPT 课件，并推选一位代表在班级汇报。

（3）授课老师对各小组的汇报进行点评，并给出此次的实训成绩。

3. 实训成果

案例讨论——电商时代广告监管面临的新挑战与对策建议。

任务 10.2　了解我国《广告法》 的主要规定

任务引入

2015 年 9 月 1 日起施行的《广告法》与 20 年前的旧法相比，突出的一大亮点是完善了广告代言制度，尤其对明星代言和未成年人代言进行了严格限定。《广告法》明确规定明星代言虚假广告的将被禁止代言三年，还将承担连带民事责任。此外，2015 年版《广告法》

的亮点还包括：充实和细化广告内容准则、明确虚假广告的定义和典型形态、严控烟草广告发布、新增关于未成年人广告管理的规定、新增关于互联网广告的规定、强化了对大众传播媒介广告发布行为的监管力度、规定大众传播媒介有义务发布公益广告，扩大广告法调整范围、明确和强化工商机关及有关部门对广告市场监管的职责职权，明确以工商机关为主、各部门分工配合的管理体制，提高行政执法效能、提高法律责任的震慑力。

问题：2015年版《广告法》修订背景是什么？如何解读该版《广告法》的上述亮点？

相关知识

自2015年9月1日起，修订后的《广告法》正式施行。2018年10月26日和2021年4月29日全国人民代表大会常务委员对《广告法》进行了两次修正。下面就对我国《广告法》的主要规定进行简要介绍。

1. 《广告法》对商品、服务类广告的规定

（1）广告不得含有的情形。《广告法》第九条规定，广告不得有下列情形：

（一）使用或者变相使用中华人民共和国的国旗、国歌、国徽，军旗、军歌、军徽；

（二）使用或者变相使用国家机关、国家机关工作人员的名义或者形象；

（三）使用"国家级""最高级""最佳"等用语；

（四）损害国家的尊严或者利益，泄露国家秘密；

（五）妨碍社会安定，损害社会公共利益；

（六）危害人身、财产安全，泄露个人隐私；

（七）妨碍社会公共秩序或者违背社会良好风尚；

（八）含有淫秽、色情、赌博、迷信、恐怖、暴力的内容；

（九）含有民族、种族、宗教、性别歧视的内容；

（十）妨碍环境、自然资源或者文化遗产保护；

（十一）法律、行政法规规定禁止的其他情形。

（2）有关保护消费者合法权益的规定。为防止广告经营者利用广告对消费者进行欺骗和误导，切实保护消费者的合法权益，《广告法》对商品性能、产地、用途、质量、价格、生产者、有效期限的承诺，以及服务的内容、形式等都做了明确的规定。

《广告法》第二十八条规定，广告以虚假或者引人误解的内容欺骗、误导消费者的，构成虚假广告。

广告有下列情形之一的，为虚假广告：

（一）商品或者服务不存在的；

（二）商品的性能、功能、产地、用途、质量、规格、成分、价格、生产者、有效期限、销售状况、曾获荣誉等信息，或者服务的内容、提供者、形式、质量、价格、销售状况、曾获荣誉等信息，以及与商品或者服务有关的允诺等信息与实际情况不符，对购买行为有实质性影响的；

（三）使用虚构、伪造或者无法验证的科研成果、统计资料、调查结果、文摘、引用语等信息作证明材料的；

（四）虚构使用商品或者接受服务的效果的；

（五）以虚假或者引人误解的内容欺骗、误导消费者的其他情形。

（3）关于公平竞争的规定。《广告法》第十三条规定，广告不得贬低其他生产经营者的商品或者服务。

（4）有关广告可识别性的规定。《广告法》第十四条规定，广告应当具有可识别性，能够使消费者辨明其为广告。

大众传播媒介不得以新闻报道形式变相发布广告。通过大众传播媒介发布的广告应当显著标明"广告"，与其他非广告信息相区别，不得使消费者产生误解。

广播电台、电视台发布广告，应当遵守国务院有关部门关于时长、方式的规定，并应当对广告时长作出明显提示。

2. 《广告法》对特殊商品广告的法律要求

《广告法》对涉及国计民生的某些特殊商品，如药品、医疗器械、农药、房地产、烟草、食品和化妆品等的广告进行了进一步的专门规定，具体内容如下。

微课堂
《广告法》
对特殊商品
广告的法律
要求

《广告法》第十五条规定如下。

麻醉药品、精神药品、医疗用毒性药品、放射性药品等特殊药品，药品类易制毒化学品，以及戒毒治疗的药品、医疗器械和治疗方法，不得作广告。

前款规定以外的处方药，只能在国务院卫生行政部门和国务院药品监督管理部门共同指定的医学、药学专业刊物上作广告。

《广告法》第十六条规定，医疗、药品、医疗器械广告不得含有下列内容：

（一）表示功效、安全性的断言或者保证；

（二）说明治愈率或者有效率；

（三）与其他药品、医疗器械的功效和安全性或者其他医疗机构比较；

（四）利用广告代言人作推荐、证明；

（五）法律、行政法规规定禁止的其他内容。

药品广告的内容不得与国务院药品监督管理部门批准的说明书不一致，并应当显著标明禁忌、不良反应。处方药广告应当显著标明"本广告仅供医学药学专业人士阅读"，非处方药广告应当显著标明"请按药品说明书或者在药师指导下购买和使用"。

推荐给个人自用的医疗器械的广告，应当显著标明"请仔细阅读产品说明书或者在医务人员的指导下购买和使用"。医疗器械产品注册证明文件中有禁忌内容、注意事项的，广告中应当显著标明"禁忌内容或者注意事项详见说明书"。

《广告法》第十七条规定，除医疗、药品、医疗器械广告外，禁止其他任何广告涉及疾病治疗功能，并不得使用医疗用语或者易使推销的商品与药品、医疗器械相混淆的用语。

《广告法》第十八条规定，保健食品广告不得含有下列内容：

（一）表示功效、安全性的断言或者保证；

（二）涉及疾病预防、治疗功能；

（三）声称或者暗示广告商品为保障健康所必需；

（四）与药品、其他保健食品进行比较；

（五）利用广告代言人作推荐、证明；

（六）法律、行政法规规定禁止的其他内容。

保健食品广告应当显著标明"本品不能代替药物"。

《广告法》第十九条规定，广播电台、电视台、报刊音像出版单位、互联网信息服务提供者不得以介绍健康、养生知识等形式变相发布医疗、药品、医疗器械、保健食品广告。

《广告法》第二十条规定，禁止在大众传播媒介或者公共场所发布声称全部或者部分替代母乳的婴儿乳制品、饮料和其他食品广告。

《广告法》第二十一条规定，农药、兽药、饲料和饲料添加剂广告不得含有下列内容：

（一）表示功效、安全性的断言或者保证；

（二）利用科研单位、学术机构、技术推广机构、行业协会或者专业人士、用户的名义或者形象作推荐、证明；

（三）说明有效率；

（四）违反安全使用规程的文字、语言或者画面；

（五）法律、行政法规规定禁止的其他内容。

《广告法》第二十二条规定，禁止在大众传播媒介或者公共场所、公共交通工具、户外发布烟草广告。禁止向未成年人发送任何形式的烟草广告。

禁止利用其他商品或者服务的广告、公益广告，宣传烟草制品名称、商标、包装、装潢以及类似内容。

烟草制品生产者或者销售者发布的迁址、更名、招聘等启事中，不得含有烟草制品名称、商标、包装、装潢以及类似内容。

《广告法》第二十三条规定，酒类广告不得含有下列内容：

（一）诱导、怂恿饮酒或者宣传无节制饮酒；

（二）出现饮酒的动作；

（三）表现驾驶车、船、飞机等活动；

（四）明示或者暗示饮酒有消除紧张和焦虑、增加体力等功效。

《广告法》第二十四条规定，教育、培训广告不得含有下列内容：

（一）对升学、通过考试、获得学位学历或者合格证书，或者对教育、培训的效果作出明示或者暗示的保证性承诺；

（二）明示或者暗示有相关考试机构或者其工作人员、考试命题人员参与教育、培训；

（三）利用科研单位、学术机构、教育机构、行业协会、专业人士、受益者的名义或者形象作推荐、证明。

《广告法》第二十五条规定，招商等有投资回报预期的商品或者服务广告，应当对可能存在的风险以及风险责任承担有合理提示或者警示，并不得含有下列内容：

（一）对未来效果、收益或者与其相关的情况作出保证性承诺，明示或者暗示保本、无风险或者保收益等，国家另有规定的除外；

（二）利用学术机构、行业协会、专业人士、受益者的名义或者形象作推荐、证明。

《广告法》第二十六条规定，房地产广告，房源信息应当真实，面积应当表明为建筑面积或者套内建筑面积，并不得含有下列内容：

（一）升值或者投资回报的承诺；

（二）以项目到达某一具体参照物的所需时间表示项目位置；

（三）违反国家有关价格管理的规定；

（四）对规划或者建设中的交通、商业、文化教育设施以及其他市政条件作误导宣传。

《广告法》第二十七条规定，农作物种子、林木种子、草种子、种畜禽、水产苗种和种养殖广告关于品种名称、生产性能、生长量或者产量、品质、抗性、特殊使用价值、经济价值、适宜种植或者养殖的范围和条件等方面的表述应当真实、清楚、明白，并不得含有下列内容：

（一）作科学上无法验证的断言；

（二）表示功效的断言或者保证；

（三）对经济效益进行分析、预测或者作保证性承诺；

（四）利用科研单位、学术机构、技术推广机构、行业协会或者专业人士、用户的名义或者形象作推荐、证明。

3. 《广告法》对广告主、广告经营者与发布者的法规管理

《广告法》第二条规定，在中华人民共和国境内，商品经营者或者服务提供者通过一定媒介和形式直接或者间接地介绍自己所推销的商品或者服务的商业广告活动，适用本法。

本法所称广告主，是指为推销商品或者服务，自行或者委托他人设计、制作、发布广告的自然人、法人或者其他组织。

本法所称广告经营者，是指接受委托提供广告设计、制作、代理服务的自然人、法人或者其他组织。

本法所称广告发布者，是指为广告主或者广告主委托的广告经营者发布广告的自然人、法人或者其他组织。

《广告法》第四条规定，广告不得含有虚假或者引人误解的内容，不得欺骗、误导消费者。

广告主应当对广告内容的真实性负责。

《广告法》第五条规定，广告主、广告经营者、广告发布者从事广告活动，应当遵守法律、法规，诚实信用，公平竞争。

《广告法》第三十一条规定，广告主、广告经营者、广告发布者不得在广告活动中进行任何形式的不正当竞争。

《广告法》第三十二条规定，广告主委托设计、制作、发布广告，应当委托具有合法经营资格的广告经营者、广告发布者。

《广告法》第三十三条规定，广告主或者广告经营者在广告中使用他人名义或者形象的，应当事先取得其书面同意；使用无民事行为能力人、限制民事行为能力人的名义或者形象的，应当事先取得其监护人的书面同意。

《广告法》第三十四条规定，广告经营者、广告发布者应当按照国家有关规定，建立、健全广告业务的承接登记、审核、档案管理制度。

广告经营者、广告发布者依据法律、行政法规查验有关证明文件，核对广告内容。对内容不符或者证明文件不全的广告，广告经营者不得提供设计、制作、代理服务，广告发布者不得发布。

《广告法》第三十五条规定，广告经营者、广告发布者应当公布其收费标准和收费办法。

《广告法》第三十六条规定，广告发布者向广告主、广告经营者提供的覆盖率、收视率、点击率、发行量等资料应当真实。

📣 阅读资料

北京"李白再世"广告被撤　专家：大众广告不能"任性"

2021年7月14日，北京晚报刊发《个人广告怎能想登啥登啥》一文，报道了北京的多个公交站点出现了一则自称"李白再世"的个人广告后，引发社会广泛关注。之后，该广告被撤下。

记者联系到广告投放者张某时，他登在公交站牌的个人广告已经开始撤下。他解释说，之所以做这样的广告，是因为想引起文学界的注意，对其诗歌进行一个评价。

张某说，在大学时喜欢上写诗，2014年出版了一本诗集。当年，他将诗集寄给了许多文学院的教授，想让专家对其诗歌进行评判，但没有回音。他也曾在北大门口竖起"李白再世"的招牌给北大学生送书，只因觉得北大学生里或许有自己的诗歌"知音"。然而，7年过去了，诗作依然没有引起人们关注。

虽然张某在北京一家车企工作，但诗歌始终是他难以割舍的情结。他渴望能有一个机会与文学圈的专家对诗歌进行一次讨论，"所以才想到登这样的个人广告，自称'李白再世'也只是吸引大家关注的一种手段，算是我的'放手一搏'吧。"张某解释说。市民对此质疑，难道花钱就能想说啥就说啥？

按照张某的特别要求，广告公司把广告张贴在中国作协、文联以及《诗刊》杂志社附近的公交站牌上。对此，不少市民质疑，难道广告公司对广告内容就没有审核吗？难道只要花了钱，就能随意登广告，能随意登在任何地方吗？

据了解，广告公司在审核张某自己编写的广告内容时，也曾认为其广告词中包含的"李白再世"不合适，最终协商的结果是删掉其广告词中的这一说法，只保留张某诗集封面上"李白再世"四个字。当时，张某还向广告公司承诺了一个"免责声明"，即对于广告发出后可能会产生的不良后果而言，均由其本人来承担。

然而，北京市常鸿律师事务所的彭艳军律师表示，这种"免责声明"无效。根据《广告法》第三十四条第二款明确规定："广告经营者、广告发布者依据法律、行政法规查验有关证明文件，核对广告内容。对内容不符或者证明文件不全的广告，广告经营者不得提供设计、制作、代理服务，广告发布者不得发布。"因此，即便有这样的"免责声明"，广告经营者、发布者的法定义务也不可轻易免除。

资料来源：北京晚报。

4.《广告法》对广告代言人的法律规定

《广告法》第二条规定，本法所称广告代言人，是指广告主以外的，在广告中以自己的名义或者形象对商品、服务作推荐、证明的自然人、法人或者其他组织。

《广告法》第三十八条规定，广告代言人在广告中对商品、服务作推荐、证明，应当依据事实，符合本法和有关法律、行政法规规定，并不得为其未使用过的商品或者未接受过的服务作推荐、证明。

不得利用不满十周岁的未成年人作为广告代言人。

对在虚假广告中作推荐、证明受到行政处罚未满三年的自然人、法人或者其他组织，不得利用其作为广告代言人。

课堂讨论

修订后的《广告法》为什么要增加对广告代言人的法律规定？

任务实训

1. 实训的目的

通过对名人虚假代言的研究，熟悉新版《广告法》对广告代言人的规定。

2. 实训内容及步骤

（1）收集近年来名人代言虚假广告的典型案例。

（2）对案例进行研究，分析名人代言虚假广告的社会危害。

（3）结合新版《广告法》中有关广告代言人的法律规定，判定广告代言人应负的法律责任。

（4）提交案例及分析结论，由授课老师进行评阅。

3. 实训成果

实训小作业——名人代言虚假广告的法律责任分析。

任务 10.3　了解广告行业自律及社会对广告的监督

任务引入

某门户网站上出现了某服装企业一则动漫广告，画面上，一名年轻人戴着耳机享受音乐，巨大的广告词"我管不了全球变暖，但至少我好看"占据了广告很大位置。该广告立即受到网友关注并招致责骂无数。该企业服装的销售对象主要是16岁至26岁的年轻人，此次率先站出来反对这则广告的，正是一群青少年网友。他们认为，这则广告误解了年轻人，是对年轻人的一种侮辱。随后，网上讨论不断升级。

请问，这则广告为何会引发众怒？该服装企业是否要对这则争议广告承担者责任？

相关知识

1. 我国广告行业自律

（1）广告行业自律的特点。广告行业自律主要有以下特点。

① 自愿性。遵守行业规范、践行行业规范、自律，是广告活动参与者完全自愿的行为，不受任何组织或个人的强制。他们一般是在自愿的基础上组成行业组织，制定组织章程和共

同遵守的行为准则，目的是通过维护行业整体的利益来维护各自的利益。因此，行业自律主要是依靠参加者的信念以及社会和行业同人的舆论监督来实现。违反者，也主要以受到舆论的谴责作为惩戒。

②广泛性。广告行业自律调整的范围比法律、法规调整的范围更加广泛。广告活动涉及面广且不断发展变化，广告法律、法规不可能把广告活动的方方面面都规定得十分具体，而行业规范可以做到这一点，不仅能在法律规范的范围内发挥作用，也能在法律没有规范的地方发挥其自我约束的作用。因而，广告行业自律是限制广告法律、法规所不能约束的某些行为的思想和道德武器。

③灵活性。广告法律、法规的制定、修改和废止要经过严格的法定程序，而规范等自律规章只要经过大多数广告活动参与者同意，即可进行修改、补充。

（2）我国广告行业组织与行业自律。实施广告行业自律首先要成立行业组织，这些组织通常以广告协会的形式出现。有了它们，广告行业自律便能从组织上得以落实。下面以中国广告协会为例进行阐述。

中国广告协会成立于1983年12月，是由具备一定资质的广告主、广告经营者、广告发布者、广告代言人（经纪公司）、广告（市场）调查机构、广告设备器材供应机构等经营单位，以及地方性广告行业组织、广告教学及研究机构等自愿结成的行业性、全国性、非营利性的社会组织。

中国广告协会的职能是在市场监督管理部门的领导下，承担抓自律、促发展，指导、协调、服务、监督的责任。

《中国广告协会自律规则》包括总则、广告内容、广告行为、自律措施、规则体系和附则6个部分。

《中国广告协会自律规则》规定，对于违反该规则的相关责任者，经查证后，中国广告协会将采取自律劝诫，通报批评，取消协会颁发的荣誉称号，取消会员资格，降低或取消协会认定的中国广告业企业资质等级，报请政府有关部门处理等措施。

受篇幅所限，本书不对该自律规则内容进行详述。有学习需要的读者可登录中国广告协会网站阅读全文。

2. 社会对广告的监督

（1）社会监督的必要性。

一方面，社会监督是社会各方主动参与广告监管的重要手段。

由于广告的特殊性，广告监管已经并非只是关系广告行业的事，而是关系社会公共利益的大事，要求社会各方共同关心和参与，社会监督就是社会和公众主动参与广告监管的重要手段。

另一方面，社会监督是广告监管公开化、透明化的具体体现。

社会参与广告监管，对违法广告行为进行揭露，能让全社会都认识到广告管制的重要性。社会各方都来关心广告，使广告管制公开化、透明化，不仅不会影响国家对广告的管理，反而会对广告的管理起到促进和帮助作用。

（2）社会监督的主要途径。

社会各方对广告实施监督的途径主要有以下3个。

① 新闻媒体的舆论监督。对于违法广告行为，新闻媒体通过报道和揭露，将之公之于众，既可以为广告监管机关提供线索，也可以使消费者了解真相，避免上当受骗；还能使这些违法广告行为的制造者感受到舆论压力，从而迅速采取措施，改正错误。

② 社会团体的积极参与。对广告行为的监督，社会团体的积极参与是必不可少的。因为这些社会团体成立的宗旨就是关注社会公众利益，保护公民的合法权益不被侵犯。在我国，对损害消费者利益的违法广告行为，中国消费者协会应义不容辞地给予消费者关心和帮助；对损害妇女和儿童合法权益的违法广告行为，中华全国妇女联合会参与监督是理所当然的；中国残疾人联合会关注损害残疾人利益的违法广告行为等，都是合理且正当的社会监督行为。

思政园地

中国消费者协会促进社会主义市场经济健康发展

中国消费者协会是于 1984 年 12 月经国务院批准成立的、对商品和服务进行社会监督和以保护消费者合法权益为宗旨的全国性社会团体。其经费由政府资助和社会赞助。

中国消费者协会的宗旨是，对商品和服务进行社会监督，保护消费者的合法权益，引导广大消费者合理、科学消费，促进社会主义市场经济健康发展。

法定职能

根据《中华人民共和国消费者权益保护法》，中国消费者协会及其指导下的各级协会履行以下 7 项职能：

1. 向消费者提供消费信息和咨询服务；
2. 参与有关行政部门对商品和服务的监督、检查；
3. 就有关消费者合法权益的问题，向有关行政部门反映、查询，提出建议；
4. 受理消费者的投诉，并对投诉事项进行调查、调解；
5. 投诉事项涉及商品和服务质量问题的，可以提请鉴定部门鉴定，鉴定部门应当告知鉴定结论；
6. 就损害消费者合法权益的行为，支持受损害的消费者提起诉讼；
7. 对损害消费者合法权益的行为，通过大众传播媒介予以揭露、批评。

组织机构

中国消费者协会的组织机构是理事会。理事由各政府有关部门，人民团体，新闻媒体，各省、自治区、直辖市及计划单列市消费者协会（委员会，下同）以及各有关方面的消费者代表协商推举产生。理事会全体会议每年召开一次。闭会期间，由常务理事会行使理事会职权。协会的日常工作由常设办事机构承担，秘书长、副秘书长专职管理，并向会长负责。

③ 公民举报投诉。每个公民都有责任和义务对违反法律的行为进行揭露。同时，在个人的合法权益受到不法侵犯时，公民既可以向政府主管部门反映和投诉，也可以通过法律途径提起法律诉讼。当发现某一广告行为违反法律法规或侵犯自己的合法权益的时候，公民可以向广告监管部门举报和投诉，或者向司法机关提起法律诉讼，以保障社会公共利益和自己的合法权益不被侵犯。

任务实训

1. 实训的目的

借鉴发达国家在广告管制方面积累的经验，讨论如何进一步完善我国的广告管制。

2. 实训内容及步骤

（1）收集与美、英、法、日等发达国家广告管制相关的文献资料。

（2）对文献资料进行梳理分析，了解发达国家的广告法律、法规、广告行业自律、政府对广告管制实施的手段等，总结其中对我们有益的经验和做法。

（3）在研究的基础上提出进一步完善我国广告管制的建议。

（4）每位同学均将自己的建议发到班级学习群，在课代表的组织下大家进行在线讨论。

3. 实训成果

在线讨论——借鉴发达国家经验进一步完善我国广告管制的建议。

-------- 练习题 --------

一、单选题

1. 全国人大常委会于 1994 年 10 月 27 日审议通过了《广告法》，该法从（　　）起正式施行，我国广告法治建设又进入一个新的阶段。

　　A. 1994 年 12 月 1 日　　　　　　　　B. 1995 年 1 月 1 日

　　C. 1995 年 2 月 1 日　　　　　　　　D. 1995 年 3 月 1 日

2. 我国《广告法》规定，县级以上地方（　　）主管本行政区域的广告监督管理工作，县级以上地方人民政府有关部门在各自的职责范围内负责广告管理相关工作。

　　A. 市场监督管理部门　　　　　　　　B. 公安局

　　C. 检察院　　　　　　　　　　　　　D. 城管大队

3. 根据属地原则，由（　　）的市场监督管理部门负责对当地的广告活动实施监督管理。

　　A. 广告制作地区　　　　　　　　　　B. 广告主注册地

　　C. 广告设计地区　　　　　　　　　　D. 广告发布地区

二、多选题

1. 广告行业自律的特点包括（　　）。

　　A. 非强迫性　　B. 道德约束性　　C. 法律强制性　　D. 法规约束性

　　E. 灵活性

2. 2015 年新版《广告法》共六章七十四条，分为总则、广告内容准则、（　　）、附则6 个方面。

　　A. 法律责任　　B. 行为准则　　C. 广告行为规范　　D. 法律义务

　　E. 监督管理

3. 《广告法》中的"广告行为规范"一章对所有从事广告活动的当事人的（　　）做了详细的规定，并对需要禁止的广告活动做了界定。

　　A. 资格　　　　　　B. 年龄　　　　　　C. 性别　　　　　　D. 条件

　　E. 必须遵守的义务

三、名词解释

1. 广告监管　　2. 广告法规　　3. 广告经营者　　4. 广告行业自律

5. 中国消费者协会

四、简答及论述题

1. 政府对广告实施监管的手段主要有哪些？

2. 《广告法》对医疗、药品、医疗器械广告有何具体规定？

3. 试论述《广告法》对广告代言人的法律规定。

4. 试论述社会对广告的监督的必要性。

5. 试论述社会各方对广告实施监督的主要途径。

📖案例讨论

P2P 产品"爆雷"，代言明星需要担责吗？

2020 年年初，知名主持人 W 的日子过得颇不太平。打开搜索引擎，输入 W 的名字，几乎随处都可以看到对他的抨击。让 W 卷进争议漩涡的，是一款他曾经代言的互联网 P2P（peer to peer，个人对个人）金融产品"爱钱进"。由于这款金融产品疑似"爆雷"，投资者无法按约正常兑付账面资产，许多愤怒的投资者都将矛头指向曾在广告中为"爱钱进"说尽好话的 W。

2020 年 7 月 2 日，面对汹涌的网络舆论，W 发出了一份代表其正式立场的声明。在声明中，W 一方面对"爱钱进"投资者的遭遇表示"十分痛心"，另一方面也称自己一直在敦促平台解决问题，并为自己"未及时向大家通报"致歉。声明发出后，许多媒体都以"W 致歉"为题报道了这则消息，但仔细分析 W 的措辞，人们也不难看出其中一些厘清责任的成分。

在声明里，W 专门提到自己为"爱钱进"代言的时限——"从 2016 年年底到 2018 年"。结合"爱钱进"在 2020 年疑似"爆雷"的情况，这似乎是在强调："爱钱进"出事时我已经与 W 无关。与此同时，W 表示自己一直在敦促"爱钱进"解决问题，避免让自己站到有关维权行动的对立面。

声明发出后，"W 致歉"的消息迅速登上热搜榜。但是，许多"吃瓜网友"没有注意到的是，W 并未为其代言行为道歉，而只是为其没有及时向投资者通报其敦促"爱钱进"解决问题的情况而道歉。这样的道歉既无对其代言行为的反思，也无对其轻信"爱钱进"的悔意，有避重就轻的嫌疑。也正因如此，许多"爱钱进"的投资者对这份声明并不买账。

在这些受到"爱钱进"欺骗的投资者看来，尽管 W 的代言发生在产品疑似"爆雷"之前，但是"爱钱进"的运营模式并未在 W 停止代言之后发生明显改变。其中，不少投资者在 2018 年之前就已经开始在"爱钱进"进行投资，他们之所以信赖这一产品，与 W 的背书不无关系。为此，这些投资者认为：W 在代言过程中并没有尽到了解产品的义务，使得他们受到了明星代言效应的欺骗。也正是基于这样的认识，他们才执着于向 W 追责，以图挽回自己的损失。

一边是蒙受了巨大损失、不知如何挽回的投资者，一边是自认委屈、看似"躺枪"的 W，两者孰是孰非？网友们一时为此争得不可开交：其中，既有同情投资者，认为 W 基于情理理应承担部分责任的人；也有将投资者的损失归因于其鉴别能力弱和判断力缺失，认为这样的结果与 W 无关的人。

然而，不论网友们究竟持有怎样的意见，这个问题归根结底都是一个法律问题。事实上，W 不是第一个因为代言"问题产品"而被消费者追究的名人，也并不是第一个与"爆雷"的 P2P 金融产品扯上关系的明星。此前，黄××、杜××等人都曾因为代言类似的金融产品成为备受争议的对象，再往前追溯，更有小××代言"炫白牙膏"郭××代言"藏秘排油"等相关案例。

面对层出不穷的"虚假代言"现象，2015 年，新修订的《广告法》明确规定："对在虚假广告中作推荐、证明受到行政处罚未满三年的自然人、法人或者其他组织，不得利用其作为广告代言人。"这一规定加强了对涉嫌虚假代言的明星的可执行性惩戒，也进一步明确了明星对其代言产品所负有的责任。

资料来源：中国青年报客户端。

问题讨论

本案例中，"爱钱进"的广告代言人需要承担法律责任吗？如果需要承担，其法律、法规的依据是什么？

项目 10　广告监管

任务	深度分析医疗医药保健行业虚假广告产生的根源		
班级		学号		姓名	

本任务要达到的目标要求：
1. 提升识别虚假广告的判断力。
2. 分析虚假违法广告产生的原因。
3. 提出解决虚假广告问题的建议。

能力训练

阅读如下材料后回答问题。

谁是虚假违法广告的"钉子户"？

发布"国产瘦脸针"广告、以患者名义卖药酒……日前，记者从广州市市场监督管理局获悉，该局曝光了 2021 年第二批虚假违法广告典型案例。据统计，2021 年上半年，全市市场监督管理系统累计查处各类虚假违法广告案件 156 宗，罚没 1 978 万元，移送司法机关 1 宗。

虚假违法广告像苍蝇、蚊子一样，令人厌恶又难以消灭。市场监督管理部门每隔一段时间就会发布一批典型案例，那么谁是虚假违法广告的"钉子户"？请看记者所做的统计。

在广州 2021 年第二批虚假违法广告典型案例中，涉及医疗医药保健行业的占比近 70%，高得惊人；再看 2021 年 4 月 13 日发布的 2021 年第一批虚假违法广告典型案例，15 个案例中，医疗医药保健行业有 7 个，占了近一半。将时间线拉长到往年，或将地域扩大到全省、全国，仍然是这种情况。医疗医药保健行业广告"百病缠身"，虽屡被打击、整治，局面并没有太大改善。

医疗医药保健行业广告最主要的问题有二：一是广告中含有夸大宣传的虚假或引人误解的内容，误导与欺骗消费者；二是在非医疗、药品及医疗器械的广告中，涉及疾病治疗功能用语。其中，以第二种情况最为常见。比如，根据典型案例描述，"理想微销"宣传销售"理想鲜三七口服液"保健食品、"理想三七花甜睡片"普通食品等时，图文详情页有"预防心脑血管疾病"等涉及疾病预防、治疗功能的内容。法律明文规定，保健品广告不得明示或暗示广告商品具有疾病预防或治疗功能，理想科技集团明知故犯。放眼望去，投放虚假违法广告的又何止这一家？

医疗医药保健行业虚假违法广告又牵扯出另一个问题——"坑老"。哪个群体对这个行业关注度最高、需求量最大？毫无疑问是老年群体。数据显示，我国每年保健品销售额高达 2 000 亿元，其中老年消费者占半数以上。多年来，保健品"坑老"问题不断扩大、涉案金额不断增加、作案手法不断翻新，成为社会风险点之一。万变不离其宗，夸大疗效、虚假宣传是蒙骗老年人最主要的手法。

对于虚假违法广告这个"钉子户"，相关职能部门要主动作为、有所作为，敢于出手、敢出重手，不让医疗医药保健行业中的虚假违法广告有藏身之所。

1. 你知道的违法医疗保健广告都有哪些？

2. 为什么长期以来医疗医药保健行业都是违法广告的重灾区？

3. 结合材料，请谈谈如何有效遏制医疗医药保健行业的违法广告。

学生评述

完成任务的心得与体会：

教师评价

专题篇

　　导语：本篇是专题篇，主要介绍国际广告这一学习项目。国际广告是国际市场营销活动中最重要的促销手段之一。与国内广告相比，国际广告还会受到诸多迥异于本土的政治、经济、人口、法律、社会文化、科学技术发展水平等因素的影响和制约，因而策划和实施起来更加复杂，也更具挑战性。本篇主要学习国际广告的含义、国际广告的环境、国际广告的创意要求与策略以及国际广告媒体的内容。通过对本篇的学习，我们能够对国际广告有一个全面的了解和认识，为今后从事国际广告实际工作做好准备。

项目11　国际广告

◆学习目标

【知识目标】

(1) 理解国际广告的含义。

(2) 认识国际广告的特殊性。

(3) 了解国际广告的作用。

(4) 熟悉国际广告的差异要求。

(5) 熟悉国际广告媒体的类型。

【技能目标】

(1) 能够掌握国际广告的创意策略。

(2) 能够制订国际广告活动的实施方案。

(3) 能够掌握国际广告的本土化策略。

【素质目标】

(1) 培养学习国际广告的兴趣。

(2) 遵守东道国的法律、法规，依法开展国际广告活动。

(3) 尊重东道国的社会风俗和信仰，熟悉东道国的广告禁忌。

项目情境导入

近年来，我国白酒行业龙头贵州茅台借助海外新媒体平台强大的传播力，持续向海外进行文化输出。借助中国传统文化的魅力，贵州茅台传递了品牌的价值，展示了"中国制造"的高端品质及深刻的文化内涵。

茅台依托 Facebook、Twitter、YouTube 以及 Instagram 等海外社交媒体平台，通过年轻化的表达方式，坚持输出中国文化，取得了良好的广告宣传效果。

问题：结合本案例，请谈谈你对国际广告的初步认识。

项目分析

随着经济全球化的发展，很多优秀的国际广告开始涌入我国的市场，它让我们的消费者开阔了眼界，也逐渐提高了对广告的鉴赏能力。例如，某跨国快递企业曾将其在中国的宣传广告同神话故事中的哪吒结合，喻义该快递企业的快速服务犹如脚踏风火轮的哪吒一般，让国人倍感亲切。与此同时，越来越多的中国企业也走出国门，通过国际广告向全球用户推广中国企业品牌价值，拓展海外市场。

那么，什么是国际广告？国际广告有哪些不同于本土广告的特性？国际广告的创意要求是什么？如何实施国际广告策略？如何选择国际广告媒体？本项目将对以上问题进行解答。

任务 11.1　认识国际广告

任务引入

A 企业是国内一家生产家用智能洗碗机的明星企业。该企业于 2023 年 5 月邀请演艺界大牌明星 W 做代言人，广告主题是"宠爱你的双手"，广告宣传语是"帮助每位用户的双手远离餐后烦恼，给双手极致宠爱"。A 企业宣布 W 成为代言人后，立即引发大量关注，话题　#同款洗碗机　迅速登上微博热搜，话题阅读量记录破 3.2 亿次，官宣转评赞超 600 万，曝光超 25 亿次。接下来，A 企业在天猫旗舰店的代言人同款产品销量也远远高于其他产品，此次广告代言活动大获成功。

问题：假如 A 企业开拓海外市场，可照搬与 W 明星合作的广告代言模式吗？为什么？

相关知识

1. 国际广告的含义

国际广告是国际市场营销活动过程中最重要的促销手段之一，是广告主为促进商品销售，主要以付费的方式，通过国际性的传播媒体，对本国或地区外的目标市场所进行的有关商品、服务或企业形象的信息传播活动。

国际广告的发布途径主要有两类：①一国或地区企业在本国或地区外的媒体上发布广告。例如，我国海尔公司在日本媒体上发布洗衣机广告就属于此类；②一国或地区企业的驻外机构在当地市场上进行广告宣传，典型代表如三星电子（中国）有限公司在我国媒体上发布广告。

2. 国际广告环境的特殊性

国际广告环境的特殊性主要体现在以下几个方面。

1）经济环境的特殊性

经济环境包括宏观经济环境和微观经济环境两个层面，是影响广告活动的重要环境因素。宏观经济环境主要指一国或地区经济发展的阶段和发展水平、经济制度与市场体系、财政预算、贸易与国际收支状况等。有利的宏观经济环境能够促进企业的发展，而不利的宏观经济环境会让企业生存异常困难。微观经济环境主要包括组织所在地区或所需服务地区消费者的收入水平、消费偏好、储蓄情况、就业程度等因素，这些因素直接决定着市场的规模和消费的结构。

当一个国家或地区经济繁荣、人民生活富足时，就会对知名品牌和高档产品有更多的需

微课堂
国际广告
环境的特
殊性

求。广告的宣传策略也应该是突出品牌形象，强调产品的高品质；而在经济发展程度较低、人民生活较为困难的国家和地区，价廉物美的产品更受欢迎，企业在进行广告宣传时要充分考虑这一点，此时，广告的诉求应重点放在宣传产品的经久耐用和物美价廉等方面。

2) 社会文化环境的特殊性

社会文化环境包含一个国家或地区的消费者特定的受教育程度、价值观念、行为方式、伦理道德规范、审美观念等内容。社会文化环境影响和制约着人们的消费观念、购买行为和生活方式，具体表现如下：价值观念会影响消费者对组织目标、组织活动以及组织的态度；审美观念则会影响人们对组织活动内容、活动方式以及活动成果的态度等。

我们都生活在特定的社会文化环境中，受其影响，我们认识事物的方式、行为准则和价值观等通常会异于生活在其他社会文化环境中的人们。例如，由于价值观念不同，不同国家或地区的消费者对周围事物的美丑和重要性等的评价也不同。对于同一种款式的产品，某些国家或地区的消费者认为是美的，而其他国家或地区的消费者也许认为是丑的；对于同一种色彩的产品，低收入国家或地区的消费者可能十分喜爱，但发达国家或地区的消费者可能很少问津；同一种消费行为，在这方土地上是习以为常的，在另一方土地上则可能被认为是不可思议的。再如，社交礼仪等方面的差异往往影响广告活动的内容与形式。

因此，在开展国际广告活动时，广告主必须全面了解、认真分析目标市场的社会文化环境，以准确把握消费者的需求、欲望和购买行为，做出正确的广告决策。日本立邦漆在中国发布的"立邦漆盘龙"广告曾引起轩然大波，这足以让从事国际广告宣传活动的广告主、广告策划机构和广告媒体引以为戒。

📖 思政园地

国际广告的民族化问题

民族化是反映一个国家、民族独特气质、精神和传统的内在规定性。广告是在国际社会宣传一个国家或地区的企业和产品的信息传播形式，对一个企业来说，它代表企业的形象，但对整个国家或地区来讲，它代表了一个国家或地区的形象。因此，国际广告的策划水平，往往成为国际社会认识和评价一个国家或地区的重要途径。在国际广告的内容选择上，企业既要考虑国际市场的特定环境，更应注意体现本民族的特色，民族特色是吸引国际消费者的有力武器。从内容上看，民族化反映一个国家、民族独特的气质、精神和传统；从形式上看，表现为民族的美学观念以及独有的形象展现出的色彩、文字和图案。通过民族特色来宣扬产品的特点，就能形成独特的广告风格。鲜明的个性与风格特征、基于广泛调查确立的战略，这是世界上一切优秀广告的共同特点。没有鲜明的个性与风格，没有合理的战略安排，广告就会流于平庸，无法把产品或服务的信息送入消费者的记忆中，促使其购买。

3) 政治法律环境的特殊性

政治法律环境指一个国家或地区的政治制度，政治形势，政府的方针、政策以及国家制定和颁布的各种法律、法规等，上述因素都会对国际广告活动产生重大的影响。例如，一些国家严禁刊播比较广告，认为比较广告有可能会损害公平竞争。有些国家则对此没有限制，如我们所熟悉的百事可乐与可口可乐经常发布针对竞争对手的比较广告，这类广告不仅可以直截了当地指出对手的不足，甚至可以尽情地揶揄和讽刺对手。

在比较广告方面，百事可乐与可口可乐的"万圣节之战"堪称经典，如图11-1所示。比利时一家广告代理商让百事可乐在万圣节换装，打扮成披着"可口可乐披风"的"超人"，并搭配文案："We wish you a scary Halloween！"（祝你有一个恐怖的万圣节。）不过仔细一看就会发现，披风上写的并不是"Coca Cola"而是"Cola Coca"，百事可乐这张海报文案的潜台词就是，穿上可口可乐披风，人们就可以在万圣节出来吓人了，这无疑是在暗讽老对手。

图11-1　百事可乐和可口可乐的广告大战

可口可乐对此快速回应，使用了同样的画面，但将文案更改为："Everybody wants to be a hero！"（每个人都希望成为英雄。）可口可乐对此的回应可谓兼具创意和幽默，表示只要穿上可口可乐披风就能成为大英雄。可口可乐使用与对手相同的海报画面，只是改了一句文案，就化解了百事可乐的嘲讽。

4）科学技术环境的特殊性

科学技术是社会生产力的表现，是企业把资源转化为符合人们需要的物品的基本手段。科学技术的进步，使得广告行业也随之发生巨大的改变，如网络媒体的异军突起对传统媒介产生了巨大冲击，广告传播手段也因此更加丰富和更具选择性。但由于不同国家和地区在科学技术方面存在客观差异，国际广告在广告创意、制作和发布方面也面临不同的困难和制约。例如一些国家或地区媒介技术落后，企业在该国或地区开展国际广告活动就会大受影响，这表现为一些先进的传播手段无法使用，广告的宣传效果因此大受影响。

> **课堂讨论**
>
> 除了经济环境、社会文化环境、政治法律环境和科学技术环境，国际广告环境的特殊性还体现在哪些方面？

3. 国际广告的作用

（1）树立品牌形象，推广国际品牌。由于地域上的差异，一个在本国或地区家喻户晓的品牌在其他国家或地区可能籍籍无名，甚至是其他国家或地区的消费者闻所未闻的。企业可以通过新闻媒体对产品进行介绍和宣传，但宣传形式本身具有一定的局限性，如宣传范围有限、展现形式单一、内容难以完全控制等。而具有传播范围广、信息传播速度快、展现形式多样等优势的国际广告，可以有效帮助企业顺利进入国际目标市场。例如，20世纪80年代，当我国消费者还保持着品茶、购茶的传统时，雀巢咖啡以一句"味道好极了"的广告语唤醒了国内消费者新的味觉追求，朴实无华的广告诉求一下子拉近了这一品牌与中国消费者之间的距离。雀巢咖啡在中国的广告设计如图11-2所示。

图 11-2 雀巢咖啡在中国的广告设计

（2）反映和引导市场需求。国际广告既是国际营销活动中对国际市场需求有灵敏反应的"风向标"，又是引导市场需求走向的"领航者"。设计良好的国际广告能充分体现国际市场需求的特点，迅速、有效地反映市场需求；国际广告也能够发掘市场潜在需求，倡导新的消费理念，引发消费者的购买动机。

（3）促进国际间文化交流，增强目标市场企业的竞争意识。国际广告应以了解不同国家或地区的文化差异为前提，尊重别国或地区人民的习俗，才能达到预期的广告效果。广告作为一门艺术，具有美或情感的表现力、感染力，比其他沟通方式更能表现国际产品或企业的价值，从而以其特有的文化内涵赢得目标市场消费者的喜爱。此外，有些国际广告通过公关广告、情感广告来联络民族情感，加深与目标市场消费者的友谊，为进一步经济合作奠定基础。当然，本国或地区之外的产品和广告的进入，会对目标市场的民族工业带来一定的压力。但目标市场企业为了生存和发展，必须参与国际竞争，增强竞争能力，这也在客观上增强了目标市场企业的国际竞争意识。

任务实训

1. 实训的目的

通过案例讨论，认识国际广告环境的特殊性。

2. 实训内容及步骤

（1）阅读案例，然后分组讨论。

案例材料： 不知从什么时候开始，亚洲赞助商的席位，由日韩品牌变为越来越多的中国品牌。从20世纪80年代，到2016年欧洲杯、2018年世界杯，再到2020年欧洲杯，国际大型赛事的赞助商不断更迭，中国企业的席位越来越多。

这里不得不提的是开山鼻祖健力宝，1984年健力宝在洛杉矶奥运会上作为中国代表团的"魔力之水"一夜成名；还有赞助了亚运圣火的李宁品牌也于1990年一夜成名，甚至后来斥巨资成为NBA的赞助商和合作伙伴；2004年，联想高调宣布成为国际奥委会顶级赞助商，吹响了中国企业国际化的号角；2005年12月，匹克跟随李宁的脚步进军NBA，以400万美元两年的价格直接赞助了休斯敦火箭队主场，匹克的Logo直接出现在火箭队球场上和比赛的直播镜头里。

还有就是中国在国际足球赛事的赞助鼻祖英利，作为2010年南非世界杯的官方赞助商，英利赛场上"出场"64次，每次都有不少于8min的滚动播放广告时间。

2016年海信紧随其后，成为欧洲杯唯一一家中国赞助商；此后中国企业的赞助便一发不可收。2018年俄罗斯赛场之上，中国企业的Logo随处可见。万达集团斥资1.5亿美元（约合9.6亿元人民币）成为中国首个FIFA世界杯顶级赞助商，协议有效期长达15年，海信、蒙牛、vivo则成为二级赞助商，占据了同级别赞助商总数的60%，同时艺境、帝牌两家公司拿下与雅迪同级别的三级赞助商，三家企业支付的赞助费用各约为2 000万美元。

（2）以小组为单位，对案例进行讨论。重点讨论如下问题。

为什么国际赛场上的中国品牌越来越多？除了上文提到的几点，你觉得国际广告的作用还有哪些？

（3）各小组对案例进行充分的讨论，然后将最终的讨论结果做成PPT课件，并推选一位代表在班级汇报。

（4）授课老师对各小组的汇报进行点评，并给出此次的实训成绩。

3. 实训成果

案例讨论——国际赛场上中国品牌越来越多的现象分析。

任务11.2 掌握国际广告的创意要求与策略

任务引入

在"千禧年"到来之际，宝洁（巴西）公司为推广雅情品牌洗衣粉，在巴西里约热内卢博达福戈海滩，拉起世界最长的晾衣绳。这根晾衣绳全长22 420.5 m。当时吉尼斯最长晾衣绳纪录为18 000 m。这根晾衣绳共用了2 800根橘红色柱子，700 m长直径5 mm粗的绳子32根。这根世界上最长的晾衣绳上，共晾晒了4万多件用雅情洗衣粉洗涤的白色衣服。为了收集可供晾晒的白色衣服，他们在里约热内卢发起了"捐献白衣"的活动。每捐献一件白衣，可获得一张千禧年到来的次日在桑巴广场举行的"千禧年狂欢"活动门票。

由洗衣粉想到晾衣绳不难，再想到在美丽的海岸拉起一根世界上最长的晾衣绳也不难。这项策划精彩之处是与"千禧年"狂欢挂钩，很好地理解了巴西人的生活状态，展现了巴西人天性的热情奔放。

问题：进行国际广告创意要考虑哪些问题？本案例给我们的启示是什么？

相关知识

1. 国际广告的创意要求

（1）国际广告必须考虑目标市场的经济环境。广告主在进行国际广告策划时，必须首先分析目标市场的人口规模、国家或地区的经济类型，以及由此形成的市场需求、市场潜力、收入分配等经济状况，并以此确定广告活动的基本思路和方针。

（2）国际广告必须适应目标市场的语言文化。开展国际广告活动，必须了解目标市场的文化背景。由文化不同带来的消费差异是国际广告必须要正视的问题，而在各国或地区的文化元素里，语言文化是最直接的体现。能否正确地"用目标市场消费者乐于接受的语言

"说话"是国际广告成功与否的关键。例如，七喜（7-UP）在进入中国市场时，译者用"喜"代替"起"，迎合了中国人讲究吉利的心理。百事（Pepsi）可乐则以意译为主，以至于现在中国人经常相互祝福"百事都可乐"。雪碧（Sprite）直接翻译过来就是"妖精"，音译成"雪碧"则给人以清凉之感。化妆品"REVLON"在中国译为"露华浓"，给人高雅、艳丽的感觉，迎合了女性消费者浪漫诗意的口味。

（3）国际广告必须尊重目标市场所在国家或地区的民众的宗教信仰。不同国家和民族的宗教信仰不尽相同，因此会有不同的禁忌。国际广告应尽量避免涉及目标市场所在国家和地区的宗教问题，更要远离宗教敏感话题。否则可能会引发目标市场所在国或地区民众的不满，进而造成严重的危机，现实中这样的案例不胜枚举，必须引以为戒。

> **课堂讨论**
>
> 国际广告为什么常会在文化方面出现"水土不服"的情况？该如何避免？

（4）国际广告应接受各国或地区对广告的管制。虽然国际广告是从母国广告中延伸出来的，但由于其广告受众及传播环境在目标市场，因此，国际广告必须接受目标市场所在国或地区对广告的管制，包括广告的内容、发布时间、传播范围等。这将直接影响到国际广告的传播效果及广告成本。

案例分析

丰田汽车广告事件

2003年11月，两则丰田汽车广告在网络上引起不小的波澜。其一为刊登在《汽车之友》第12期杂志上的"丰田霸道"广告：一辆"霸道"汽车停在两只石狮子的前面，一只石狮子抬起右爪做敬礼状，另一只石狮子俯首，背景为高楼大厦，配图广告语为"霸道，你不得不尊敬"。其二为"丰田陆地巡洋舰"广告：该汽车在雪山高原上以钢索拖拉一辆绿色国产大卡车，拍摄地点在可可西里。

广告刊登后，引起了无数人的愤怒。很多网友认为，石狮子有象征中国的意味，"丰田霸道"广告却让它们向一辆日本品牌的汽车"敬礼""鞠躬"，"考虑到卢沟桥、石狮子、抗日三者之间的关系，更加让人愤恨"。对于拖拽卡车的"丰田陆地巡洋舰"广告，很多人则认为，广告图中的卡车系"国产东风汽车，绿色的东风卡车与我国的军队用车非常相像"。

为此，众多网友在新浪汽车频道等专业网站上发表言论，认为丰田公司的两则广告侮辱了中国人，伤害了中国人的自尊，更有网友发出过激的评论。

网友的声音迅速增大，仅新浪网上关于此事的网友评论就超过了3 000条，网友对丰田公司这两则广告的关注程度远远超过其他汽车新闻。其中大多数网友把矛头指向丰田公司、广告制作公司和刊登广告的杂志，要求他们赔礼道歉。一位网友甚至还模仿"丰田霸道"广告制作了一幅图，画面上，狮子把霸道汽车按在爪子之下。

各家媒体也迅速跟进报道此事。2003年12月3日，国内最具影响力的媒体——新华社对问题广告进行了报道，随后，国内的许多媒体都不同程度地对此事进行了追踪。而在日本颇有影响的报纸——《朝日新闻》也报道了此事，并带动了其他日本媒体对此事的关注。

原国家工商行政管理总局也对这两则广告表示了关注，并要求投放、刊登广告的杂志社提交了书面材料。

各方的强烈反应，让丰田公司、广告制作公司和刊登广告的杂志认识到问题的严重性，开始通过各种途径道歉。

资料来源：作者根据网络相关资料撰写。

案例评析

国际广告面临与本国或地区不同的特殊环境，尤其是社会文化环境，它潜移默化地影响着目标市场所在国或地区的广告受众，除非广告主深入了解，否则社会文化环境很难为外人所知晓。在本案例中，日本企业在中国刊登如此张扬的广告，是一种对中国文化、民族情感极其无知的表现，严重伤害了中国人民的感情，从而激起了中国人民的愤怒。

2. 国际广告的创意策略

根据消费者购买行为的差异，国际广告创意策略主要可以分为3种，即标准化策略、本土化策略以及全球性策划和本土化执行相结合的策略。若不同国家或地区消费者的购买行为习惯相似或差异较小，一般宜采用标准化策略；反之，如果差异较大，则适合采用本土化策略；为了综合各种创意策略的优点，当前，越来越多的企业采用了全球性策划和本土化执行相结合的策略。

（1）标准化策略。在全球经济一体化的浪潮中，最大限度地满足全球消费者需求、提升企业的国际统一形象、降低企业广告成本、扩大利润空间，是国际企业追求的最终目标。经过国际广告界多年的摸索与实践，广告界的一些专家与学者提出了国际广告标准化策略，其具体含义为，国际企业在不同的国家和地区，采用相同的广告策略、广告信息和创意，以及尽可能相同的媒介进行广告宣传。

这种策略的着眼点是全球消费者有着共通的"语言"和追求，如对美丽、亲情、健康的追求，对家庭团圆、幸福祥和的期盼，对美好爱情、友情的憧憬等。因此，广告活动可以完全基于上述共性开展，而不必考虑国家或地区的差异。广告采用标准化策略具有以下优点。

①使国际企业的整体目标保持一致，以统一的形象把广告信息传递给各个目标国家或地区，能够保持企业形象的整体性，易于消费者记忆，从而加深消费者对企业及产品的印象。美国的英特尔公司在国际市场上几十年来一直采用标准化策略，始终以统一的企业和产品形象出现。因此，无论在哪个国家或地区，消费者都能很清楚地感受到英特尔公司所要传递的品牌理念。

②有利于实现规模化经营。实施广告标准化策略的前提是产品的标准化，即在全球市场上生产与销售同样的产品。因此，企业无须再针对不同的消费群体设计不同的产品、建立不同的生产线以及采取不同的分销手段，从而可以有效地实现规模化经营。

③可以降低企业广告促销活动的成本。标准化策略下的广告采用统一的标准，企业无须再花费大量的人力、财力、物力进行多种不同广告的美术设计、文字撰写、排版、印刷、制片等，因而大大节省了广告的成本。

尽管实行标准化策略有上述诸多优点，但这是有前提条件的，即上文所说的"全球消费者有着共通的'语言'和追求"。然而，现实中的国际市场以及国际市场上的目标消费者之间的差异是客观存在的，所以标准化策略并不是都适用。

（2）本土化策略。国际广告创意的本土化策略是指鉴于不同国家或地区目标市场的实际差异，国际企业需要确定不同的广告目标，设计不同的广告主题，以及向广告受众传递不同的广告信息。国际广告创意的本土化策略承认不同国家或地区消费者需求的差异性，因此企业在设计广告时应注意尊重目标市场所在国家或地区的文化并结合消费者的价值观，力争做到"入乡随俗"。本土化策略主要体现在品牌名称的本土化、广告语言的本土化、广告形象的本土化、广告代言人的本土化和广告创意的本土化等诸多方面。显然，本土化策略能够适应不同目标市场文化的差异和消费需求，使消费者更易于接受企业及产品，因而企业在标准化策略运用中遇到文化差异时可以用本土化策略化解尴尬。

① 品牌名称的本土化。俗话说"名不正则言不顺，言不顺则事不成"，可见给产品取一个合适的名字是多么重要的事情。但由于语言文化上的差异，一些国外品牌如果简单按照字面含义或发音直译往往会"水土不服"，甚至让人啼笑皆非。

下面以宝马BMW为例来说明外来品牌名称翻译的重要性。"BMW"的德文全称是"Bayerische Motoren Werke AG"，意思为"巴伐利亚发动机制造厂股份有限公司"，英文全称是"Bavarian Motor Works"，缩写为"BMW"。然而对于中国消费者而言，这样的缩写并不能引起共鸣，但翻译成"宝马"之后就大不一样了。中国有"胯下有良驹，良将得宝马"的说法，将"BMW"翻译成宝马，既贴合汽车的功能，又体现出了汽车的品质，不愧是本土化名称中的杰作。

另一个将品牌名称成功本土化的企业是宝洁。可以说，宝洁将旗下品牌的中文名称与中国传统审美观结合得天衣无缝。宝洁在对中国市场进行充分调研之后，为其旗下洗发水产品进行了独具匠心的命名。例如，潘婷的目标消费群是都市职业女性，潘婷这一名称与该洗发水的定位十分吻合。而飘柔更是将中国人心中美女长发飘飘、温柔多姿的典型形象表现得淋漓尽致，使中国消费者非常容易接受这一品牌，并且向往和品牌名称一样美丽脱俗。在模特的选择上，宝洁精心挑选了深受都市女性喜爱的演员作为潘婷的代言人，该演员拍摄的潘婷洗发水广告如图11-3所示。该演员清新脱俗的气质与潘婷的产品定位完美结合，进一步诠释了潘婷产品的内涵。

图11-3 潘婷洗发水广告

当然，也有由于忽略了本土化而导致巨大失败的案例。我国一款叫"芳芳"的口红，在推向国际市场时，将其品牌名称直接音译为"fangfang"，却忽视了"fang"恰好是一个英文单词，意为狗的长牙或蛇的毒牙，结果这一名称使外国消费者联想到涂上这个牌子的口红就变成了张牙舞爪、毒液四溅的恶犬或毒蛇。试想有谁愿意变成青面獠牙的"魔鬼"呢？所以这款口红销路不畅也就不奇怪了。

②广告语言的本土化。以法国人头马酒品广告为例，在欧美国家，其广告是"干邑艺术，似火浓情"，而面对东方人特别是在华人市场上，该品牌则采用了"人头马一开，好事自然来"的广告语。这是因为商家看到了东西方酒文化的差异，实施了本土化策略。在欧美国家，消费者崇尚激情、浪漫，而"干邑艺术，似火浓情"的广告语，把白兰地比作艺术品般精美诱人，把酒的醇香比作情火般浓烈，符合欧美风情与文化，很容易唤起西方人内心的共鸣，引起西方人的购买欲望和购买行为。但中国的酒文化则浸透着"吉"字——国家庆典、迎宾要喝，过年过节要喝，婚嫁更要喝，中国人特别喜欢在吉庆的日子把酒言欢。因此当人头马酒进入中国市场时，其广告语就改为"人头马一开，好事自然来"，充满祝福，使人马上联想到欢天喜地的氛围。相反，如果不了解目标市场所在国家或地区消费者的民族性格，道德价值取向错误，就会造成不可弥补的损失。

③广告形象的本土化。广告形象的本土化，可以大大拉近品牌与目标市场上的目标消费者的距离，让广告受众倍感亲切。例如，在2003年春节期间，肯德基的山德士上校一改平日白色西装的经典形象，开始在中国170座城市的800余家分店统一换上大红色唐装，头戴瓜皮小帽迎接消费者。上校还是那个上校，可着装的改变却凸显出一派喜气洋洋的中国年气氛。这一下子拉近了肯德基与中国人的距离，令人感到十分亲切，同时也吸引了原本可能对"洋快餐"具有排斥心理的中老年消费者，扩大了潜在的目标消费群体。[①]

此外，肯德基专为中国消费者打造的新产品川辣嫩牛五方，颠覆了传统西式牛肉汉堡的形象，摒弃了将碎牛肉压制成饼的做法，改为精选牛排肉，将其切成条状，腌制成独特的川辣口味，并配以新鲜的蔬菜和香脆玉米片，用面饼包成五方形奉客，充分考虑了中国消费者的口味和营养需求。其产品海报上的广告画面处处体现着中国的文化元素，如图11-4所示。

图11-4 肯德基专为中国消费者推出的新产品

---

① 田丽. 国际广告的本土化策略研究. 现代经济信息, 2010（1）: 176-177.

④ 广告代言人的本土化。国内运动品牌"李宁"初进美国市场时并不为人所知，在市场上默默无闻，经营惨淡。为了塑造李宁的国际品牌形象，李宁签约 NBA 最著名的强力中锋、绰号"大鲨鱼"的奥尼尔为形象代言人，以确立高大霸气的品牌新形象。借助奥尼尔的超高人气，李宁终于顺利打开了美国市场。

⑤ 广告创意的本土化。本土化广告创意策略有助于让目标受众产生情感上的共鸣。例如，我国青岛啤酒进入东南亚市场时，企业在广告宣传中刻意强调了啤酒的产地——山东青岛崂山，并巧妙地运用了"美不美，家乡水"的广告语。我们都知道，东南亚是广大华人聚集的地方，他们虽然远在异国他乡，但无时无刻不对家乡有着浓浓的思念之情。这句话引起了当地华人的共鸣，使他们感到青岛啤酒仿佛将他们带回了魂牵梦萦的家乡，所以他们喝下去的不仅是地道的美酒，还有对家乡的深深眷恋与热爱。

（3）全球性策划和本土化执行相结合的策略。国际广告创意的标准化策略和本土化策略各有千秋，孰劣孰优很难简单评判。过分强调标准化或本土化都会带来一定的问题，这在前文已经做过分析。因此，全球性策划和本土化执行相结合无疑有助于克服国际广告中过分强调标准化和本土化带来的缺点。例如，高露洁-棕榄公司一直热衷于进行全球性广告的推广活动，但是它的广告策略允许根据目标市场所在国家或地区的实际情况，对全球性广告进行修改和重新拍摄，不过这样做的前提是必须保留原创意中"微笑的地球"这个统一概念和视觉形象。

3. 国际广告创意策略实施的原则

在国际广告创意策略实施的过程中，应该注意以下几个原则。

（1）充分表现国际产品的核心内容及特色。国际广告创作应该表现国际产品的核心价值，因为核心价值是国际产品的理念与精髓，它既是企业面向国际市场的绝佳卖点，也是目标市场上的广告受众最为关注的利益点。国际产品的核心内容及特色能否在广告中被出色地展现，关系到国际广告最终的成败。

（2）恰当选择诉求方式。国际广告应该根据目标受众的不同心理采用恰当的诉求方式。例如，基于美国和日本两国消费者对广告的不同认知心理，日本松下电器公司（以下简称松下）的迷你冰箱在这两个国家采用了不同的诉求方式。这是因为美国人比较重视广告中所表现的产品的实际利益，日本人则比较重视广告中模特对产品的情感体验。松下在美国的广告采用的是理性诉求的方式，广告强调的是迷你冰箱体积小、价格低、适合单身者使用等特点。其在日本的广告中则采用了情感诉求的方式，广告中，一位单身妇女沮丧地望着地板上那张离去的恋人的照片，而房间里放着一台迷你冰箱。这时，画外音响起："在这样的夜晚，与其为他的离去而犯愁，不如痛饮一杯，这样，你的心情会好受一些。忘掉他吧！你还拥有你的迷你。"这时广告的女主人公从地板上爬起来，走向迷你冰箱。广告中的"迷你"一语双关，使这位单身妇女平添了几分信心，对未来重新充满了希望。

（3）重视广告语言文字的翻译。国际广告中语言文字的翻译非常重要，稍有不慎，企业就会因不了解其他国家或地区的语言含义和文化背景招致不必要的麻烦。因为同样的词在不同的国家或地区有不同的释义，如果不重视广告语言文字的翻译，就会带来很多文化上的歧义，甚至会引发文化上的冲突，从而对企业及其品牌造成不利的影响。例如，上海产的"白翎"钢笔，其名称直译为"white feather"，但这款钢笔在英语国家无人问津，其原因在于英语中有句话是"to show the white feather",即"临阵脱逃",白色羽毛象征的是胆小鬼。

（4）国际广告必须与国际公关活动相结合。国际广告与国际公关活动虽然在宣传形式上有所区别，但它们的目标是一致的，都是加强和目标市场消费者的沟通，增进国际企业和各国或地区人民之间的友谊，促进产品销售。将国际广告与国际公关活动结合在一起，有时能够起到事半功倍的效果。

任务实训

1. 实训的目的

通过实训，加深对国际广告创意策略的认识。

2. 实训内容及步骤

（1）以 5~8 人的小组为单位成立任务实训团队。
（2）各实训团队收集 3 篇近年来优秀的国际广告案例。
（3）各实训团队对国际广告案例中的创意策略进行分析。
（4）提交案例及分析结论，由授课老师进行评阅。

3. 实训成果

实训小作业——优秀国际广告的创意策略分析。

任务 11.3 熟悉国际广告媒体

任务引入

美国纽约时代广场第一次刊播中国广告，可以追溯到 1995 年。彼时，日本泡沫经济破灭，大量日资品牌撤出时代广场，而中国经济正处于腾飞的初期。

1995 年，在纽约第七大道和 48 街交界的东南角，中国企业三九药业租下了一个广告位，自此成为出现在纽约时代广场的第一个中国广告。

在此之后，海尔、五粮液、巨人网络等中国知名企业，也开始在时代广场投放广告。

2014 年，随着京东、新浪、猎豹、途牛、聚美优品等中国概念股在美国上市，时代广场的纳斯达克广告屏也成了中国公司展示实力的舞台。

由于最早一批在时代广场投放广告的，都是这些被人熟知和相对信任的大企业，这导致一些崭露头角，准备大干一场的中小企业和个人，也对时代广场的广告牌萌生了兴趣。

然而，由于受众群体、语言和文化等诸多原因，许多国内企业和艺人跑到时代广场做广告并没有起到很好的引流作用。

问题：结合案例，请谈谈选择国际广告媒体需注意哪些问题。

相关知识

1. 国际广告媒体的类型

国际广告可以选择的媒体有两种类型，即国际媒体和当地媒体。国际媒体是指面向国家或地区内外或者面向多国或地区的媒体，甚至包括面向全世界的全球媒体。国际媒体一般是比较具有权威性和可信度的，企业通过国际媒体打入国际市场犹如"站在巨人的肩膀上"，能让目标受众对广告中的信息更加信服。当地媒体是指目标市场面向本国或地区的媒体。当地媒体的针对性较强，更加熟悉目标市场消费者的需求。选择当地媒体做国际广告，有利于国际产品差异化和集中化战略的实施。企业应根据自身的实际情况来选择上述两类媒体。

一般来说，广告主题直接明了，易被大众理解，广告信息为大众熟知，不存在文化接受差异的国际广告宜选用国际媒体。这是因为这类广告受目标市场所在国家或地区文化的影响较小，企业采用标准化策略，通过国际媒体进行广告发布，不仅高效、便于管理，还有助于节省广告费用。

但如果广告主题可能会在不同国家或地区产生歧义，广告以情感诉求为主，应多选用当地媒体来进行广告宣传。此类广告在理解上有一定的难度，受目标市场所在国家或地区文化的制约较多，选用熟知目标市场情况的当地媒体可以有效避免上述问题。

📖 **阅读资料**

国际广告的标准化与本土化选择

面对错综复杂的国际市场，企业国际广告业务所面临的难点是标准化与本土化的抉择问题。主张本土化的观点认为，世界上国与国之间、地区与地区之间在政治、经济、文化等各方面都存在巨大的差异，国际营销者应根据各国或地区市场的不同特征，为不同的国家或地区设计制作内容不同、形式相异的广告，这是国际广告的本土化策略。另一种截然相反的观点则认为，世界各国或地区的市场存在共性，消费者的需求在许多方面表现出一致性，国际营销者完全可以为世界各国或地区统一设计制作在内容和形式上相同的广告，这样有利于企业在世界上树立起企业及其产品的统一形象，这就是所谓国际广告的标准化策略。

这两种策略各有侧重。本土化策略强调各国市场或地区的独特性和差异性，具有相当强的针对性，主要以不同的产品特色满足当地目标市场消费者的特殊需要，如美国的吉列公司采用的就是本土化策略。该公司在世界200多个国家和地区销售800多种产品，大部分产品在不同国家或地区使用不同的品牌名称，其设计制作的广告也有较大的差异。这种策略虽然会导致较高的广告成本，但较好地满足了消费者需要，能提高销量，带来较高的促销效益。标准化策略则强调各国或地区市场的共同特征，把相同的广告信息向各国或地区的不同的市场传递。最为典型的例子是美国可口可乐公司，该公司运用广告标准化策略，在世界上100多个国家和地区从事营销活动，取得了令人瞩目的成功。这种策略有利于企业整体促销目标的制定、实施和控制，并且有利于成本控制和统一管理，从而获得规模经济效益。

2. 选择国际广告媒体应考虑的因素

选择国际广告媒体，应从以下几个方面重点考虑。

（1）广告产品的性质和特点。不同的广告媒体有着不同的目标受众和广告表现力，开展国际市场营销的企业应根据广告产品的性质和特点选择最适合的广告媒体。例如，服装类产品不仅要突出款式，还要传递出色彩的搭配效果，因此彩色的时装杂志是最佳的选择；如果选择报纸作为广告的发布媒体，服装的表现效果就会大打折扣。

（2）目标消费者的媒体习惯。国际目标市场上的消费者有其特定的接触媒体的习惯，充分了解他们的媒体习惯，有助于增强国际广告刊播效果的针对性和有效性。例如，电视和互联网对青少年来说可能是最为有效的广告媒体，女性报刊或儿童杂志则是发布妇女、儿童用品较为适合的广告媒体。

（3）媒体费用。不同媒体的广告费用各不相同，这不仅取决于媒体自身的声誉及影响力，还受广告时间长短、时段质量和版面位置、大小等因素的影响。例如，黄金时段电视广告的费用很高，其他时间段则相对低一些。因此，企业应根据自身的财务实力量力而行，选择最为经济有效的媒体。

（4）媒体发布广告的时间是否适宜。广告发布必须及时，错过时机的广告发布，其效果会大打折扣甚至变得毫无意义。因此，只有了解广告媒体的发布周期和时间安排，才能在最适宜的时间点刊播广告。例如，在南亚某国，由于纸张供应紧张，报纸广告版面不足，广告主一般需提前较长时间预订广告位置。因此，广告主在制订广告计划时需把握好广告发布的时间，密切配合产品的上市时机，做出恰当安排。

任务实训

1. 实训的目的

通过实训，了解跨境电商海外广告投放的主要媒体。

2. 实训内容及步骤

（1）将班级同学分为若干任务小组，以小组为单位完成本次实训。

（2）各任务小组收集相关文献，在研究的基础上，列出跨境电商海外广告投放的主要媒体。

（3）对所列的广告媒体从媒体受众、广告发布条件、广告费用、广告效果等角度进行深入分析。

（4）各实训小组将研究成果上传至班级学习群，在课代表的组织下大家进行在线讨论。

3. 实训成果

在线讨论——跨境电商海外广告投放的主要媒体。

-------------------------- 练习题 --------------------------

一、单选题

1. 相较于国内广告，国际广告更加（   ）。

    A. 简单　　　　　B. 复杂　　　　　C. 标准化　　　　　D. 个性化

2. （   ）的本土化，可以大大拉近与东道国目标消费者的距离，让广告受众有一种倍感亲切的感觉。

    A. 广告代言人　　B. 广告语言　　　C. 广告形象　　　　D. 广告创意

3. 德国产的汽车"Mercedes Benz"进入中国市场时，译者在翻译这一品牌时省略了复杂的 Mercedes 一词，将该品牌译为"奔驰"，这采用的是（   ）策略。

    A. 广告创意的本土化   B. 广告形象的本土化

    C. 广告语言的本土化   D. 品牌名称的本土化

4. 若不同国家和地区消费者的购买行为习惯相似或差异性较小，一般宜采用（   ）的国际广告创意策略。

    A. 本土化   B. 标准化

    C. 全球化策划和本土化执行相结合   D. 国际化

5. 日本松下电器公司的迷你冰箱在美国采用的广告诉求方式是（   ）。

    A. 理性诉求   B. 感性诉求   C. 幽默诉求   D. USP 式诉求

二、多选题

1. 国际广告环境的特殊性主要体现在（   ）。

    A. 经济环境的特殊性   B. 社会文化环境的特殊性

    C. 政治法律环境的特殊性   D. 地理环境的特殊性

    E. 科学技术环境的特殊性

2. 国际广告的主要作用包括（   ）。

    A. 树立品牌形象   B. 增强目标市场企业的竞争意识

    C. 降低广告费用预算   D. 反映和引导市场需求

    E. 促进国际间文化交流，提升东道国企业竞争意识

3. 国际广告的社会文化环境包含一个国家或地区的居民特定的（   ）等内容。

    A. 受教育程度   B. 行为方式   C. 价值观念

    D. 审美观念   E. 伦理道德规范

4. 以下属于国际广告创意本土化策略的有（   ）。

    A. 将"Bayerische Motoren Werke AG"（巴伐利亚发动机制造厂股份有限公司）翻译为"宝马"

    B. 宝洁旗下洗发水品牌命名为"潘婷"

    C. 肯德基在中国市场的海报上处处体现着中国文化元素

    D. 青岛啤酒在东南亚市场上以"美不美，家乡水"作为广告语

    E. 海尔在国内市场使用"海尔，真诚到永远"的广告语

5. 以下有关国际广告创意要求的说法错误的有（   ）。

    A. 国际广告必须考虑目标市场的经济环境

    B. 国际广告不一定必须适应目标市场的语言文化

    C. 国际广告必须尊重目标市场所在国家或地区民众的宗教信仰

    D. 国际广告必须接受母国或地区对广告的管制

    E. 国际广告的一切出发点是符合母国或地区的文化

三、简答及论述题

1. 何谓国际广告？其发布途径主要有哪些？

2. 何谓国际广告创意的本土化策略？

3. 国际广告创意策略实施的原则有哪些？

4. 试论述选择国际广告媒体时应考虑的因素。

📖 案例讨论

迪奥香水在美国的广告风波

国际大牌迪奥为自己的 Sauvage 系列香水发布了一条长度约 1 min 的宣传视频，视频截图见图 11-5。然而视频一出便在美国社交网络引起轩然大波，很多美国原住民指责该视频是公然的种族歧视。

图 11-5　Sauvage 系列香水广告截图

这个短视频的名字是 We are the land，从这个名字可以看出，这则广告是为了突出北美原住民和他们世代生存的土地的关系，是人与自然共生的图谱。迪奥在这个宣传片上也是花了很大的气力，他们重金聘请了法国著名导演让－巴蒂斯特·莫诺耶（Jean–Baptiste Mondino）来为这个短片做导演。

同时为了吸引更多消费者的关注，迪奥请来了好莱坞巨星约翰尼·德普为本片做主演，短片里他时而在溪水中捡起石头，时而在悬崖峭壁前弹奏吉他，宣传照里他坐在火堆前，目光炯炯，整体表演个人魅力十足。约翰尼·德普相信大家都不陌生，他在电影《加勒比海盗》中的出色表演曾经征服过无数的观众。

这也不是德普第一次饰演美国土著角色了，他之前曾经在迪士尼出品的电影《独行侠》（*The Lone Ranger*）中扮演美国土著唐托（Tonto），此举也给他带来了很多非议。德普早在 2002 年的时候就在节目中讲述了自己有切诺基人（美国原住居民的一种）的血统，他说为自己的血统而感到骄傲。

然而著名的美国印第安裔戏剧家哈奈·吉戈玛（Hanay Geiogamah）则质疑了德普的说法，他认为德普并没有任何证据证明自己的血统。理查德·艾伦（Richard Allen）也质疑德普的说法，他表示很多好莱坞的明星都喜欢说自己有切诺基人的血统，他们仅仅是听祖父母讲了个故事而已，从来没有人去证实自己的说法。所以德普到底有没有原住民血统成了个谜。

其实，迪奥在 Sauvage 系列香水的广告发布之前事先还是做了一些功课的，不仅雇用了有原住民血统（存疑）的德普当男主角，更请来了真正的美国原住民做顾问。在新闻发布会上迪奥表示自己和美国原住民倡导组织进行了合作，力图还原最真实的原住民形象，避免

"文化挪用"和"文化颠覆"。

然而即使是这样，美国的观众依然不买账。视频发布后很多网友开始抨击迪奥宣传片的种族歧视和对美国原住民的刻板印象。迪奥 Sauvage 系列的香水早在 20 世纪 60 年代就出现了，2012 年推出了新的系列，然而就是这个名字，加上美国原住民形象的宣传视频，让迪奥这次彻底栽了。

Sauvage 是一个法语单词，翻译成英文就是我们熟知的 savage，这个词确实在日常生活中会被用来形容人"野蛮"，甚至会有"没教养"之类更多的引申。Savage 这个词对于美洲原住民而言是非常敏感的词，因为这个词常常被用来贬低这个族群，认为他们是落后于西方文明的一群野蛮人。

所以在 2019 年迪奥居然用美洲原住民的形象来宣传一款叫"Sauvage"的香水，此举自然让很多网民感到不快。美国原住民活动家达拉斯·戈德图斯（Dallas Goldtooth）直言："我看到这个宣传片的时候忍不住笑起来，这简直是太讽刺了，这个片子方方面面都很讽刺。当然我也感到很不舒服，很愤怒。"

资料来源：迪奥最新香水广告深陷"歧视门"，外国大牌广告为何屡屡引争议？http://oppo. yidianzixun. com/article/0N71zohx？ appid＝oppobrowser&s＝mibrowser.

问题讨论

迪奥 Sauvage 系列香水的广告在美国遭到抵制的原因是什么？该案例给我们的启示有哪些？

项目11　国际广告

任务	了解国际广告的禁忌				
班级		学号		姓名	

本任务要达到的目标要求：
1. 提升学生的自主学习能力。
2. 了解我国主要贸易伙伴的广告禁忌。
3. 提升国际广告的创意策划能力。

能力训练

1. 美国的广告禁忌主要有哪些？

2. 欧盟各国的广告禁忌主要有哪些？

3. 东南亚各国的广告禁忌有哪些？

4. 在不同国家进行广告创意需要注意哪些问题？

学生评述

完成任务的心得与体会：

教师评价

参考文献

[1] 李东进，秦勇. 广告学：理论、方法与实务. 2 版. 北京：人民邮电出版社，2022.

[2] 严学军，汪涛. 广告策划与管理. 3 版. 北京：高等教育出版社，2015.

[3] 奥格威. 一个广告人的自白. 纪念版. 北京：中信出版社，2015.

[4] 崔晓文. 广告学概论. 北京：清华大学出版社，2009.

[5] 李静. 影视广告设计. 北京：人民邮电出版社，2016.

[6] 蔡嘉清. 广告学教程. 4 版. 北京：北京大学出版社，2015.

[7] 陶应虎. 广告理论与策划. 北京：清华大学出版社，2007.

[8] 韩光军. 现代广告学. 8 版. 北京：首都经济贸易大学出版社，2022.

[9] 丁俊杰，初广志. 中国广告传播研究轨迹. 北京：中国传媒大学出版社，2015.

[10] 刘勇. 网络广告学. 2 版. 大连：东北财经大学出版社，2021.

[11] 李静. 影视广告设计. 北京：人民邮电出版社，2016.

[12] 尚恒志. 网络与新媒体广告. 北京：北京大学出版社，2018.

[13] 王佳炜. 数字广告创意. 西安：西安交通大学出版社，2023.